스마트도시 통합운영센터!
효율적 운영? 나도 할 수 있다!(I can do it)

와일드북은 한국평생교육원의 출판 브랜드입니다.

스마트도시 통합운영센터!
효율적 운영? 나도 할 수 있다!(I can do it)

초판 1쇄 인쇄 · 2024년 11월 25일
초판 1쇄 발행 · 2024년 11월 30일

지은이 · 김영혁
발행인 · 유광선
발행처 · 한국평생교육원
편 집 · 유지선
디자인 · 박형빈

주 소 · (대전) 대전광역시 유성구 도안대로589번길 13 2층
      (서울) 서울시 서초구 반포대로 14길 30(센츄리 1차오피스텔 1107호)
전 화 · (대전) 042-533-9333 / (서울) 02-597-2228
팩 스 · (대전) 0505-403-3331 / (서울) 02-597-2229

등록번호 · 제2018-000010호
이메일 · klec2228@gmail.com

ISBN 979-11-92412-83-2 (13190)
책값은 책표지 뒤에 있습니다.

와일드북은 독자 여러분의 원고투고를 환영합니다. 책 출간을 원하시는 분은 이메일 klec2228@gmail.com으로 간단한 원고의 개요, 취지 등과 연락처를 보내주시기 바랍니다.

스마트도시 통합운영센터!
효율적 운영? 나도 할 수 있다!(I can do it)

流水 김 영 혁

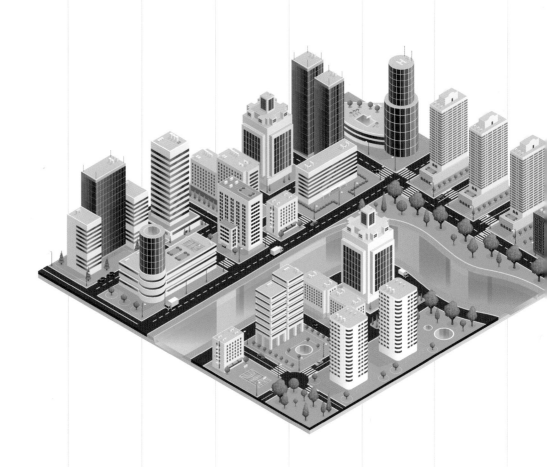

와일드북
WILDS

10년 경험 전문가와 함께하는 스마트시티 핵심(core)!

스마트도시 통합운영센터!
효율적 운영? 나도 할 수 있다!(I can do it)

(통합운영센터 신축 또는 리모델링 時 설계 방향 및 운영방안 제시)

누구를 위한 책일까

- 18년 경험(계획, 설계, 구축, 운영)의 노하우를 알고 싶은 분
- 센터 구축, 운영, 리모델링 등 담당자와 계획하고 있는 설계사
- 센터에서 근무하고 계신 분
- 스마트시티 발전 방향 고민 중인 분 등
- 전산통신/도시계획 등 전공자로 관심 있는 학교/학생
- 유사 관제센터를 운영 중인 담당자
- 센터의 견학 신청을 하실 분 등

스마트시티 통합운영센터 계획·설계·구축·운영 10년 이상
(2012.12~2024.06)

U-City와 Smartcity 지자체간담회(77회 14년)·협의회(7회 7년)

언제 어디서나 자문/강의 등 필요 시 hyouki@naver.com

流水 김 영 혁

스마트도시가 유비쿼터스도시(Ubiquitous City, U-City라고도 함)라는 이름으로 국내에서 시작된 2008년, 유비쿼터스도시가 무엇이냐고 묻는 질문에 You City, U-City, 당신의 도시, Smart City, 디지털 전환(Digital Transformation), AI(Artificial Intelligence), AI융복합 등으로 설명을 시작하였다. 그 이후에는 어떠한 단어로 미래도시에 대해 정의할 수 있을까?

우리가 살고 있는 현재의 도시가 지속적으로 진화하고 있기 때문에 생기는 고민이다. 18년 전 현장에서 일하면서 'You City 사업담당자로서, 당신(너)의 도시를 만들고 있는 김영혁입니다.'라고 나 자신을 소개하면서 모두가 어렵다고 생각하는 유비쿼터스도시를 쉽게 설명하기 위해 고민했던 것이 생각난다. 하지만 쉽게 설명하기 위한 고민이 깊어질수록 나에게 더 어렵게 다가왔던 유비쿼터스도시에 대한 생각이 지금도 선명하다.

'유비쿼터스도시'라는 단어가 나에게 보이기 시작한 2006년 3월, 수원역 앞 서점에서 '유비쿼터스도시의 이해'와 관련된 3권을 구매하여 읽으면서, '아하! 이 시스템이야말로 향후 20~30년 동안 전산 및 통신분야 공무원의 먹거리가 되겠구나!'라는 생각이 스쳐갔다. 이 생각의 시작이 내가 공무원으로 17년 이상 유비쿼터스도시 사업과 스마트도시 사업을 담당업무로 하게된 동기였다.

유비쿼터스도시 사업을 어떻게 하면 좋을지 알기 위해 많은 사람을 찾아다니다가 KT에서 관련팀이 운영되는 것을 알고 담당부장님께 오산시 간부대상으로 기본개념, 추진현황, 적용방안, 서비스 등에 대한 첫 설명회를 부탁했다. 그리고 주택공사 전기통신처 U-City 설계팀을 방문하여 오산시 세교 1지구 U-City 추진현황을 논의하고, 1,100명을 대상으로 U-City 사업 추진을 위한 설문조사, 광화문에 위치한 유비쿼터스도시 체험관 4회 방문, 파주 유비파크 5회 방문, 화성 동탄지구 등을 찾아 당시 유비쿼터스도시 사업과 관련된 자료를 수집하기 위해 꾸준히 현장을 찾았었다.

이러한 노력을 바탕으로 오산 세교1,2지구의 U-City 사업은 국토교통부로부터 2009년 1월 유비쿼터스도시 건설사업으로 인정받았으며, 사업협의회 위촉식과 기본설계 착수보고회를 시작으로 오산시에서 본격적으로 U-City 사업을 시작하게 되었다. 이후 오산시에서 추진될 유비쿼터스도시 사업의 원활한 추진을 위해 '오산시 유비쿼터스도시 건설 및 관리 운영조례(2010. 3.18. 조례 제1086호)'를 제정하였고, 오산시 스마트도시 조성 및 관리 운영조례(2018. 5.11. 제1662호)의 일부 개정으로 스마트도시사업의 두뇌와 같은 도시통합운영센터의 명칭을 'U-City 통합운영센터'에서 '스마트시티 통합운영센터'로 변경하였다.

2009년, 이전까지 잘 진행되던 U-City 사업에 큰 장애물이 생겼다. 바로 대한주택공사와 한국토지공사가 합병되어 거대 토지주택공사(LH)가 탄생하면서 한국의 U-City 사업은 암흑기를 맞이하게 되었고, 그 여파는 오산시도 피해갈 수 없었다.

2010년 5월, 토지주택공사로부터 오산시에서 추진중인 U-City 사업에 대한 사업조정의 내용을 보내왔다. 세교 1지구 도시통합운영센터 구축 추진계획 통보가 올 때까지 시련의 시기를 보내야만 했지만, 각고의 노력 끝에 2011년 12월 28일 국토교통부로부터 오산시 유비쿼터스도시계획 승인을 받았다.

4년 동안의 U-City 사업을 끝으로 도시과에서 2011년 12월에 정보통신과 통신팀으로 복귀하게 되었고, 2012년부터는 본격적으로 오산시 스마트도시통합운영센터를 구축하는 데 전념할 수 있게 되었다.

오랜 노력으로 2013년 12월 2일 여러 시민분들과 기관장님 등을 모시고 오산시 스마트도시통합운영센터를 개소하게 되었고, 2021년 1월 1일자로 오산시에 스마트도시를 전담하는 스마트교통안전과가 신설되어 과 체제로 4개 팀 50여 명이 함께 오산시 스마트도시통합운영센터를 운영하게 되었다.

본서는 지난 10년 이상 오산시 도시통합운영센터를 운영하면서 경험을 바탕으로 독자들에게 도움을 드리고자 한다. 본서의 주요내용은 각 지자체 및 디지털 보안 등을 관제하는 센터의 개념과 설계방향, 도시통합운영센터의 효율적 운영개선방안과 사례, 정보보호와 개인정보보호의 내용을 담고 있다. 또한 개인적으로 중요하게 생각하는 도시통합운영센터에서의 관제사 역할과 개선방안, 플랫폼의 중요성 및 지자체 간담회와 협의회, 아울러 센터 견학의 필요성, 자신이 살고 있는 도시에서 운영되고 있는 센터를 꼭 방문하여야 하는 이유, 도시통합운영센터의 시스템 고도화를 위한 공모사업, 지자체의 스마트도시 이미지 개선 사항, 관제사의 역할과 업무능력 향상을 위한 개선방안 등이다.

아울러 필자는 스마트시티 운영사례에 대한 도시통합운영센터의 발전방안, 스마트도시를 추진하고자 하는 분들이 느끼는 갈증을 해소하기 위한 간담회, 협의회 운영사례와 10년 이상 견학 프로그램에 대한 사례, 도시통합운영센터에 대한 교육의 필요성, 각종 공모사업에 왜 적극적으로 참여하여야 하는가 등에서 주장하는 내용을 담고 있다.

부디 이 책이 통합운영센터를 효율적으로 건축하고, 운영하고자 하는 분과 기존 통합운영센터를 리모델링을 하고자 하는 지자체 공무원 또는 유사관제센터에서 근무하는 분, 스마트시티 발전 방향에 고민하는 분들에게 도움이 될 수 있으면 좋겠다.

끝으로 본서를 출판하는 데 도움을 주신 오산시 스마트시티 통합운영센터에서 함께 근무하였던 직원 여러분들에게 지면을 빌어 진심 어린 감사의 말씀을 올리고 싶다.

더불어 2019년 센터견학에서 뵌 한국재난안전경영협회 박성면 회장님께서는 이 책이 세상에 나오도록 매일같이 격려와 지원을 아낌없이 하여 주심에 진심을 담아 감사드립니다. 또한 지난 10년 이상 한국 스마트시티사업 계획 설계의 달인이신 두 분, 박찬호, 조돈철 대표님께도 변함없는 신뢰에 깊은 존경의 말씀을 드리고자 합니다.

그리고 이 책의 모티브가 된 '스마트시티 통합운영센터 운영 가이드' 공동저자인 '황귀현, 이성길, 박상희, 유미선' 네 분께도 지면을 통하여 머리 숙여 감사의 뜻을 표현합니다.

공무원 생활 33년 6개월 중 18년을 오산시 U-city 사업과 스마트시티 사업을 할 수 있도록 배려하여 주신 두 분, 곽상욱 시장님(10, 11, 12대), 이권재 시장님(13대)께도 지면을 통하여 머리 숙여 감사의 뜻을 표현하고자 합니다.

그리고 '스마트도시협회'의 직원 여러분(민병호 전무님, 황귀현 전무님)과 이성길 위원님의 도움(14년 간담회, 7년 협의회 운영)이 없었다면 불가능한 일이었지만, 지속가능하도록 물심양면으로 성의껏 도움을 주셔서 성공적으로 현재도 간담회 및 협의회가 운영되고 있음에, 함께 고민하고자 간담회 및 협의회에 참석하여 주신 공무원분들과 기업가 여러분에게도 진심으로 감사의 뜻을 전하고자 합니다. 마지막으로 함께 삶을 공유하고 도움을 준 아내 노정순 님과 두 아들(한길, 윤식)에게 내 마음을 담아 고마움을 표현하고자 합니다.

2024년 11월 流水 김영혁

Contents

스마트도시
통합운영센터의 이해

○ 스마트도시 통합운영센터가 왜 필요로 하는 걸까

○ 스마트도시 통합운영센터 설계 방향이 왜 시점에서 중요할까

▶ 법적 근거 및 지자체별 정의는 어떻게 하고 있나

스마트도시와 통합운영센터와의 관계를 이해하기 위하여는 먼저, 2008.9.29. 시행되고, 법률 제9052호, 2008.3.28. 제정된 "유비쿼터스도시의 건설 등에 관한 법률"(이하 유시티 법이라 한다)에서 「유비쿼터스도시」즉 도시의 경쟁력과 삶의 질의 향상을 위하여 유비쿼터스도시기술을 활용하여 건설된 유비쿼터스도시 기반시설 등을 통하여 언제 어디서나 유비쿼터스도시 서비스를 제공하는 도시를 말한다라고 제2조에서 정의한 것과, 2017.3.21.법률 제14718호, 법령명을 「유비쿼터스도시의 건설 등에 관한 법률」에서 「스마트도시 조성 및 산업진흥 등에 관한 법률」(이하 스마트도시 법이라 한다) 로 개정되면서, 『스마트도시』는 도시의 경쟁력과 삶의 질의 향상을 위하여 건설·정보통신기술 등을 융·복합하여 건설된 도시기반시설을 바탕으로 다양한 도시서비스를 제공하는 지속 가능한 도시를 말한다.'라고 정의하면서, "언제 어디서나"가 지속 가능한으로 정의가 수정되었음을 알 수 있다.

그렇다면 통합운영센터의 정의는 어떻게 변화되었을까? 먼저 유비쿼터스도시의 건설 등에 관한 법률 제2조(정의) 3호 다항 "유비쿼터스도시 서비스의 제공 등을 위한 유비쿼터스도시 통합운영센터 등 유비쿼터스도시의 관리·운영에 관한 시설로서 대통령령으로 정하는 시설"에 처음 등장한다.

여기서 유비쿼터스도시 서비스는 「유비쿼터스도시의

유비쿼터스도시의 건설 등에 관한 법률
시행 2008.9.29.
법률 제9052호, 2008.3.28. 제정

유비쿼터스도시기술
유비쿼터스도시기반시설을 건설하여 유비쿼터스도시 서비스를 제공하기 위한 건설·정보통신 융합기술과 정보통신기술을 말한다.

스마트도시 조성 및 산업진흥 등에 관한 법률
시행 2017.9.22. 법률 제14718호, 2017.3.21. 일부개정

유비쿼터스도시 통합운영센터
유비쿼터스도시의 관리·운영에 관한 시설

유비쿼터스도시 서비스
행정, 교통, 보건, 의료, 복지 환경, 방범, 방재, 시설물 관리, 교육, 문화, 관광, 스포츠, 물류, 근로, 고용 등.

건설 등에 관한 법률 시행령」제2조(유비쿼터스도시서비스)에서 어느 하나의 정보 또는 둘 이상의 정보를 연계하여 제공하는 서비스를 말한다라고 정의하면서 즉 행정, 교통, 보건·의료·복지, 환경, 방범·방재, 시설물관리, 교육, 문화·관광·스포츠, 물류, 근로·고용, 그 밖에 도시의 경쟁력 향상 및 국민의 삶의 질 향상을 위하여 국토교통부장관이 관계 중앙행정기관의 장과 협의하여 고시하는 분야 중에서 선택적으로 운영하는 서비스를 말한다. 그러나 현실적으로는 단독, 교통정보센터에서 운영 중인 교통서비스, 불법주정차CCTV 관제센터, 방범용 CCTV 관제센터를 운영 중인 지자체가 초기에는 대부분이라서 통합운영센터라는 명칭보다는 그 용도와 업무에 맞는 명칭을 사용하고자 한다.

시행령 제4조(유비쿼터스도시의 관리·운영에 관한 시설)에 "유비쿼터스도시서비스를 제공하기 위한 분야별 정보시스템을 연계·통합하여 운영하는 유비쿼터스도시 통합운영센터와 그 밖에…" 통합운영센터라는 명칭으로, 분야별 정보시스템을 연계·통합하여 운영하라는 의미로 통합운영센터를 이해하면 된다.

그렇다면 스마트도시 조성 및 산업진흥에 관한 법률에서는 어떻게 정의되었나를 살펴보자.

스마트도시 조성 및 산업진흥에 관한 법률 제2조(정의) 제3호 다항은 동일하면서, 다만 유비쿼터스도시서비스가 스마트도시서비스로 변경되었으며, 동법 시행령 제4조 제2호 2항은, 복수의 정보시스템을 연계·통합하여 운영하는 스마트도시 통합운영센터라고 정의하였는데, 유시티법에서는 분야별로, 스마트도시법에서는 복수의라고 하면서, 복수는 2개 이상을 의미함으로, 유시티 법에서 말한 통합운영센터의 의미가 명확하게 정의되어 있다고 볼 수 있다. 다만 기존 단독으로 운영 중인 방범용CCTV 관제센터는 통합운영센터라고 할 수 없음을 의미한다고 할 수 있다.

그리고 유시티법에서 스마트도시법으로 개정(2017.3.31.)은, 개인적으로는 크나큰 행운이었다. 왜냐하면, 지난 10년 동안의 유시티, 즉 유비쿼터스 도시를 설명하는데 엄청 애를 먹었기 때문이다. 즉 지난 10년 동안 오산시 유시티 통합운영센터를 방문객에게 제일 먼저 하는 질문은 바로, '유시티 가 뭐예요?'인데, 이 유시티 를 설명을 해도, 절반

방문객이 제일 먼저 질문은?
유시티가 뭐예요? 쉽지만 어려운 대답을 해야 했다.

이상은 이해를 하지 못함을 알 수 있었다.

그러나 스마트는 영어와 한글의 의미가 동시에 이해할 수 있으며, 어린이부터 어르신까지, 스마트시티 하면 '바로 똑똑한 도시다.'라고 바로 말을 한다.

방문객 대상으로 스마트시티가 무엇일까?
바로 대답을 한다. 똑똑한 도시.

방문객대상으로 스마트도시를 설명하고, 통합운영센터의 기능과 역할에 대한 설명을 하면 쉽게 이해하는 것을 보면, 같은 의미라고 하더라고 단어의 선택이 얼마나 중요한가를 배우는 기회가 되었다.

유시티 법과 스마트도시법에서의 기반시설의 차이점을 표로 비교하면 다음과 같다.

구분	U-City법	스마트도시법
정의	제2조(정의)	제2조(정의)
스마트 도시 기반시설	3항 다목	3항 다목
시행령	제4조(유비쿼터스도시의 관리·운영에 관한 시설)~ 분야별 정보시스템을 연계·통합하여 운영하는 유비쿼터스도시 통합운영센터와 그 밖에 이와 비슷한 시설로서 국토교통부장관이 관계 중앙행정기관의 장과 협의하여 고시하는 시설	제4조(스마트도시의 관리·운영에 관한 시설) 1.스마트도시서비스를 제공하기 위한 개별 정보시스템을 운영하는 센터 2. 스마트도시서비스를 제공하기 위한 복수의 정보시스템을 연계·통합하여 운영하는 스마트도시 통합운영센터 3. 그 밖에 제1호 및 제2호의 시설과 유사한 시설로서 국토교통부장관이 관계 중앙행정기관의장과 협의하여 고시하는 시설

스마트도시법시행령 제4조 1항 "스마트도시서비스를 제공하기 위한 개별 정보시스템을 운영하는 센터" 즉 교통정보센터, CCTV 관제센터 등이 대상이 된다고 볼 수 있다.

제4조2항 스마트도시서비스를 제공하기 위한 복수의 정보시스템을 연계·통합하여 운영하는 스마트도시 통합운영센터" 즉 불법 주정차단속시스템과 방범용 CCTV 관제 시스템이 공간적 통합으로 연계·통합하여 운영하는 '스마트시티 통합운영센터', '도시정보센터' 등이 대상이 된다고 볼 수 있다.

교통정보센터
각종 교통정보의 수집 및 가공, 전달, 분석 등으로 실시간 교통정보를 제공.

저자가 2011년 이후 각 지자체에서 발표한 자료 중에서 통합관제센터에 대한 정의에 대한 사례를 정리하여 보면 알 수 있다.

구분	도시통합운영센터	CCTV 통합관제센터
설치목적	각종 도시 정보를 통합 관리하여 시민에게 편리한 스마트도시 서비스 제공	시·군·구에 설치된 CCTV를 통합관제하여 효율적 관리
설치근거	스마트도시법 제2조	아직은 없음
제공서비스	2가지 이상 서비스	CCTV 관제 서비스
구축기준	지자체	전국 시·군·구

상기 표에서 알 수 있듯이 통합운영센터에 대한 정의가 명확하지 않는 것도 사실이다.

그 사례로 지자체에서 정의한 사례를 살펴보면 아래와 같다.

사례 1. ○○시 U-통합관제센터란?

각종 CCTV 및 교통 시설물 등을 통합 운영하여 효율적으로 도시자원을 관리함으로써 각종 재난·재해 및 범죄예방 활동 등 긴급상황 발생 시 신속하게 대응하고 시민들에게 도시정보를 실시간으로 제공하여 시민의 생명과 재산을 보호하는 안전도시의 기반시설이라고 정의(2013.5.○○시 홍보용 브리핑자료 참조)

사례 2. ○○시 도시정보센터란?

Ubiquitous 도시를 효율적으로 관리하기 위해 도시정보센터를 운영, 365일 24시간 운영되는 관제공간으로 거주민의 생활환경과 시설물에 대한 정보수집, 정보 재창출 및 실시간으로 정보를 제공하는 역할을 하며, 경찰 등의 기관 연동서비스, 업무지원서비스, 통합관제 등 다양한 서비스를 제공하여 Uboquitos 도시를 최상의 상태로 유지한다고 정의(2014.8.○○시 발표자료 참조)

사례 3. ○○시 통합운영센터란?

방범. 재난, 교통정보 등의 영상을 통한 신속한 대응체계 유지와 통합운영센터를 중심으로 한 24시간 관제기능을 통해 체감형 안전도시 구현과 도시 브랜드 향상에 기여한다고 정의(2014.8. ○○시 현황보고 참조)

사례 4. ○○시 통합관제센터란?

최근 CCTV가 범인 검거 및 사건해결에 결정적인 역할을 함에 따라 일반방범, 어린이안전, 재난 안전, 주·정차 단속, 산불감시, 문화재관리 등 용도별로 분산·설치돼 운영 중인 CCTV를 하나의 시스템으로 통합함으로써, 단순 영상 관제만 하는 것이 아니라 각종 재난·재해나 사건·사고 발생 시 신속히 대응할 수 있는 체계를 마련해 군민의 생명과 재산을 보호하는 도시 통합관제 기능을 수행한다고 정의(2014.8 ○○군 현황보고 자료 참조)

각종 CCTV 및 교통정보시스템을 하나의 센터로 공간적으로 통합하여 응급상황발생 시 신속한 전달과 교통 정보를 실시간으로 제공하는 역할을 하는 곳이라고 정의(2014.2 ○○시 u-city 통합운영센터 설명자료 참고)

통합방범감시를 통해 도시민 안전성 확보와 방범 감시 및 시스템 운영에 대한 효율성 향상, 통합감시시스템에 대한 신뢰성 향상을 기대하고자 하는 곳이라고 정의(2014.8 ○○시 CCTV 통합센터 홍보자료참조)

각 기능별, 부서별로 분산 운영 중인 CCTV의 효율적인 운영, 각종 재난·재해 등 긴급상황 발생 시 신속하고 입체적인 대응체계 마련하는 곳이라고 정의(2011.1. ○○시 CCTV 통합관제센터 구축 추진계획서 참조)

▶ 정부는 왜 CCTV 통합관제센터 구축 추진을 했는가

어린이, 부녀자 등을 대상으로 한 강력사건 발생한 후 범인을 신속하게 검거하고 해결하는데 사건지역에 설치되어 있는 CCTV 카메라 영상정보가 매우 결정적 역할을 하게 되었다. 2010년부터 전국 기초자치단체에 CCTV 통합관제센터 구축사업을 지원하면서, 전국 광역 및 지자체에 CCTV 관제센터가 구축되었다. 주 사업내용으로는 시·군·구에서 부서별 또는 목적별로 설치·운영 중인, 즉 방범, 교통, 불법 주정차단속, 시설관리, 어린이보호구역의 CCTV의 통합운영으로 통합관제, 실시간 관제가 가능하도록 관제 시스템과 네트워크, 보안시스템 등 기반 인프라 구축과 부대 인테리어 개선, 초등학교 내 CCTV를 연계하여 실시간 모니터링 체계를 구축하게 되었다.

2012년 당시 사업추진 절차

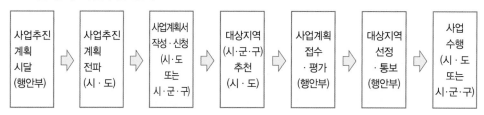

제시된 표와 같이 추진하였으며, 예산은 정부예산 추진상황을 고려하여 사업

계획서 평가 및 대상지역 선정에 따라 국비 지원액이 결정되어 지원하였다.

또한 지원조건으로는 인건비, 통신비 등 운영비는 시·군·구 등 운영기관에서 확보, 단 초등학교 CCTV의 관제인력, 통신비는 교육청에서 지원하도록 하여 초기에는 지원하였으나, 각 교육청의 자체판단으로 지원 또는 중지하게 되었다.

응용서비스 개발, 통합관제센터의 신·증축 또는 개보수 등 장소마련 제반 비용은 별도 지방비로 조달하고, 시·군·구 종합상황관제시스템(재난종합상황실) 구축 예정기관은 본 사업과 통합 추진토록 하였다.

또한 CCTV 통합관제센터와 유사한 센터(종합 상황 관제 시스템, u-city 운영센터, 교통정보센터 등) 운영기관은 현재 공간 시스템 등을 증설·재활용하여 당시에도 통합을 권장하였다.

그 결과 2023년 12월 현재 지자체 CCTV 통합관제센터 현황은 다음과 같다.

	센터개소	관제인력	비 고
계	219	4, 277	
서 울	25	357	
부 산	16	284	
대 구	9	204	
인 천	11	189	
광 주	1(5개 구)	85	
대 전	1(5개 구)	65	
울 산	5	62	−시도통합관제
세 종	1	25	(광주, 대전, 제주,)
경 기	31	697	−천안/아산시는 1개소
강 원	18	219	
충 북	11	179	
충 남	13	277	
전 북	14	186	
전 남	22	448	
경 북	22	517	
경 남	18	380	
제 주	1(2개 시)	103	

위 표에서 알 수 있듯이, 정부에서의 지자체 CCTV 관제센터 지원사업으로

전국적으로 CCTV 구축 확대와 그에 대한 관리의 중요성을 인식하는 계기가 되었음도 알 수 있었다. 그러나 구축만 하였고, 그 이후 관제센터의 고도화 및 운영에 대한 지원이 미흡함이 너무 아쉬운 점이었다.

▶ 스마트도시 통합운영센터(유사센터 등) 역할과 기능의 차이점은

영상정보자원(방범, 교통 등 CCTV의 영상)의 인프라의 통합관제로 도시에서 발생할 수 있는 긴급상황에 대하여 사전 및 사후에 효율적 관리가 중요한 기능이라고 볼 수 있다.

통합운영센터 역할
상황실에서 근무자별로 분장업무에 따라 다양하다.

통합운영센터에서의 기능을 어디까지 포함할 것인가는 각 지자체의 특성 즉 농촌형, 도농복합형, 도시형, 해안형 등에 맞게 기능을 선택적 또는 복합적으로 할 수 있다. 즉 스마트서비스의 분류에서 기본서비스

통합운영센터 기능범위
통합운영센터의 기능은 전적으로 공공기관의 제공서비스와 밀접한 관계가 있어, 그 기능은 다양하다.

와 확장서비스를 선택하며, 하드웨어, 소프트웨어 등 기반시설과 공간구조의 면적과 운영조직이 다양하게 구성된다고 될 수 있다고 본다.

통합운영센터의 역할은 운영조직에 있어서, 상황실 근무자별의 분장업무에 따른 역할이 매우 중요하다고 할 수 있다. 통합운영센터의 역할은 사전 및 사후에 효율적 관리를 위한 기능별로 역할이 다룰 수 있다. 필자가 10년 동안 운영하였던 사례를 바탕으로 다음과 같이 정리할 수 있다.

	운영조직별 기능제공 (1순위)	서비스 통합 제공	기관연계서비스제공
역할	• 관제 상황실 근무자 형태별 역할이 다름 • 방범 관제, 주정차 관제, 버스 정보시스템 관제, 신호제어 관제 등	• 영상정보를 활용 가능한 서비스 연계 및 연동에 의한 통합정보 수집, 가공, 전파로 실시간 정보제공	• 112, 119상황실 등에게 긴급상황 발생 시 정보제공 기능

첫 번째 운영조직별 기능제공의 역할은, 저자가 우선순위 중에 1순위라고 주장한 이유이며, 무엇보다도 통합운영센터의 최종 운영자가 어떤 서비스의 조직에 속하였느냐에 따라서, 판이하게 통합운영센터의 역할이 달라 질 수 있기

때문이다.

교통정보센터의 역할은 도시의 교통상황에 대한 정보수집 후 가공한 후 교통
전광판 또는 언론사 등에 정보를 제공하는 역할을 주로 하고 있었으나, 통합운
영센터로 방범 관제 및 교통서비스가 통합되면서, 교통신호제어를 위하여 현
장에 출동하여 교통량을 측정 한 후 센터로 돌아와서 적용하던 방식에서 이제
는, 센터 내의 방범용 CCTV 카메라의 영상을 보면서 실시간으로 신호제어가
가능할 수 있게 되어, 통합운영에 따른 역할의 범위는 향후 더욱 더 다양하게
확대되리라고 볼 수 있다.

두 번째는 스마트서비스 중 2개 이상의 서비스가 통합운영센터로 정보가 수집
된 경우이며, 영상정보 중 방범용 CCTV 서비스와 교통정보 CCTV 서비스, 불
법 주정차 CCTV 서비스 등에서 수집된 정보를 가공하여, 실시간으로 도시의
정보를 제공하는 역할이라고 볼 수 있다. 향후에는 환경서비스, 에너지서비스
등도 통합하여 더욱 더 다양한 정보를 제공이 가능할 수 있다고 할 수 있다.

세 번째는 기관 연계서비스 제공으로, 도시문제 해결을 위한 다양한 방안 중
에 각종 서비스별 시스템이 상호 연계되지 않고 개별적으로 운영됨에 따라 행
정의 비효율과 예산의 낭비 등 문제점이 발생하여 이를 해결하고자, 스마트시
티 통합플랫폼 국산화로 개발하여, 2015년부터 국토부에서 전국 지자체에 보
급하기 시작하여, 경찰청 112상황실과 119 재난상황실, 지자체 재난상황실, 사
회적 약자지원 등의 서비스로 기관연계 서비스 제공으로 통합운영센터의 효율
적 운영의 시발점이 되었다고 볼 수 있다.

그럼에도 불구하고 스마트도시법의 기반시설이 국계법에 반영되지 않아, 지
자체에서 무상귀속을 받는데 법적 근거가 없어, 이를 해결하고자 노력한 결과
2011년 3월 9일 자로 근거가 마련되었다.

**"국토의 계획 및 이용에 관한 법률 시행령 개정(무상귀속)으로 근거가 마련되었
다.(2011.3.9.)"**

문제점은 도시통합운영센터 등 기반시설이 국계법의 공공시설에 미포함되어
있어, 지자체에서 센터 공공용지 확보 법적 근거 미비, 구축지연 등 어려움이

발생하였으며, 사업시행자의 법적 근거 미비로 무상귀속 불가능함을 주장하였다. 이에 지자체 유시티 지자체 간담회에서 시행령을 개정하여 주도록 주도적으로 의견을 제시하여 다음과 같이 개정하게 되었다.

시행령 개정 내용은
시행령 제4조(공공시설) 제3호 신설(U-City 제2조 제3호 다목에 따른 시설로서)
※ 제2조 제3호 다목이란?
유비쿼터스도시 서비스의 제공 등을 위한 유비쿼터스도시 통합운영센터 등 유비쿼터스도시의 관리·운영에 관한 시설로서 대통령령으로 정하는 시설을 말한다.
※ 대통령령이란? (시행령 제4조)
분야별 정보시스템을 연계·통합하여 운영하는 유비쿼터스도시 통합운영센터와 그 밖에 이와 비슷한 시설로서 국토해양부장관이 관계 중앙행정기관의 장과 협의하여 고시하는 시설)을 말한다. 그리고 시행령 개정 후 효과로는
1) 유비쿼터스도시계획을 기본으로 U-City 사업추진 시 통합운영센터 등을 국계법 제65조(개발행위에 따른 공공시설 등의 귀속) 2호(공공시설은 관리청에 무상귀속)에 근거를 마련하는 성과를 얻을 수 있었다.
※공공시설이란?
공공용시설이란
항만, 공항, 광장, 녹지 등등이며, 특히 3호 "스마트도시 조성 및 산업진흥 등에 관한 법률 제2조 제3호 다목에 따른 시설"로 포함된다.
국계법 제2조 제13호(공공시설이란 도로, 공원, 철도, 수도 그 밖에 대통령령으로 정하는 공공용시설을 말한다.)
※공공용시설이란?
국계법시행령 제4조(공공시설) 제3호에 신설되어, 그 효과로는 무상귀속 대상 시설임을 법적으로 구속하게 되었다. 이는 실로 지자체 실무자 간담회의 운영함에 큰 성과라고 할 수 있었다.

공공용시설이란
항만, 공항, 광장, 녹지 등등이며, 특히 3호 "스마트도시 조성 및 산업진흥 등에 관한 법률 제2조 제3호 다목에 따른 시설"로 포함된다.

▶ 스마트도시 통합운영센터(유사센터 등) 현황을 분석해보자

통합운영센터현황을 저자가 직접 경험한 사례 위주로 설명하고자 한다.

가. 국내 최초 화성 동탄 U-City 정보센터

대한민국 제2기 신도시의 첫 번째 도시인 화성 동탄에 IT 기술을 접목한 최첨단 미래도시 모델인 U-City는 2009년 2월 화성 동탄 U-City 정보센터가 운영되었다. 화성 동탄 U-City 정보센터는 각종 정보를 수집 및 분석하여 신속한 상황조치를 할 수 있도록 설계 구축하였으며, 관제상황실, 방범상황실, 관람실, 운영지원사무실, 회의실, 장비실 등으로 구성되어 있다.

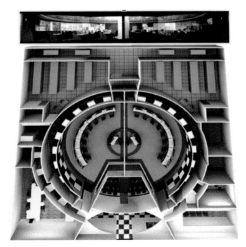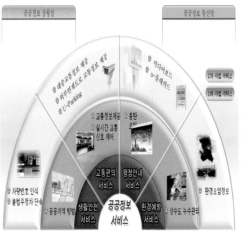

공공정보 서비스는 총 4개 분야이며 생활 안전서비스, 교통편의 서비스, 행정안내서비스, 환경예방서비스이다.

생활 안전서비스는 공공지역 방범, 차량번호 인식, 불법 주정차단속서비스이며, 교통편의 서비스는 교통정보제공, 실시간 교통 신호제어, 대중교통정보제공, 외부연계도로 교통정보제공, U-parking이고, 행정안내서비스는 동탄 포털, 미디어 보도, U-플래카드이고, 환경예방서비스는 상수도 누수관리, 환경오염정보 등 4개 분야 13개 서비스로 시작되었다.(참조 : 화성시 U-City 구축·운영 현황 발표자료(2013))

필자는 화성 동탄 U-City 정보센터를 주 1회 이상 방문하여 센터의 운영에 대한 노하우를 배우려고 부단히도 노력하였다.

2008.9.29. 유비쿼터스도시의 건설 등에 관한 법률이 시행되면서, U-City 운영비에 관련 논쟁의 시발점이 되었다.

지자체의 U-City 운영비 지원의 관련 법·제도적 개선과 공공용 전기요금 및 통신요금의 인하, 즉 가로등은 공공시설로 별도의 요금이 적용되나, 방범 CCTV 등에는 일반 전기요금이 적용되어, 운영비용의 상승의 주원인이며, 또한 지자체 자가정보통신망과 통신회사의 전용통신망의 요금의 격차가 커, 공공용 통신 전용 요금의 급격한 상승이 주원인이 되어, 운영비 지원요구의 시발점이 되었다고 볼 수 있다.

2012년 하반기에는 화성 동탄에서 화성 종합경기타운 내 향남 통합 관제센터로 이전하여 재난종합상황실과 방범관제센터를 통합하여 운영하였다.

> 화성 동탄 u-city에서는 운영비 지원 법 제도적 개선, 공공요금 인하 등 문제점의 노출과 그 해결방안이 초유의 관심으로 등장함.

향남 통합 관제센터 현황

방범관제 상황실

재난종합 상황실

각 기능 및 부서별로 분산되어 있는 CCTV 및 초등학교 운영 중인 CCTV 즉 방범용, 불법 주정차, 하천감시, 쓰레기투기, 공원, 초등학교를 통합 운영하도록 하였다. 특히 화성시는 향남 통합 관제센터로 이전하면서, 재난 안전과의 재난종합상황을 CCTV 통합관제센터 내로 이전 통합하여 안전, 재해 예방을 위한 도시구현을 추진하였다는 점은 높이 평가할 만하다.

특히 인력 및 예산 절감 등을 위하여 모든 CCTV 정보를 실시간 파악이 가능한 시스템 체계 구성과 업무 공백 최소를 위한 담당 부서에 영상화면 전송시스템 구성으로 "시민이 안전한 도시 화성"을 실현하고자 하는 노력한 결과라고 볼 수 있다.

2017년 11월에는 향남 통합관제센터서 ICT 기술을 활용한 도시상황을 효율적으로 통합 관리할 수 있도록 "화성시 도시 안전센터"를 신축하여 개소하였다.

(자료:화성시 공식블로그)

드디어 지능형 교통관리시스템으로, 차량 흐름을 분석하여 실시간 교통 신호 제어 및 교통정보를 제공할 수 있는 스마트시티 통합운영센터로 발돋움하게 되었다고 볼 수 있다. 화성시 도시 안전센터는 온라인신호제어 등 다음 그림과 같이 신규서비스를 지속해서 추가하고 있음을 알 수 있다.

(화성시 도시 안전센터 참고: 화성시 남양읍 남양로 708, 콜센터 1588-4200)

화성시 도시 안전센터의 특징은 행정, 교통 환경, 방재 등 도시정보를 공유하고 긴급상황발생 시 실시간으로 대응할 수 있도록 운영하고 있음을 알 수 있다.

그리고 송산그린시티, 동탄2신도시 개발에 맞춰 지속적인 신규서비스 확장이 예정되어있어, 그 발전 방향에 대한 연구가 필요하다고 본다.

나. 센터사례조사 보고서

2012년 1월 10일부터 17일까지 저자가 직접 방문하여 오산시 스마트도시 통합운영센터건축을 위한 사전 사례조사를 실시한 자료를 공유하고자 한다. 다음 첨부한 사례조사 보고서는 2012년 당시의 운영현황으로 참고자료로 게시하고자 한다.

일 시	지 역	센 터 명	비고
	오산 세교 U-City 도시통합센터 건립을 위한 사례조사 보고서		
2012. 01. 10	경기 화성 동탄	화성 동탄 U-City 성보센터	장소이전
2012. 01. 11	경기 광명	광명시 U-통합관제센터	
2012. 01. 13	서울 강남	U-강남 도시 관제센터	
2012. 01. 17	경기 부천	부천시 교통정보센터	
	경기 시흥	시흥시 도시 관제센터	장소이전
	경기 안산	안산시 U-정보센터	

화성 동탄 U-City 정보센터

시설개요

구분	내 용
위치	경기 화성시 반송동 KT 동탄지사 내
연면적	약 300평 3층 : 260평, 2층 : 40평(공조실)

전경

주요시설

- 관제상황실 및 방범상황실
- 장비 보관실, 항온항습실, UPS실, 브리핑룸 등
- CCTV, 카드키 출입, 미라클글래스 등

주요 면담 내용

- 브리핑룸
  · 회의실 겸용
  · 미라클 글라스를 이용하여 상황실 내부 관람 가능
- 상황실
  · 관제상황실과 방범상황실을 구획하여 사용
  · 모니터 배열은 2단 13열을 각각 구성하여 사용
  · 큐브실은 모니터 큐브 약 50㎝, 여유공간 약 1m, 총 1.5m 공간확보

브리핑룸

상황실

- 장비 보관실
  · 각 상황실과 연계하여 사용
  · 별도의 항온항습실과 UPS실을 구획하여 사용
  · 소화약재실을 두고 천정 배관을 통해 소화제 살포
- 공조실(2층)
  · 상황실 전용공조기와 그 외 시설 공조기를 구분하여 사용
  · 사무실 및 복도, 휴게실 등이 냉난방 개별제어가 되지 않아 불편함

항온항습실

공조실

- 상황실 모니터를 3단으로 할 경우 모니터와 요원과의 거리검토 및 계단식 의자배치 등 시야 확보를 위한 계획이 필요함
- 상황실의 모니터 배열 및 요원 인원에 따라 적정 층고 산정 필요함
- 상황실 모니터를 LED 제품으로 할 경우 큐브실 폭을 줄일 수 있음
- 각 실 출입은 카드키 출입만으로 충분함
- 장비실의 랜선은 천정에서 내려오도록 해 전기선과 구분이 필요함
- 소화약제실은 기계실에 배치되도록 계획하여야 함
- 24시간 근무자를 위한 샤워실 및 소규모 식당이 필요함
- 출입통제는 비디오폰을 통한 관리인의 직접 통제방식이 적합함

광명시 U-통합관제센터

시설개요

구분	내용
위치	경기 광명시 철산동 철산 119안전센터 후면
연면적	약 190평 지상 3층 규모

전경

주요시설

- 통합상황실 및 관제실
- 장비 보관실, 운영사무실, 회의실, 당직실 등
- CCTV, 지문인식 출입

주요 면담 내용

- 당직실
  - 24시간 근무자를 위한 당직실 운영
  - 당직실 내 모니터링 가능
- 운영사무실
  - 사무실과 장비 보관실을 연계하여 사용
  - 현 사용면적은 13평이고 근무 인원은 10명으로 면적 협소함
- 장비 보관실

상황실

장비 보관실

· 장비 보관실 내 항온항습기, UPS와 소화 캐비닛을 배치하여 사용

– 상황실

· 상황실 층고를 7m로 구성하여 중층 개념 도입

· 교통정보 모니터는 50인치 4단 6열, 방범 모니터는 67인치 3단 3열 사용

· 덕트형 냉난방기 사용(옥상층에 실외기 설치)

· 상황실 내 휴게실을 두어 휴식 및 식사 가능(싱크대, 냉장고, 소파 등)

운영사무실

큐브실

ㅇ 시사점

– 상황실 모니터를 3단으로 할 경우 모니터와 요원과의 거리검토 및 계단식 의자배치 등 시야 확보를 위한 계획이 필요함

– 상황실의 모니터 배열 및 요원 인원에 따라 적정 층고 산정 필요함

– 상황실 모니터를 LED 제품으로 할 경우 큐브실 폭을 줄일 수 있음

– 각 실 출입은 카드키 출입만으로 충분함

– 장비실의 랜선은 천정에서 내려오도록 해 전기선과 구분이 필요함

– 소화약제실은 기계실에 배치되도록 계획하여야 함

– 24시간 근무자를 위한 샤워실 및 소규모 식당이 필요함

– 출입통제는 비디오폰을 통한 관리인의 직접 통제방식이 적합함

U-강남 도시 관제센터

시설개요

구분	내 용
위치	서울시 강남구 역삼동 역삼지구대 2층
연면적	약 180평 지상 2층

전경

주요시설

- 통합관제실 및 통합장비실
- 대책회의실, 운영사무실, 어린이체험관, 휴게실 등
- CCTV, 지문인식 출입 등

주요 면담 내용

- 통합관제실
  · 상황실 층고를 7m로 구성하여 천정 높임
  · 모니터는 방범, GIS, 학교시설로 구분하여 운영
  · 방범 모니터는 40인치 5단 4열, GIS는 50인치 4단 4열, 학교시설 모니터는 40인치 5단 4열로 구성
  · 모니터와 모니터링 요원 간은 거리가 3m로 시선 처리 어려움
- 장비 보관실
  · 통합관제실 후면 큐브실과 통합하여 사용

상황실

장비 보관실

· 통합관제실을 통한 출입 가능
- 대책회의실, 어린이체험관
    · 통합관제실과 미라클글래스를 사용하여 구획
    · 대책회의실을 통해 어린이체험관 출입이 가능하여 보안 유지 및 통제에 어려움

대책회의실

장비실 내 큐브

○ **시사점**
- 상황실 모니터링 요원의 모니터 수를 4~6개 까지 확보하여 효율적인 운영이 가능함
- 대형 모니터(멀티비전)는 홍보 및 관람, 재난대책 시 활용하는 용도의 의미가 큼
- 큐브실 및 장비 보관실을 통합 운영하여 항온항습, 소화시설을 통합을 유도할 수 있음
- 어린이 체험학습관과 같은 홍보 및 어린이 교육을 위한 시설 도입할 수 있음
- 상황실 출입은 복도에서 직접 진입 시 상황실 내 요원들의 근무 방해 우려가 있어 전실을 통한 출입이 좋음

부천시 교통정보센터

시설개요

구분	내용
위치	경기도 부천시 원미구 옥산로 92
연면적	약 400평 지상 2층

전경

주요시설

- 상황실 및 교통관제실, 전산실
- 견학실, 방송국, 휴게실 등
- CCTV, 지문인식 출입 등

주요 면담 내용

- 상황실
  - 상황실 층고를 7m로 구성하되 교통관제실 및 견학실을 계단식으로 배치하여 멀티비전의 편안한 시선 처리를 유도함
  - 모니터는 일반 CRT 4단 4열이 양옆에 배치하고 60인치 3단 5열이 중앙에 배치함
  - 모니터와 모니터링 요원 간은 거리가 3m로 시선 처리 어려움
- 전산실(장비 보관실)
  - 상황실 및 전산실은 전실을 통하여 출입함

상황실

상황실

· 전산실의 실 형태가 좁고 긴 모양이어서 장비배치 및 공기 순환에 어려움이 있음

– 견학실

· 견학실은 계단식 의자를 배치하여 단체관람 및 홍보가 가능함

· 미라클 글래스, 빔프로젝터, 체험학습기구 등 비치

– 방송실

· 실시간 교통정보를 정규시간에 라디오 방송을 통해 시민에게 편의 제공

큐브실

휴게실

○ **시사점**

– 상황실의 계단실 배치를 통해 원만한 시선 처리를 유도함

– 견학실의 계단식 의자는 회의 또는 다용도의 목적으로 실을 사용할 때 방해가 되므로 일반 회의
실로 구성하는 것이 바람직함

– 상황실 및 전산실에 흡음재를 사용하여 실내소음도를 최소화하여야 함

– 상황실 내 휴게실을 두어 모니터링 요원들의 편리한 이용이 가능함

– 상황실이 2층에 위치하고 전실을 통한 출입으로 보안에 매우 유리함

시흥시 도시 관제센터

시설개요

구분	내용
위치	경기도 시흥시 장흥동 시흥시청 내
연면적	약 70평 지상 1층

전경

주요시설

– 상황실 및 재난대책 회의실, 전산실
– CCTV, 지문인식 출입 등

주요 면담 내용

– 상황실
　· 시흥시청 내 위치하여 높은 층고 확보 어려움
　· 전체 면적 약 70평으로 현재 사용하기 좁은 면적이며 확장을 위해 이전계획을 세우고 있음
　· 모니터는 LED 모니터 47인치 3단 6열을 사용하고 있음
　· 시청 내부에 위치하므로 재난대책 회의실을 연계하여 사용하고 있음
– 전산실(장비 보관실)
　· 상황실을 통하여 출입함

재난대책 회의실 및 상황실

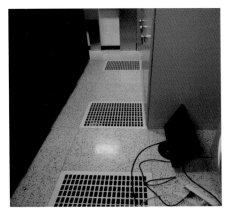
전산실 내 공기순환 그릴

· 전산실의 면적이 좁아 사용하기 어려움이 있음
- 재난대책 회의실
  · 미라클 글래스를 통해 상황실의 모니터 시청 가능함
  · 빔프로젝터, 마이크 및 스피커, 노트북 등 비치

○ **시사점**
- 추후 상황실의 증축 및 확장의 고려가 필요함
- 전산실 내 항온항습 시 공기순환에 대한 고려가 필요함
- 재난대책 회의실은 시청 내 위치하여 설치하였고 본 오산 세교 도시통합센터에는 관제실 및 회의실을 설치하면 됨

안산시 도시 관제센터

시설개요

구분	내 용
위치	경기도 안산시 상록구 사동 1586-3
연면적	약 500평 지상 2층

전경

주요시설

- 교통통제상황실 및 방범상황실
- 전산 장비실, 회의실, 운영사무실 등
- CCTV, 지문인식 출입 등

주요 면담 내용

- 상황실
  · 교통상황실과 방범상황실을 구분하여 사용하고 있음
  · 교통 상황실 모니터는 67인치 4단 6열 사용, 방범 상황실 모니터도 67인치 4단 6열 사용
  · 상황실 내 환기창이 없어 공조를 하지만 자연 환기에 비해 공기 질이 떨어짐

· 대부분 직부등을 사용하여 눈의 피로감과 눈부심 현상이 있음

· 상황실과 연계하여 휴게실을 사용하고 있음

– 전산실(장비 보관실)

· 각 상황실에 따라 장비 보관실을 별도로 사용하고 있음

· 전산실의 바닥은 전도성 타일을 사용하고 있음

· 전산실과 큐브실을 같이 구성하여 항온항습을 동시에 하고 있음

· 통신선을 전기선과 분리하여 통신선은 천정에서 트레이를 통하여 인입하고 전기선은 바닥으로 인입하여 사용하고 있음

큐브실

휴게실

큐브실

휴게실

○ **시사점**

– 상황실 내 자연 환기가 가능하도록 외기와 면하게 계획이 필요함

– 상황실 조명은 간접조명 및 LED 조명을 적극 활용하여 조명계획을 수립하여야 함

– 장비 보관실과 큐브실을 같이 구성하여 공조 및 항온항습을 동시에 하는 방안 검토가 필요함

– 전산실의 전기선 및 통신선을 구분하면 관리의 어려움이 있고 장비의 이동이 자유롭지 못해 바닥을 통해 트레이로 구분하여 설치하는 것 고려하여야 함

– 전산실 바닥은 정전기 발생을 방지하기 위한 전도성 타일을 사용하여야 함.

상기 사례조사로 오산시 스마트시티 통합운영센터 설계에 반영된 부분은 다음과 같다.

센 터 명	설계반영 주요내역
화성 동탄 U-City 정보센터	−견학실, 미라클글라스, 상황판 시야 확보 방안, 계단식배열 −샤워실 반영하였으나, 실제로는 불필요함(바로 퇴근)
광명시 U-통합관제센터	−상황실 층고(7m)
U-강남 도시 관제센터	−상황실 층고(7m), 전산실과 큐브실 개방
부천시 교통정보센터	−방송국 미반영(아쉬움), 지문인식 출입, 계단식 배치
시흥시 도시 관제센터	−전산실 내 공기순환방식, 대형모니터
안산시 U-정보센터	−상황실 자연 환기, 상황실 조명 led, 전기선과 통신선 구분 −외부 통신랙은 별도로 구성

다. 운영 중인 유사센터 사례

각 지자체에서 운영 중인 유사센터의 명칭과 기능에 대하여 알아보자.

지자체에서 운영 중인 센터 현황

센터명	기능	운영 주체
스마트시티 통합운영센터	·스마트시티 서비스를 제공하기 위한 분야별 정보시스템을 연계·통합하여 운영	지자체
교통정보센터	·전국 단위의 육·해·공 교통정보를 효율적으로 수집·분석·제공	정부, 지자체, 도로공사
CCTV 통합관제센터	·분야별 CCTV를 통합하여 방범, 재난, 교통 등의 정보를 통합관제 (공간적 통합)	지자체
119구급 상황관리센터	·응급환자에 대한 이송 병원 안내 및 119 구급이송 관련 정보망의 설치 및 관리·운영	국가, 지자체
112신고센터	·방범·치안 등 112 신고 처리를 위해 지방경찰청 또는 경찰서에 설치·운영	국가, 지자체
재난 안전 상황실	·재난정보의 수집·전파 및 재난 상황 발생 시 초동조치 및 지휘 등의 업무 수행	국가, 지자체
수질오염 방제센터	·공공수역의 수질오염사고에 신속하고 효과적으로 대응하기 위한 시설	국가, 지자체
환경관리센터	·소각, 재활용, 매립시설 등 일원화된 생활폐기물 종합처리시설	지자체
악취 미세먼지 통합관제센터	·상시 악취와 미세먼지 감시, 환경오염물질 배출 등	지자체, 시설관리공단
공항 통합운영센터	·공항안전관리, 비상상황 신속 대응 등을 통합운영	공사

주요 도시별 통합운영센터 또는 유사 센터 명칭은 지자체별로 특성이 있는 것을 알 수 있다. (지자체 홈페이지 및 보도자료 참조)

서울광역시 (2024.10월 현재 조사)

순번	서울시	센터 명칭	기타
1	종로구	종로구 CCTV 통합안전센터	
2	중구	중구 통합안전센터	
3	용산구	용산구 CCTV 통합관제센터	
4	성동구	스마트도시 통합운영센터	smartcity
5	광진구	광진구 CCTV 통합관제센터	
6	동대문	동대문구 CCTV 통합관제센터	
7	중랑구	중랑구 CCTV 통합관제센터	
8	성북구	성북 스마트통합관제센터	smart
9	강북구	u-강북구 통합관제센터	u-city
10	도봉구	도봉구 CCTV 통합관제센터	
11	노원구	노원구 스마트도시통합운영센터	smartcity
12	은평구	은평구 스마트도시 통합관제센터	smart city
13	서대문	서대문구 스마트관제센터	smart
14	마포구	마포구 CCTV 통합관제센터	
15	양천구	U-양천 통합관제센터	u-city
16	강서구	강서 통합관제센터	
17	구로구	스마트도시 구로통합운영센터	smart city
18	금천구	금천구 U-통합운영센터	u-city
19	영등포	영등포구 U-영등포 통합관제센터	u-city
20	동작구	동작구 CCTV 통합관제센터	
21	관악구	관악구 스마트통합관제센터	smart
22	서초구	서초 스마트허브센터	smart hub
23	강남구	강남도시관제센터	city
24	송파구	송파구 CCTV 통합관제센터	
25	강동구	강동구 CCTV 통합관제센터	

특징 : CCTV 관제에서 스마트관제로 변화되고 있음을 알 수 있다.

경기도(2024.10월 현재 조사)

순번	시군	센터 명칭	기타
1	수원시	도시안전 통합센터	city
2	성남시	도시정보통합센터	city
3	고양시	스마트안전센터	smart
4	부천시	CCTV 관제센터	
5	용인시	CCTV 통합관제센터	
6	안산시	안산시 도시정보센터	city
7	안양시	스마트도시통합센터	smart city
8	남양주시	스마트시티통합센터	smart city
9	의정부시	CCTV 통합관제센터	
10	평택시	스마트도시통합센터	smart city
11	시흥시	도시정보통합센터	city
12	화성시	도시 안전센터	city
13	광명시	도시통합운영센터	city
14	파주시	도시정보센터	city
15	군포시	CCTV 통합관제센터	
16	광주시	CCTV 통합관제센터	
17	김포시	도시 안전정보센터	city
18	이천시	CCTV 통합관제센터	
19	구리시	CCTV 통합관제센터	
20	양주시	통합관제센터	
21	안성시	CCTV 통합관제센터	
22	포천시	CCTV 스마트안심 센터	smart와 CCTV
23	오산시	스마트시티통합운영센터	smart city
24	하남시	CCTV 통합관제센터	
25	의왕시	CCTV 통합안전센터	
26	여주시	도시 안전정보센터	city
27	동두천시	CCTV 관제센터	
28	양평군	CCTV 통합관제센터	
29	과천시	CCTV 통합관제센터	
30	가평군	CCTV 통합관제센터	
31	연천군	CCTV 통합관제센터	

특징 : CCTV 통합관제의 변화의 움직임을 알 수 있다.

경기도(2024.10월 현재 조사)

순번	자치구	센터 명칭	기타
1	중구	CCTV 통합관제센터	
2	서구	CCTV 통합관제센터	
3	동구	CCTV 통합관제센터	
4	영도구	CCTV 통합관제센터	
5	부산진구	CCTV 통합관제센터	
6	동래구	CCTV 통합관제센터	
7	남구	CCTV 통합관제센터	
8	북구	CCTV 통합관제센터	
9	해운대구	CCTV 통합관제센터	
10	사하구	CCTV 통합관제센터	
11	금정구	CCTV 통합관제센터	
12	강서구	CCTV 통합관제센터	
13	연제구	CCTV 통합관제센터	
14	수영구	CCTV 통합관제센터	
15	사상구	CCTV 통합관제센터	환경 통합관제센터
16	기장군	CCTV 통합관제센터	환경 통합관제센터

광역시(대구)

순번	자치구	센터 명칭	기타
1	중구	CCTV 통합관제센터	
2	동구	CCTV 통합관제센터	
3	서구	CCTV 통합관제센터	
4	남구	CCTV 통합관제센터	
5	북구	CCTV 통합관제센터	
6	수성구	수성 알파시티 스마트시티 플랫폼 센터	smart city
7	달서구	CCTV 통합관제센터	
8	달성군	CCTV 통합관제센터	
9	군위군	CCTV 통합관제센터	

특징 : 수성 알파시티 사업의 영향임을 알 수 있다.

광역시(대구)

순번	자치구	센터 명칭	기타
1	중구	CCTV 통합관제센터	
2	동구	CCTV 통합관제센터	
3	북구	CCTV 통합관제센터	
4	남구	CCTV 통합관제센터	
5	울주군	CCTV 통합관제센티	

광역시(광주/대전)

순번	자치구	센터 명칭	기타
1	광주(5)	CCTV 통합관제센터	
2	대전(5)	스마트도시통합센터	smart city

광역시(인천)

순번	자치구	센터 명칭	기타
1	중구	365 생활 안전센터	
2	동구	CCTV 통합관제센터	
3	미추홀구	CCTV 통합관제센터	
4	연수구	CCTV 통합관제센터	
5	계양구	CCTV 통합관제센터	
6	남동구	CCTV 통합관제센터	
7	부평구	CCTV 통합관제센터	
8	옹진군	CCTV 통합관제센터	
9	강화군	CCTV 통합관제센터	

제주/세종

순번	자치구	센터 명칭	기타
1	제주	CCTV 통합관제센터	
2	대전	스마트도시통합운영센터	

강원도

순번	자치구	센터 명칭	기타
1	춘천시	CCTV 통합관제센터	
2	원주시	도시정보센터	city
3	강릉시	CCTV 통합관제센터	
4	동해시	CCTV 통합관제센터	
5	태백시	CCTV 통합관제센터	
6	속초시	CCTV 통합관제센터	
7	삼척시	CCTV 통합관제센터	
8	홍천군	CCTV 통합관제센터	
9	횡성군	CCTV 통합관제센터	
10	영월군	CCTV 통합관제센터	
11	평창군	CCTV 통합관제센터	
12	정선군	CCTV 통합관제센터	
13	철원군	CCTV 통합관제센터	
14	화천군	CCTV 통합관제센터	
15	양구군	CCTV 통합관제센터	
16	인제군	CCTV 통합관제센터	
17	고성군	영상정보 통합관제센터	
18	양양군	CCTV 통합관제센터	

충청북도

순번	자치구	센터 명칭	기타
1	청주시	CCTV 통합관제센터	
2	충주시	CCTV 통합관제센터	
3	제천시	CCTV 통합관제센터	
4	보은군	CCTV 통합관제센터	
5	옥천군	CCTV 통합관제센터	
6	영동군	CCTV 통합관제센터	
7	증평군	영상 관제센터	
8	진천군	CCTV 통합관제센터	
9	괴산군	CCTV 통합관제센터	
10	음성군	CCTV 통합관제센터	
11	단양군	CCTV 통합관제센터	

충청남도

순번	자치구	센터 명칭	기타
1	서산시	도시 안전통합센터	
2	논산시	CCTV 통합관제센터	
3	계룡시	CCTV 통합관제센터	
4	당진시	CCTV 통합관제센터	
5	금산군	CCTV 통합관제센터	
6	부여군	CCTV 통합관제센터	
7	서천군	CCTV 통합관제센터	
8	청양군	CCTV 통합관제센터	
9	홍성군	CCTV 통합관제센터	
10	예산군	CCTV 통합관제센터	
11	천안시	도시통합운영센터	전국 최초 2개 도시 한 공간 활용
12	아산시	도시통합운영센터	
13	태안군	CCTV 통합관제센터	

경상남도

순번	자치구	센터 명칭	기타
1	창원시	CCTV 통합관제센터	
2	진주시	도시 관제센터	city
3	통영시	CCTV 통합관제센터	
4	사천시	CCTV 통합안전센터	안전
5	김해시	도시통합운영센터	city
6	밀양시	CCTV 통합관제센터	
7	거제시	CCTV 통합관제센터	
8	양산시	도시 통합관제센터	city
9	의령군	통합관제센터	
10	함안군	영상정보 통합관제센터	
11	창녕군	영상정보 통합관제센터	
12	고성군	CCTV 통합관제센터	
13	남해군	CCTV 통합관제센터	
14	하동군	CCTV 통합관제센터	
15	산청군	CCTV 통합관제센터	
16	함양군	CCTV 통합관제센터	
17	거창군	CCTV 통합관제센터	
18	합천군	CCTV 통합관제센터	

경상북도

순번	자치구	센터 명칭	기타
1	울진군	CCTV 통합관제센터	
2	봉화군	CCTV 통합관제센터	
3	영주군	CCTV 통합관제센터	
4	문경시	CCTV 통합관제센터	
5	예천군	통합관제센터	
6	영양군	CCTV 통합관제센터	
7	안동시	영상정보통합센터	
8	영덕군	CCTV 통합관제센터	
9	상주시	CCTV 통합관제센터	
10	의성군	CCTV 통합관제센터	
11	청송군	CCTV 통합관제센터	
12	구미시	CCTV 통합관제센터	
13	포항시	CCTV 통합관제센터	
14	김천시	CCTV 통합관제센터	
15	칠곡군	CCTV 통합관제센터	
16	영천군	CCTV 통합관제센터	
17	성주군	CCTV 통합관제센터	
18	경산시	스마트시티 관제센터	smart city
19	경주시	CCTV 통합관제센터	
20	고령군	CCTV 통합관제센터	
21	청도군	CCTV 통합관제센터	
22	울릉도	CCTV 통합관제센터	

전라북도

순번	자치구	센터 명칭	기타
1	전주시	CCTV 통합관제센터	
2	군산시	u-통합관제센터	u-city
3	익산시	CCTV 통합관제센터	
4	정읍시	CCTV 통합관제센터	
5	남원시	CCTV 통합관제센터	
6	김제시	CCTV 통합관제센터	
7	완주군	CCTV 통합관제센터	
8	진안군	CCTV 통합관제센터	

9	무주군	CCTV 통합관제센터	
10	장수군	CCTV 통합관제센터	
11	임실군	CCTV 통합관제센터	
12	순창군	CCTV 통합관제센터	
13	고창군	CCTV 통합관제센터	
14	부안군	CCTV 통합관제센터	

전라남도

순번	자치구	센터 명칭	기타
1	영광군	CCTV 통합관제센터	
2	장성군	CCTV 통합관제센터	
3	담양군	CCTV 통합관제센터	
4	함평군	CCTV 통합관제센터	
5	나주시	스마트도시 통합운영센터	smart city
6	화순군	CCTV 통합관제센터	
7	무안군	CCTV 통합관제센터	
8	목포시	CCTV 통합관제센터	
9	영암군	CCTV 통합관제센터	
10	장흥군	CCTV 통합관제센터	
11	보성군	CCTV 통합관제센터	
12	강진군	CCTV 통합관제센터	
13	해남군	CCTV 통합관제센터	
14	진도군	CCTV 통합관제센터	
15	완도군	CCTV 통합관제센터	
16	광양시	CCTV 통합관제센터	
17	곡성군	CCTV 통합관제센터	
18	고흥군	CCTV 통합관제센터	
19	신안군	CCTV 통합관제센터	
20	영암군	CCTV 통합관제센터	
21	순천시	CCTV 통합관제센터	
21	구례군	CCTV 통합관제센터	

▶ 지난 10년 동안 운영하여 보니 설계의 필요(중요)성을 인지하였다

오산시 스마트시티 통합운영센터 건축

2012.10-사업부지 → 2012.11-기초공사 → 2012.12-동절기

2013.1-현장점검 → 2013.2 구조체공사 → 2013.09-준공

센터를 견학 오시는 분들이 첫 번째 질문은 '센터 입지 선정 시 고려하여야 할 사항이 무엇인가?'라는 공통된 내용이라서 저자가 경험한 내용을 먼저 정리하여 보고자 한다.

가) 도시통합운영센터 입지 선정 시 고려사항은

– 도시통합운영센터는 공공시설물 관점에서 공공시설 부지에 위치하는 것을 우선으로 하며, 유관기관과의 연계 기능이 원활히 수행될 수 있는 곳에 선정한다.
– 주민의 접근성을 높이고, 선로 공사를 위한 구축비 절감을 위해서 서비스가 제공되는 지역의 중심부의 위치를 권장한다.
– 통신설비, 전기설비, 건물구조의 내구성, 부대설비 측면에서 통신인프라 확장의 용이성, 센터 운영에

공공시설
국가 또는 지방자치단체에 의하여 공적 목적의 수행에 제공되는 계획적 설비의 일체.

유관기관과의 연계 기능
통합운영센터에는 112, 119 등 유관기관 연계를 위한 협의 사항 등이 필수.

통합운영센터 확장 가능성
통합운영센터 구조적 확장 가능성은 서비스추가와 운영인력증가가 필수적이므로, 전산실, 상황실은 충분하게 면적을 고려.

필요한 전기 인입에 대한 검토 변경 시 구조적인 문제 발생이 없는지에 대한 내용을 검토한다.

- 도시통합운영센터를 운영하기 위한 공간 규모를 결정하기 위하여 동시 상주 인원수, 사용 용도, 기능 및 설치시스템 규모와 센터 인프라를 최우선으로 고려하고, 향후 스마트서비스의 지역이 확장될 경우에도 중복투자 없이 서비스제공에 유연하게 대응할 수 있도록 서비스 및 기능 확장에 대비하여 충분한 공간으로 산정한다.

통합운영센터 구조적 검토
통합운영센터에는 24시간 365일 무중단 서비스 제공을 위한 각 실에 대한 세세한 검토가 매우 중요.

그리고 통합운영센터의 건축물의 특성상 전기이중화 등 안정적인 운영이 필수이므로, 이와 관련된 시설물 등, 즉 사이버보안시설, 데이터 허브센터, IDC 센터 등을 함께 운영함으로써 효율성도 고려하면 좋겠다.

운영시점의 중요성
통합운영센터의 운영시점에 따라 이해관계자들의 부서이동과 센터 운영에 대한 의견충돌이 사전에 예방.

- 방대한 데이터를 관리하는 센터의 보안 유지 측면을 고려해야 하며, 재해 등 환경적인 위험요소 및 필요공간 확보 가능성을 검토한다.
- 이해관계자와의 의사결정 조율을 통한 통합센터 운영시점을 고려한다.

나) 에너지 절감방안
- 신재생에너지 활용 가능 여부 사전 검토, 냉난방 시스템 구축
- 동체감시센터 설치(주변 움직임에 조명, 점, 소등 자동장치)

신재생 에너지 적극 활용
통합운영센터의 운영비 중 상당한 비중을 차지하는 부분이 전기사용량에 대한 비용이다. 참고(한국에너지공단 (energy.or.kr) 신재생에너지에 대한 정보를 제공.

- 최대 수요전력 제어시스템 구축
- 다기능 창호 시스템(냉, 난방 부하 및 소음 감소)
- 에너지 사용량 모니터링 시스템 구축
- 센터내외부 모든 전등은 고효율제품 설치
- 상황실 상황판은 전력소모량 점검 가능한 제품 설치

다) 보안대책 방안
- 방재 대책 및 외부로부터의 위해 방지 대책

– 상시 이용하는 출입문은 한 곳으로 정하고, 이중 잠금장치 설치
– 출입문 보안장치 설치 및 주/야간 감시대책
– 정전에 대비한 비상전원 공급, 시스템의 안정적 운영 등 전략관리 대책
– 비상조명 장치 등 비상 탈출 대책
– 카메라 장착 휴대폰 등을 이용한 불법 촬영 방지대책
– 비인가자의 출입 및 정보자산의 반출입 통제 등 대책

라) 건축설계 시 고려사항
– 상황실 층고(전체 상황실 크기 고려)
– 상황실 상황판 공간 및 전산실 면적(이중마루, 상/하부 트레리, 항온항습기 쿨링방식 등)은 확장성을 고려하여 최대한 충분히 확보
– 엘리베이터 설치는 일반용 또는 장비 규모에 따른 설치 규모 고려
– 정보통신실 바닥 및 천정에 누수탐지센서 설치
– 전체 방송시설 설계 반영
– 옥외 LED 간판 또는 미디어 보도(홍보용) 설치고려 등

저자가 제일 중요하게 생각하는 것이 바로 센터 설계의 필요성 즉 중요성을 먼저 인식하는 것이다. 그 이유를 세 가지 경우를 두고 설명하여 본다.

첫 번째는, 통합운영센터 설계 경험자가 많지 않다는 경우이다.

즉 센터 건축 설계용역발주로 계약한 종합건축사사무소의 경우, 건축사가 전국의 유사 통합운영센터의 설계 경험, 즉 통합운영센터의 단독건축물로 건축되어 운영된 사례가 없어, 일반적인 공공건물 건물처럼 인식하고 설계를 한 후 건축이 된 경우이다.

첫 번째를 해결하려고 하면, 발주처의 최종사용자와 선정된 업체의 건축사와의 통합운영센터의 운영계획에 대한 업무공유가 절대적으로 필요하고, 또한 경험으로 미루어 건축사와 함께 통합운영센터의 연면적과 유사한 통합운영센터 5

설계 방향 제시
- 센터 설계 경험자 부족으로 견학
- IT 건물의 특성이해 필요
- 이동 동선에 대한 연구 필요.

설계자와 함께 벤치마킹
건축하고자 하는 연면적과 유사한 곳 5개소와 우수사례 5개소를 함께 벤치마킹을 꼭 권한다.

개소 정도와 우수사례 통합운영센터 5개소 정도 즉, 총 10여 개소의 벤치마킹을 반드시 할 것을 추천하며, 이때 반드시 건축사와 최종사용자가 함께 벤치마킹을 하도록 권장하는 바이다.

이는 상호 통합운영센터에 대한 전문가의 관점과 최종사용자의 관점을 일치하는 좋은 계기가 되어, 통합운영센터의 효율적 설계의 기초가 될 것으로 확신한다.

두 번째는 통합운영센터를 신규 건축 또는 기존 건축에서 설계를 하는 경우에도, 통합운영센터의 전산실 및 상황실의 특성을 먼저 학습하여야 할 필요가 있다.

문제는 통합운영센터 내의 배치도에 따라 24시간 운영되는 전산실의 특성을 인지를 하지 못하면, 예를 들어 전산실을 정남향 방향으로 위치시키고, 또한 유리창까지 설계를 하고, 건축하였다면, 향후 최종사용자는 어떤 생각이 들까?

우선, 정남향과 유리창으로 인한 최적의 전산실 온도와 습도를 유지하여야 함에도 불구하고, 또 다른 항온항습을 위한 냉난방기를 추가로 설비하여야 한다는 사실이다.

전산실의 배치가 중요한 사실 하나만이라도 알고 설계하였다면, 통합운영센터의 유지관리비가 절약된다는 사실이다.

상황실 또한 근무자가 24시간 근무하는 환경으로, 근무자와 밀접한 컴퓨터 모니터와 본체, 마우스와 키보드와 함께 있는데, 여기서 컴퓨터 본체의 팬 소음에 대한 이해도를 필요로 한다. 조용한 시간에 팬이 가동되는 소음은 소량일 때는 다소 괜찮지만은, 대량일 때는 큰 소음으로 인한 근무환경이 매우 열악하여진다는 것이다. 이를 해결하는 방안은 컴퓨터 본체를 상황실에서 가까운 전산실에 배치함으로써, 환경소음의 해결이 가능하다는 사실이다.

> **전산실과 상황실 운영이해 필요**
> 24시간 365일 무중단 운영을 하기 위해서는 필수 불가결한 시설과 장비가 필요로 한다. 그 장비에 대한 특성을 이해가 꼭 필요로 한다. ups, 항온항습기, 소화시설, 전기이중화시설 등.

세 번째는 통합운영센터에서 근무자와 외부 방문자의 동선을 최단선으로 설계하여야 한다는 것이다.

즉 24시간 근무자가 비상상황 발생 시와 야간, 공휴일 등에 방문하는 방문객을 통합운영센터 상황실에서 건축물 전체에 대한 동선 파악으로, 신속하게 대응할 수 있도록 하면, 도시의 안전을 지키는 통합운영센터 시설물에 대한 보호조치가 가능하다는 것이다.

저자가 경험한 바로는 세 가지 경우에 대한 필요성 즉 중요성만이라도 인지하고 설계를 시작한다면 종합적인 통합운영센터의 큰 그림을 그릴 수 있다고 본다.

시설물 보안과 비상 발생 시 조치에 대한 이해 필요
센터 시설물은 중요 보안 시설임으로, 외부방문객 동선의 최소화가 필요로 하고, 또한 24시간 근무자를 위한 비상 발생 시 대처에 대한 고려가 필요하다.

▶ 통합운영센터의 운영 방향과 설계 방향 설정은 효율성과 밀접하다

가. 통합운영센터 개념을 반영한 설계

스마트시티의 3대 인프라는 스마트시티 통합운영센터, 스마트시티 서비스, 스마트시티 통신인프라라고 할 수 있다.

스마트시티 3대 인프라
—스마트시티 통합운영센터
—스마트시티 서비스
—스마트시티 통신인프라

3대 인프라 중에서도 제일 핵심 인프라인 스마트시티 통합운영센터는, 부서별로 스마트서비스 구축으로 부서별 센터가 구축 및 운영되어, 비효율적인 운영의 문제점 노출을 해결하기 위한 최적의 방안이라고 할 수 있다. 기 구축되어 운영 중인 유사관제센터도 향후에는 신축 또는 확장하려는 계획이 있다면, 통합운영센터의 개념을 반영한 설계가 꼭 필요하다고 주장하고 싶다.

통합운영센터 개념 반영
통합이 아닌 개별센터와 비교하여 보면, 그 효율성에 대한 인지는 가능하고, 단, 통합운영센터 단점이 서비스가 중단되었을 경우에 대비한 이중화 및 백업시스템을 준비하여야 한다.

2009년부터 정부에서 CCTV 통합관제센터를 구축하기 시작하여 2019년에야 전국에 229개 CCTV 관제센터가 완성되었다. 현재 각 지자체의 종합상황실의 역할을 하며, 범죄예방과 검색, 사회안전망 관제, 시설관리, 사회적 약자 지원, 유관기관 연계 등 도시상황관리에 중추적인 역할을 하고 있다.

하지만 초기 CCTV 관제센터는 CCTV 관제만을 위한 관제센터, 불법 주정차 단속 CCTV 관제만을 위한 불법주정차관제센터 등 오로지 단일목적으로 운영되었다. 통합관제센터가 추진된 배경과 필요성에는 우후죽순처럼 설치되어 중구난방으로 관리하던 CCTV를 통합적으로 운영 관리하면서, 비효율적으로 낭비되는 자원과 비용을 최소한 줄이기 위한 필요성도 강했다.

나. 시민의 안전과 도시시설관리, 교통인프라 관리 확장

첨단 ICT를 활용하여 도시의 범죄예방, 시설관리, 재난 및 재해방지, 교통정보, 환경, 에너지 등 거의 모든 도시의 인프라에 직간접으로 관여를 하고 있음도 사실이다. 통합운영센터에서 관리하여야 할 지역도 스마트서비스 인프라가 설치되어 있는 대부분 지역이 대상이며, 수많은 도시기반시설을 한 장소에서 관제가 가능한 점도 높이 평가할 수 있다고 본다.

또한, 최근 정부에서 추진 중인 ITS(Intelligent Transport Systems) 구축사업으로 별도의 교통정보센터가 방범 CCTV 관제센터와 공간적인 통합으로 통합운영센터의 필요성이 더욱 강조되고 있다. 저자는 안전과 교통인프라의 통합이 우선되고, 공공기관의 역량에 따라 단계적으로 기반시설에 대한 통합을 위한 설계가 반영되어야 한다고 생각된다.

첨단 ICT 기반 확장
안전과 교통기반에서 센서 기반 확장을 위한 전산실, 상황실 설계 방향 제시 필요.

다. 영상정보 데이터를 유관기관 연계활용

통합운영센터의 역할이 강화되기 시작한 것은, U-City 사업의 U-City 서비스 중 국민 체감도가 높은 방범용 CCTV 카메라의 설치대 수가 기하급수적으로 증가하면서, 이를 통합의 필요성에 의한 정부의 CCTV 통합관제센터 구축사업이 추진되어, 전국적으로 각 지자체별로 CCTV 관제센터가 운영되었다. 그러나, 초기에는 감시라는 역할이 주된 업무였지만, CCTV 카메라의 화질이 41만 화소와 아날로그 형태의 시스템 운영으로, 영상정보의 데이터를 활용하지 못했다고 본다.

정부에서 통합운영센터에서 생성된 영상정보를 어떻게 활용할까를 고민하면서, 스마트시티 통합플랫폼을 개발하고, 지자체 통합운영센터에서, 유관기관인 112상황실과 119상황실에 연계하면서부터, 영상정보 데이터를 활용하기 시작하고, 또한 2018년 이후 관제방식의 변화를 위하여, 선별관제솔루션이 개발되면서부터라고 할 수 있다.

영상정보 유관기관 제공
영상정보의 유관기관 제공으로 실시간 시민의 생명과 재산을 보호할 수 있는 골든타임 확보 가능.

참고로 CCTV 뉴스에 나온 기사 내용을 첨부하여 이해를 돕고자 한다.

보도자료:
출처 : CCTV 뉴스(https://www.CCTVnews.co.kr)

통합관제센터의 역할이 강화되기 시작한 것은, 새로운 정부가 U시티의 유지를 이어 스마트시티 구축 사업을 추진하면서부터다. 스마트시티는 U시티와 마찬가지로 첨단 ICT 기술 기반의 미래형 도시 구축 사업이다. 한 가지 차이점이 있다면, U시티가 추진했던 통합관제센터의 역할이 '감시'라는 본연의 기능에 집중되어 있다면, 스마트시티가 추구하는 통합관제센터는 종합 데이터의 허브에 더 가깝다고 할 수 있다.

각각의 통합관제센터가 운영 관리하는 CCTV의 숫자는 수천 개에 이르기 때문에, 여기서 수집되는 데이터의 양은 어마어마하다. 스마트시티는 이 데이터들을 단순히 쌓아 두다가 폐기하지 않고, 새로운 서비스와 기술 개발을 위해 활용하는 방안을 모색하고 있다. 가령 통합관제센터의 핵심 솔루션 중 하나인 지능형 영상 분석의 경우, 머신러닝을 통해 성능을 강화할 수 있지만 머신러닝에 필요한 학습 자료는 매우 부족한 것이 현실이다. 만약 전국의 통합관제센터에서 매일매일 수집되는 방대한 영상 데이터를 머신러닝 학습에 사용할 수 있다면 큰 도움일 될 것이다.

사실 지난해까지는 개인정보 보호법과 개인영상정보보호법 등으로 CCTV로 수집된 영상 정보의 활용 자체가 막혀 있었다. 그런데 올해 초, 데이터 3법 개정안이 통과하면서 그동안 의미 없이 수집돼 버려졌던 영상 데이터를 활용할 수 있는 길이 열렸다. 물론 이를 위해서는 모든 데이터에서 개인을 추정할 수 있는 정보가 노출되지 않도록 마스킹하는 추가 작업이 필요하기 때문에 당장 영상 데이터를 자유롭게 활용할 수 있는 것은 아니다. 하지만 일단 법적으로 가능성이 열렸다는 것이 중요하다.

영상 데이터의 활용은 통합관제센터를 고도화하는 데에도 도움을 준다. 지금의 통합관제센터는 선제적 대응보다는 사건이나 사고가 발생한 후 빠른 후속 대응에 무게추가 기울어 있다. 통합관제센터가 선제적 대응을 하기 위해서는 위험 징후를 사전에 포착하고 분석해 정확한 판단을 내릴 수 있어야 한다. 인공지능 기술을 이 정도 수준으로 성장시키기 위해서는 다양한 방식으로 수집된 방대한 데이터가 필요하다.

4차 산업혁명의 핵심 인프라

통합관제센터가 중요한 이유 중 하나는 산업적인 측면에서 찾을 수 있다. 지난 7월 문재인 대통령이 발표한 한국판 뉴딜의 근간에는 데이터 경제가 깔려 있다. 실제로 정부에서 구축하고 있는 전국 ITS 센터는 단순히 도로의 교통관제 역할만 수행하는 것이 아니라, 다양한 데이터를 수집하는 데 진정한 목적이 있다. 데이터는 4차 산업혁명의 핵심 자원이며, 이를 통해 인공지능 기술 경쟁에서 우위를 점할 수 있다.

그리고 지금까지는 단순히 보안과 안전의 영역에서만 머물러 있던 통합관제센터는 이제 스마트시티의 핵심 인프라로 온갖 데이터가 모이는 데이터 허브 플랫폼으로 기능하고 있다. 매장에서 인공지능 기반 리테일 솔루션으로 고객의 동선과 재방문 여부 등을 분석하듯, 도시 내에서 이동하는 사람들의 동선 데이터, 물류 데이터, 상권 데이터 등은 미래 전략을 세우는데 매우 중요한 기초 자원이 되는 것이다.

현 정부가 한국판 뉴딜, 디지털 뉴딜을 추진하는 과정에서 핵심 과제로 데이터댐 구축을 표방한 만큼, 통합관제센터는 이제 보안과 안전을 넘어 경제의 중심으로 무게 중심을 넓혀가고 있다.

▶ 효율적 운영개념의 이해를 왜 강하게 주장하는가

가. 스마트시티 통합운영센터의 운영 개념

통합운영센터의 운영내용은 센터의 심장부인 ① 상황실(사전적 의미로 狀況室은 '행정상 또는 작전상의 계획, 통계, 상황판 따위를 갖추어 전반적 상황을 한눈에 파악할 수 있도록 마련한 방'으로 정의됨, 네이버 국어사전) 운영과 상황실을 구성하는 제반 시설과 인원 및 자원이 상호 작용하여 최적 상태로 운영될 수 있도록 지원하는 ② 지원체계 운영 2가지로 크게 구분할 수 있다.

여기에서는 '상황실 운영'을 중심으로 통합운영센터의 운영개념을 논의하고자 한다. 통합운영센터에서 제공하는 서비스는 방범 위주의 CCTV 통합관제센터와 달리 행정, 교통, 재난, 안전, 환경, 보건·복지, 시설물관리, 문화·관광 등 도시의 다양한 분야에 적용되며, 이는 지자체에서 제공하는 행정서비스의 일환으로 거주민의 삶의 질 향상에 기여할 수 있어야 한다.

이와 같은 다양한 분야의 서비스 제공을 위해서 통합운영센터는 해당 지자체의 기능별 부서와 밀접한 업무 협력 및 연계성을 유지해야 하며, 거주민에게는 서비스의 수혜자 역할 이외에 도시 운영관리의 참여자로서 역할 및 기회를 제공할 수 있다.

통합운영센터는 다양한 분야에서 가치 있는 도시민 서비스를 제공하기 위하여 도시에 존재하는 다양한 관계 행정기관 시스템과 연계하여 다차원적인 도시민 서비스를 제공하는 등 Information hub로서 역할을 수행한다.

왜 저자는 스마트시티 통합운영센터(유사 관제센터 등)의 효율적 운영이라는 개념을 강조할까?

효율적의 사전적인 의미는 '들인 노력 등에 비해서 얻는 결과가 큼'이다. 통합운영센터(유사 관제센터 등)의 구축비용은 각 지자체의 통합운영센터의 면적과 센터에서 제공되는 서비스의 숫자에 비례한다고 할 수 있다.

1,000㎡ 이상 면적이라면 센터 건축비가 약 20억 원 이상 예산이 책정되는 등 막대한 예산과 또한 그 센터에서 근무하는 조직원의 근무인력에 따라서도 즉 관제요원 1명당 약 2, 500만 원 이상 예상된다. 이렇듯이 센터를 운영하

는 데에는 인력, 유지관리, 소방, 전기, 항온항습기, UPS, 출입통제시스템과 층고가 있는 건물은 더욱 큰 예산으로 운영되는 등 들인 노력 등이 지대하다.

그럼에도 불구하고, 전국에서 운영 중인 통합운영센터가 우리가 알고 있듯이 효율적으로 운영되고 있을까? 저자가 10년 이상 지자체의 통합운영센터를 방문하고, 또한 간담회와 협의회를 운영하면서, 느낀 점은 효율적 운영과 비효율적 운영의 상태로 운영되고 있음을 알 수 있었다.

다음 표와 같이 생각할 수 있다.

구분	효율적 운영	비 효율적 운영
공무원 장기근무 여부	-최소 2년 이상 근무	-최대 2년 미만 근무 (잦은 순환근무제도)
관제요원신분	-임기제 공무원 (안정적 근무 여부)	-용역직 신분(1년 단위) -공무직 신분(만 60세)
상주 경찰 관계	-상호 보완적	-상호 배타적
견학 프로그램 운영 여부	-상시 센터시스템 운영	-센터시스템 가동 여부 관리 부실 우려 등
공모사업 참여 여부	관심	무관심
운영 여부	센터시스템 업그레이드로	폐쇄형 운영으로 비용상승. 근무 회피 등

나. 효율적 도시관리 필요

저자는 3개 항목으로 요약할 수 있다고 주장한다.

즉 ㄱ) 상황별 신속한 대응시스템 부재, ㄴ) 각 부서별 서비스 별도운영에 따른 행정력 낭비, ㄷ)주변도시와 정보 단절에 따른 국가 예산 낭비의 문제점을 해결하기 위하여는 반드시 효율적 도시관리가 필요로 한다고 주장하고 싶다.

각 항목별로 설명하고자 한다.

먼저 ① **상황별 신속한 대응시스템 부재**는 업무별로는 부서담당 업무별로 대응시스템은 존재하지만, 예를 들면 쓰레기 무단투기를 차량을 이용한 경우에 쓰레기 무단투기 CCTV 카메라에 관제된 순간에는 영상으로 남아있지만, 이동 시 경로추적과 차량번호에 대한 명의를 알기 위하여서는 또 다른 부서의 대응시스템에 협조를 얻고자 하는 시간을 필요로 한다. 즉 신속한 대응시스템이 연계 연동이 되어 있지 않기 때문이다. 이러한 시스템이 통합운영센터로 통합 운영되어 있다면, 효율적인 문제해결이 될 수 있는 것이다.

② **각 부서별 서비스 별도운영에 따른 행정력 낭비**는 ICT 기술 발전에 따른 행정, 교육, 방범 및 방재, 에너지, 교통 등의 문제점을 해결하기 위한 솔루션구축으로, 서비스별 즉 방범 CCTV 관제센터, 불법 주정차단속센터, 교통정보센터, 버스정보시스템센터, 신호제어시스템 운영단말, 쓰레기단속 시스템 등을 운영하기 위한 별도의 공간으로 운영되고 있어, 이를 해결하기 위한 통합운영센터의 필요성은 무엇보다도 인식하고 있음도 알 수 있다.

다음 표에서처럼 지자체에서 운영 중인 센터현황이 다양함을 알 수 있다.

센터명	효율적 운영	주관부처	운영 주체
U-City 통합운영센터	·유비쿼터스도시서비스를 제공하기 위한 분야별 정보시스템을 연계·통합하여 운영	국토부	지자체
교통정보센터	·전국 단위의 육·해·공 교통정보를 효율적으로 수집·분석·제공	국토부	정부, 지자체, 도로공사
CCTV 통합관제센터	·분야별 CCTV를 통합하여 방범, 재난, 교통 등의 정보를 통합관제(공간적 통합)	행안부	지자체
119구급 상황관리센터	·응급환자에 대한 이송 병원 안내 및 119 구급이송 관련 정보망의 설치 및 관리·운영	소방방재청	국가, 지자체
112신고센터	·방범·치안 등 112 신고 처리를 위해 지방경찰청 또는 경찰서에 설치·운영	경찰청	국가, 지자체

재난 안전 상황실	·재난정보의 수집·전파 및 재난 상황 발생 시 초동조치 및 지휘 등의 업무 수행	행안부	국가, 지자체
수질오염 방제센터	·공공수역의 수질오염사고에 신속하고 효과적으로 대응하기 위한 시설	환경부	국가, 지자체
환경관리센터	·소각, 재활용, 매립시설 등 일원화된 생활폐기물 종합처리시설	환경부	지자체
도로기반 시설관리	·도로, 교량, 도로부속물, 가로등, 하수도, 유수지, 교통시설물, 공동구 유지관리	국토부	지자체, 시설관리공단
민원신고센터	·정부, 지자체, 공공기관의 업무에 대한 민원상담	행안부	국가 지자체

③ **주변도시와 정보단절에 따른 국가 예산 낭비**는 누구나 알 수 있는 사실이다. 즉 A라는 지자체와 B라는 지자체 경계점에서 긴급상황 발생 시에는 A 지자체에서만 정보가 공유되고, B 지자체에서는 전혀 알 수 없는 즉 정보단절이 발생하는 경우가 많다. 이러한 문제점을 해결하기 위하여, 광역지자체 중, 광주광역시, 대전광역시, 세종특별시, 제주특별자치도에서는 1개의 통합운영센터로 통합 운영하여 그 효율적 운영을 모델을 제시하고 있음을 알 수 있다.

스마트도시 통합운영센터 계획/설계/구축/운영 중인 센터! 개선방안 제시

O 스마트도시 통합운영센터의 기능과 역할 개선 방안

▶ **역할과 기능, 개선 방안 제시합니다**

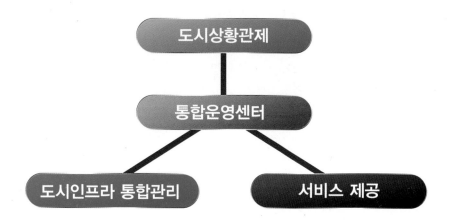

저자는 통합운영센터의 역할과 기능개선 방안에 있어서, 먼저 통합운영센터의 역할과 기능을 어떻게 정의할까 고민하다 3개 항목으로 정리하고자 한다.

가) 도시 상황 관제 나) 도시 인프라 통합관리 다) 서비스 제공이라고 할 수 있다.

가) 도시 상황 관제는 시민의 편익을 최우선으로 확보하기 위한 교통 관련 시스템과 안전 관련 시스템 등의 서비스를 통합운영센터 내에 통합하고, 관련된 관계기관(112, 119, 재난상황실 등)에 신속하게 대처할 수 있도록 전파하는 역할과 기능이 매우 중요하다고 생각한다.

나) 도시 인프라 통합관리는 통합운영센터에서 각각의 서비스를 제공하기 위한 통합소프트웨어 즉 방범용 운영 S/W, 불법 주정차단속 S/W, 신호제어관리 S/W, 버스 정보시스템 S/W, 통합 DB S/W, GIS S/W, 통합플랫폼 S/W 등 각각의 운영 모니터와 각각의 운영자가 있어, 이를 통합관리가 가능한 시스템을 연계 및 연동을 통하여 최적 관리로 역할을 수행할 수 있어야 한다.

다) 서비스 제공은 도시민에게 실질적으로 도움을 주고 있는 교통 관련 서비스, 안전 관련 서비스 등을 지속적이며, 향상된 기능을 제공하여 삶의 질을 향상하고 편리한 도시생활을 보장하는 역할을 수행하는 것이다.

통합운영센터 효율적 운영 방안

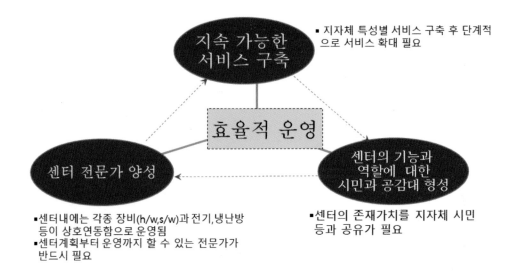

이 책의 가장 중요한 부분이며, 저자가 강의 시마다 항상 강조하는 것이 바로 제시한 도표이다. 효율적 운영의 최소 3대 요소라고 정의하고 싶다.

먼저 ㄱ) 센터전문가 양성 ㄴ) 지속 가능한 서비스 구축 ㄷ) 센터의 기능과 역할에 대한 시민과 공감대 형성이 중요성을 강하게 주장한다.

ㄱ) 센터 전문가 양성은 첫 번째로 강조하는 이유이다. 우선 저자의 사례를 설명하고자 한다. 2016년도에 오산시에서는 [2016년 전문직위 지정 및 전문관 선발 계획]에 의거, 다음과 같이 선발하였다

- 인사혁신 및 전문성 향상을 위한 -
2016년 전문직위 지정 및 전문관 선발 계획

> 동일한 직위 또는 업무분야에 장기간 근무할 필요성이 있고, 업무 수행을 위해 요구되는 전문지식과 정보의 수준이 높은 직위를 대상으로 전문직위로 지정하고 전문관을 선발·배치하여 업무의 효율성 제고하고 직원의 전문성을 강화하고자 함.

Ⅰ 관련 근거

○ 지방공무원임용령 제7조의3(전문직위의 지정 등)
○ 지방공무원 평정규칙 제16조(경력의 평정점)
○ 지방공무원 수당 등에 관한 규정 제14조 및 제19조
○ 인사분야 통합지침(전문직위 운영)

Ⅱ 지정 필요성

○ 고도의 전문성과 업무 노하우가 필요한 분야의 담당자가 빈번히 교체되어 업무 효율성 저하
○ 복잡하고 방대한 업무 절차와 지식·노하우의 체계적·지속적·장기적인 축적 필요

Ⅲ 지정요건 및 절차

○ 대상직급 : 6급, 7급 및 8급
○ 대상 직위
 - 각 부서 수요조사 후 인사위원회 심의를 거쳐 임용권자가 지정
 【붙임】 전문직위 직무수행요건 표 참조
 ☞ 몇몇 분야 지정하여 시범 실시 후 추후 확대 여부 검토
○ 지정절차
 - 인사위원회 심의를 거쳐 임용권자가 지정

- 기구 및 직제 개편, 사무분장 등으로 담당직무의 변동 없이 소속부서, 직위명 및 해당직급 등이 변경된 경우에는 변경된 직위가 전문직위로 지정된 것으로 봄.
  - 전문직위로 관리하는 것이 적합하지 않다고 판단되는 경우 인사위원회의 심의를 거쳐 취소

Ⅳ 전문관의 선발 및 관리

○ 임용요건
  - 필수 및 우대요건 【붙임】 전문직위 직무수행요건 표 참조
○ 선발인원 : 전문직위별 1명
○ 선발방법 : 인사위원회에서 전문직위 직무수행능력과 적격성을 심사
○ 지위 상실
  - 징계, 직위해제, 전출, 휴직 및 장기휴가(2월 이상)의 경우
  - 본인의 취소신청(이 경우 인사위원회의 심의를 거쳐야 함)
  - 기타 전문관이 전문직위에 근무하는 것이 부적당하다고 인사위원회에서 판단할 경우
○ 인사기록관리
  - 선발되거나 취소된 공무원에 대하여 발령 통보하고 인사기록카드에 기재
○ 필수보직기간 : 임용된 날부터 특별한 사정이 없으면 3년 이내 전보 불가
○ 전문관의 보직관리
  - 필수보직기간 만료 후 보직 부여 시 해당 전문관의 전문분야를 고려하여 전보 조처
  - 전문관이 승진한 이후에도 전문관 지위 상실 없이 해당 직위에 재직 가능

Ⅴ 전문관에 대한 우대

○ 능력개발 우대
  - 각종 교육 시 전문성을 강화할 수 있도록 전문교육 훈련 적극 지원
○ 가산점 평정
  - 1년을 초과하는 1개월마다 0.02점을 가산하여 경력 평정하되, 최대 1점까지 가산
○ 수당 지급

근무기간	1년 미만	1년 이상 2년 미만	2년 이상 3년 미만	3년 이상 4년 미만	4년 이상
월 지급 상한액	70	90	150	250	400

붙임 1 전문직위 직무수행요건 표《제출 서식》

□ 전문직위 분야 : U-City 사업 추진

□ 직위 관련 기본사항

부 서		자치행정국			
전문직위 (전문팀)명칭		유시티 팀			
대상직급	정원(현원)	행정+전산 6급 (전산 6급)		전문관 직 급	전산 6급
전 문 관 임용요건 (직무수행요건)	필수요건	경력요건 : 유시티 관련 업무 3년 이상 경험자			
	우대요건	학 력 : 전산정보통신분야 자격증 : 유시티 자격증, 정보처리기사, 유무선통신기사 등			
주 요 직무내용		○ 유비쿼터스 사업의 계획, 설계, 구축, 운영 등 사업 추진 ○ 세교2지구 U-City 사업의 설계(인프라, 서비스 등)업무 ○ 통합운영센터 "안전교육" 프로그램 운영, 주요정보통신기반시설운영 ○ 유시티 서비스 확산에 따른 체험지구 구축과 교통시스템 업무조율 ※ 근거 : 유비쿼터스 도시건설 등에 관한 법률			
전문직위 지 정 필 요 성		○ 유비쿼터스 사업의 특성상 구축기간이 5년~10년 이상 필요로 하는 사업으로, 계획부터 운영까지 사업의 연속성이 필요로 함 ○ 잦은 인사이동 등으로 인한 업무의 전문성이 결여되고 관련 배경지식이 부족하여 단순 통계집계 및 분석 수준에 머물 수밖에 없는 한계가 있어, 이를 해결하고, 도시의 문제점 해결을 위한 U-서비스를 단계적으로 추진할 수 있는 인력이 필요로 함			

오산시 사례에서 알 수 있듯이, 2016.7 전문직위 지정 및 전문관을 선발하여 저자가 2020.12월까지 3년 6개월 동안 타부서 전보 없이 오산시 유시티 와 스마트시티업무를 추진하게 되었다. 오산시 경우 2006년부터 유시티 사업을 추진함에도 불구하고, 전문관을 늦게 추진 선발함에 다소 안타까운 마음이 앞선다.

그럼에도 불구하고, 저자가 2007년 8월부터 현재 시점인 2024년 6월에도 근무하고 있음은 시사하는 바가 크다고 생각된다.

저자의 사례에서 알 수 있듯이, 센터 전문가가 왜 필요로 하는지에 대하여 정리하여 본다.

스마트시티 사업은 단기간 사업이 아니라 장기간 사업이다.

스마트시티 계획, 설계, 구축, 운영의 일괄성으로 효율적인 사업을 추진할 수 있다. 그중에는 바로 센터의 설계 부분이 매우 중요하다.

센터 전문가 필요성
센터의 특성상 지속 가능하고 무중단 서비스를 제공하려면, 센터의 기능별 업무별 구조별 등 종합적인 판단을 할 수 있어야 한다.

기존 시스템 네트워크망을 이해함으로써, 신규서비스 추가 시, 예산 절감과 행정적 절차기간을 단축할 수 있다.

센터 시스템에는 단순히 서비스와 관련된 IOT 장비만 있는 것이 아니라, 항온항습기, UPS, 냉·난방시스템, 소방시스템, 전기이중화에 따른, 발전기 등 상호 유기적인 연동으로 운영되고 있어, 각 분야를 총괄적으로 이해할 수 있어야 한다.

반드시 존재하여야 할 조직원은 센터시스템을 관리하고 유지할 수 있는 네트워크 엔지니어라고 할 수 있다. 어떠한 형식으로 채용하더라도, 지속적으로 근무할 수 있도록 근무환경을 조성하여야 한다. 그에 대한 이득은 무한하다고 할 수 있다. 그것은 센터가 지속적으로 발전을 할 수 있는 가장 기본적인 인프라라고 주장하고 싶다.

센터 전문가가 존재하는 센터는 벤치마킹 시 다시 방문할 수밖에 없는 센터로서 존재가치가 높다.

ㄴ) '지속 가능한 서비스 구축은 센터에서 어떤 서비스를 제공하는가?'라고 질문할 때 바로 응답을 할 수 있는 것이다. 일회성 서비스로 제공하다가 사라지는 서비스보다는, 시민이 체험하고 만족하는 서비스를 지속적으로 구축하여야 하

는 이유가 바로 여기에 있다고 할 수 있다.

〈제3차 스마트도시 종합계획 참조〉

서비스 확대 **스마트 서비스 및 사업 유형도 다변화 양상**

- (스마트 서비스) '14년의 경우 방범·방재(35%) 및 교통(32%) 등 2개 분야가 67%를 차지하여, 스마트 서비스가 특정 분야에 집중

  ›››› 최근에는 방범·방재(24%)와 교통(22%) 이외에도, 행정(15%), 환경·에너지· 수자원(15%), 시설물관리(8%), 보건·복지(7%) 등으로 다변화

··· 스마트시티 사업 추진 중 지자체의 서비스 현황 ('18.10) ···

서비스 분야	응답 지자체 전체	1개 지자체 평균	비율
방범·방재	102	1.5	24%
교통	91	1.4	22%
행정	63	1.0	15%
환경·에너지·수자원	64	1.0	15%
시설물 관리	32	0.5	8%
보건·의료·복지	28	0.4	7%
문화·관광·스포츠	20	0.3	5%
근로·고용	10	0.2	2%
물류	4	0.1	1%
교육	4	0.1	1%
주거	5	0.1	1%
계	423	6.4	100%

위 표에서도 알 수 있듯이, 초기에는 안전 및 교통중심의 서비스에서 환경과 에너지, 시설물 관리 서비스로 확대되고 있음을 알 수 있다. 바로 지속 가능한 서비스 구축은 센터의 존재가치가 있는 중요한 부분이라고 할 수 있다.

ㄷ) 센터의 기능과 역할에 대한 시민과 공감대 형성은 센터가 어떠한 존재인지를 확실하게 알려주는데 의미가 있다고 할 수 있다.
시민들은 이 건물이 무엇을 하고 있는지에 대한 궁금증과 왜 여기에 있는지조차도 모르는 것이 사실이다.
CCTV 카메라는 막연하게 내 사생활을 감시하고 활

센터 홍보대사 역할수행
센터의 기능과 역할에 대한 홍보는 센터 주변에서 생활하고 있는 분들이었다는 사실을 알 수 있다.

용하는 것이 아닌가 하는 의구심 속에 방문하면서 하나하나 그 의구심이 풀려 날 즈음에는, '내가 낸 세금이 이렇게 사용되고 활용할 수 있구나.' 하면서, 감탄 과 더불어 다음에 다른 분도 소개하겠다고 하는 반응을 보면 바로 이것이구나 하는 생각이 지금도 들고 있다.

저자는 오산시 스마트시티 통합운영센터가 개소하면서, 센터 주변 100m 내 외에 거주하고 있는 부동산, 식당, 카페, 미용실 등 업주 및 시민들을 먼저 초청 하여, 센터 내외를 견학하여 드렸더니, 놀라운 사실을 알게 되었다.

그것은 바로 "센터 홍보대사" 역할을 하고 계신 것이다. 즉 업소를 방문한 고 객분들이 저 건물은 어떤 건물인지를 물어보면, 센터에 대한 소개와 역할까지 도 설명해 주고 있음을 알게 되었다. 바로 이 견학이야말로 시민과 공감대를 느 낄 수 있는 첫 번째 견학 프로그램이었다고 말하고 싶다.

단계적으로 주민자치센터 8개 단체장 및 회원, 야간자율방범대원, 신규임용 경찰관 및 소방관, 시의원, 녹색어머니회 회원 등 안전과 관련된 단체중심으로 견학 프로그램을 운영한 결과는 다음과 같이 정리할 수 있다.

합 계		2013년		2014년		2015년		2016년		2017년		2018년		2019년		2020년		2021년		2022년		2023년	
횟수	인원	횟수	인원	횟수	인원	횟수	인원	횟수	인원	횟수	인원	횟수	인원	횟수	인원	횟수	인원	횟수	인원	횟수	인원	횟수	인원
1,474	22,773	17	152	192	3,043	212	3,733	204	3,608	201	3,317	197	2,761	195	3,192	69	366	34	183	62	899	91	1,519

➤ 통합운영센터의 존재가치와 지속적인 투자를 하여야 하는 이유를 증명 한다.

➤ 내가 살고 있는 지역에 대한 도시기반시설의 중요성과 보호의 중요성을 인 식한다.

➤ 견학 프로그램을 운영하기 위하여는 센터 조직구성원 누구나가 센터시스 템을 스스로 학습하는 효과에 따라 센터시스템 운영에 대한 공유로 센터운영의 효율성을 높일 수 있다.

➤ 특히 신규 및 전입 경찰관과 소방관의 견학 프로그램 운영은 현장 출동 시 CCTV 카메라의 영상에 대한 화각과 거리에 대한 이해로, 현장업무를 효과적으 로 추진하는데 도움을 준다.

▶ 조직 구성원의 역할과 개선방안도 필요합니다

통합운영센터의 조직 구성원에 대하여 의견을 제시하고자 한다. 스마트도시 통합운영센터(유사센터 등) 현황에서 알 수 있듯이, 통합운영센터 또는 유사관제센터의 조직 구성원은 우선적으로, 스마트서비스 중에서 어떠한 서비스를 단독 또는 통합하고 있는가의 여부에 따라 조직구성원이 다르다는 것을 알 수 있다. 저자가 이 장에서 강조하고 싶은 구성원 중 역할 개선에 대한 내용은 다음과 같다.

먼저, 통합운영센터에서 상시근무자와 단기근무자로 나눠서 살펴보고자 한다.

	공무원	관제요원	기타
상시근무자	−경찰공무원(파견) −시간선택제임기공무원 (센터시스템 관리 등)	−시간선택제 임기제 공무원(5년 단위) −공무직(만 60세)	센터 필수 운영 요원
단기근무자	−행정공무원(2년 단위)	−기간제(10월 단위) −용역직(1년 단위)	인사발령으로 업무 연속성 저하

상시근무자가 중요한 이유와 개선사항은 다음과 같다고 할 수 있다.

센터의 기능과 역할의 지속적인 발전과 센터시스템의 운영의 최적화로 무중단 서비스가 가능하다. 향후 개선사항은 4차산업혁명의 신기술이 접목된 빅데이터와 인공지능기술을 센터에서 어떻게 활용이 가능하고 접목할 수 있는지에 대한 교육과 신기술활용 정보를 수시로 알 수 있도록 정보를 공유하여야 한다.

−신규서비스 추가 시 신규서비스 구축기간을 절약할 수 있다. 왜냐하면 기존 센터시스템 담당자는 기구축된 센터시스템의 네트워크망뿐만 아니라, 전기, 서버, 전산실 배치 등을 신속하게 협의가 가능하여, 원활한 사업추진을 할 수 있기 때문이다.

> 상시 근무자가 중요한 이유
> 센터의 지속적인 발전과 운영의 최적화가 가능하며, 신규 서비스 구축기간 단축이 가능하다.

경찰공무원의 센터에서의 역할이 매우 중요하지만, 단지 관제요원이 인지한 긴급상황에 대하여서만 업무를 처리하지 말고, 센터시스템을 어떻게 업무에 활용이 가능한지를 상호 업무공유를 통하여, 상시 교류를 실시하여야만 한다. 특히 실종자 신고 발생 시 신속하게 관제요원과 공조를 통하여 실종자를 찾는 방안이 매우 중요함을 근무하면서 알 수가 있었다.

시간선택제 임기제 공무원(5년 단위)은, 공무원 신분으로서의 역할이 주어짐으로써, 센터의 영상정보를 보면서, 도시에서 발생할 수 있는 다양한 이벤트를 인지하고, 인지한 후 신속하게, 관련 부서에 전파하고 조치할 수 있는 것이 최고의 장점이라고 할 수 있다. 또한 개인영상정보의 중요성을 인식한다면, 더더욱 도시에서 알 수 있는 개인영상정보의 보호를 위하여는 시에서 직접고용하는 형태가 바람직하다고 생각된다.

센터 내 영상정보 전문가양성 필요
CCTV 카메라 영상을 촬영 저장 검색이용 단계가 이제는 촬영 중에 이벤트가 표출되는 과정에서 영상정보를 판독하고 전달하며 추적하는 등 제어를 할 수 있는 전문가 등장.

▶ 신축 리모델링을 한다면 센터 구조별 설계 개선방안을 제시합니다

스마트시티 테스트베드가 가능한 센터 내외부에 스마트시티 서비스 체험이 가능하도록 위치선정이 정말로 중요함을 인식할 필요가 있다.

가. 통합운영센터 설계 추진 과정

현황분석 ⇒ 유사 사례조사 ⇒ 발주처/사용처 협의⇒ 배치도 확정⇒평면도 확정⇒ 입면, 단면 계획(안) 확정⇒개략 공사비 산정⇒인허가 도서 작성(심의용)⇒실시설계 도서 작성 ⇒내역서 작성⇒납품 순으로 진행된다.

이 시점에서 검토하여야 할 중요한 내용이 있다.

센터 내에 현재 서비스대상과 향후 확장서비스 대상이 무엇인가를 고민하면서, 관련 부서의견 수렴이 매우 중요하다.

예를 들면 센터 부지가 공원 내라면, 공원 관련 부서에 공원에 센터 구축 시 필요한 절차와 협의내용이 무엇인지를 알아야만, 향후 센터 구축에 대한 공사기간을 단축할 수 있다.

센터 설계단계 중요성 인식
첫 단추의 중요성을 인지하는 단계이며, 설계부터 준공까지 지속적으로 업무를 추진하는 것이 매우 중요함으로, 적어도 설계 관련 당사자는 최소한 5개 센터를, 사전에 벤치마킹을 권한다.

유관기관과의 협의 중 특히 지자체 관할 경찰서 생활안전과(방범업무분야)와 교통과(신호제어 업무분야)의 센터 내 전산실 장비위치와 경찰관 근무 시 업무 관련(무전기, 행정업무용 통신 등) 협의가 매우 중요하다

공원에 센터 구축사례
−파주운정신도시 유비파크 (수변공원)
−오산 세교 1지구 도원공원

고 할 수 있다.

상기 내용을 이해하고자 한다면, 본 저자가 경험하였던 사례는, 먼저 유사 통합운영센터를 벤치마킹을 추천한다. 2012년 당시에는, 부천시 교통정보센터, 시흥시 도시 안전센터, 안산시 u-city 통합관제센터를 방문하여, 센터 설계 시 협조사항, 상황실, 전산실 규모, 합리적인 유지관리방안, 운영 시 기타 참고사항, 설계도면에 대한 학습을 먼저 하였다. 많은 도움이 될 것이다.

다음은 공정별 계획(안)을 검토하여 계획 및 기본설계 도서 작성을 쉽게 이해하기 위하여 다음과 같이 설명하고자 한다.

관할 지역경찰서와 협의
센터 상시근무자라고 할 수 있는 파견경찰관(안전, 교통 분야)의 업무에 대한 이해와 장비설계가 매우 중요하다.

센터 공간 활용 중요성
센터 설계 시 각 구조별 공간활용에 대한 숙고가 얼마나 중요한지는 센터 건축 후 운영시점부터 바로 그 효과는 나타난다.

건축 및 구조설계	– 제반법규 및 인허가 절차 상세히 조사 – 관련 부서별 요구사항 및 담당자 현황 파악 – 설계개요, 배치평면, 입면, 단면도계획 및 작성 – 내/외장 재료 비교 분석 및 마감표 작성 – 친환경 건물 및 에너지 절약 방안 수립(전기이중화 고려) – 기본 구조 적용시스템과 대안작성 – 적용 시스템 비교 검토 및 구조 계산서 작성 등
기계설계	– 설계 추진 방향 설정 및 계획 개요 등 – 각종 계통도, 조닝(joning) 계획 및 부하계산서 작성 – 옥외배관 평면도 및 적용 시스템 비교 검토 등
전기 및 통신 설계	– 설계 추진 방향 설정 및 계획 개요 작성 – 추정 부하 산정(향후 부하 증가분에 대한 고려 필요) – 옥외 인입 배치도 및 적용 시스템 비교검토
토목 및 조경 설계	– 토목, 조경, 계획 평면도 작성(주위환경 고려 필요_ – 시설물 계획 및 포장 계획도(특히 주차장 면수 고려) – 우/오수 처리, 상수계획도 등

@ 계획 및 기본설계 도서 작성(안)

또한 건축(토목, 조경, 실내건축), 기계, 전기(통신), 기타 부대공사로 복합공사로 종합적인 검토와 계획이 필요하며, 통합운영센터의 기능을 고려한 안전성, 편리성, 실용성, 경제성 등도 함께 고려한 적정규모의 공간과 효율적이고 합리적인 건물이 되어야 한다.

합리적인 배치와 구조로, 향후 증축 및 장래에 추가 될 시설, 설비에 대비 할 수 있도록 융통성 있는 공간 구조를 계획하여야 한다.

신·재생에너지 연구 필요
센터의 예산 중 인건비 다음으로 많은 비용은 바로 전력 사용량에 대한 전기세이다. 50년 이상 운영에 대한 고려를 한다면 반드시 연구가 필요

중요한 것은 불필요한 공간이 있는지를 다양한 전문가에게 문의를 하면 더욱 효과적이라고 할 수 있다. 그리고 통합운영센터를 50년 이상 운영하려면 에너지 절감방안을 반드시 검토하여야 한다.

신재생에너지, 지열, 태양광, 태양열, 풍력, 수소 등에 대한 검토가 필요로 한다.(참조: 공공기관 에너지 이용 합리화 추진에 관한 규정 제9조(신·재생에너지 설비 설치)

현황분석은 사업부지와 주변환경 분석에 따른 "건축, 전기, 통신, 기계, 토목, 조경 등 인허가 업무 및 심의 업무" 등이라고 할 수 있다. 총괄적인 설계개요와 실별 면적 표는 참고하여 설명하고자 한다.

각종 시설물은 에너지 절약방안과 유지관리비가 적은 시스템을 선택하여야 하고, 자연채광 및 환기시설을 검토하여 최대한 쾌적한 공간환경을 만들어야 한다.

건물명	○○○○ 통합운영센터
대지위치	근린공원 7
지역/지구	자연녹지지역/택지개발지구~
용도	전시시설~
대지면적	3,000㎡~
건축면적	1,000㎡~
연면적	1,000㎡~
용적률 산정용 바닥면적	1,000㎡~
건물 규모	지상 1층, 지상 2층, 지상 3층~
건물 최고 높이	7m, 10m, 13m~
구조	철근콘크리트~
주차대수	–법정: 대~ –계획: 대(장애인 대포함)~

- 설계 개요(사례)
  ※ "~"의미: 위치, 지역, 지구, 면적, 연면적, 규모 등은 상이

상기 표를 중심으로 중요사항만을 설명하자면 외관상으로는 먼저 중요한 항목은 주차대수와 건물 상황실 높이가 중요할 것이다. 왜냐하면, 주차대수는 통합운영센터 1일 근무자가 20여 명이라면, 차량출근 근무자가 60% 이상이라고 하더라도, 12대 이상 주차장과 1일 방문자 등을 예상한다면, 법정 주차대수보다 100% 이상 확보가 가능하다면, 반영하여 주라고 권장하고자 한다.

또한 상황실과 전산실 층고가 매우 중요한 사항이다. 전산실의 항온항습의 원활한 공기 흐름으로 쾌적한 전산실 환경유지를 함으로써 전산실의 온도상승에 의한 전산실 중단을 사전에 예방할 수 있기 때문이다.

그리고 상황실 또한 전면에 배치된 상황판의 규모 즉 가로와 세로의 크기에 따라서, 상황실 층고가 달라진다. 그래서 전면 상황판과 근무자의 책상배치에 대한 연구가 사전에 필수적이라고 할 수 있다.

또한 전면 상황판을 어떤 좌석에서도 쉽게 볼 수 있도록, 근무자의 자리 배치를 영화관의 좌석배열처럼, 계단식으로 배열하기를 권장한다.

주차장 부족 문제 고민
센터 상근근무자와 비상근무자, 방문객 등 모든 분들이 차량을 이용하고 있음을 인지할 필요가 있고, 특히 20명 이상 견학 시 대형차량에 대한 주차문제도 고민이 된다.

상황실 구성 시 고려할 내용
- 전면 : 상황판 배열(3*6, 3**, 4*8등)
- 측면 : 채광, 건물 규모이면,
- 층고 : 5m 이상 권장
- 책상 : 근무자 눈높이(상황판, 모니터)
- 좌석 : 계단식으로 상황판 시인성 고려
- 소음 : 근무자 책상 위, 모니터, 키보드, 마우스만 설치로 소음 차단(데스크는 전산실로)
- 근무자 배치 간격 : 모니터 대수 고려

통합운영센터 4면과 100m 이내 환경활용 필요
- 통합운영센터 4면 벽면을 활용 ; Led 전광판, 친환경 외벽 등
- 센터 내 견학 후 센터 밖으로 이동이 가능하다면, 센터 주변에 운영 중인 스마트서비스가(공원사례: 방범용 CCTV, 공기오염 안내판, IOT 센서 등) 체험이 가능하도록 이동 동선을 고려하고, 향후 단계적으로 추가할 수 있도록 운영의 미를 고려할 필요가 있다.

저자가 생각하는 이상적인 통합운영센터의 모습은, 도시에서 발생하는 있는 각종 사건 사고 등을 실시간 상황분석으로 맞춤형 정보제공으로 시민의 생명과 안전을 지키는 종합상황실 기능으로, 센터 상황실에서는 어떠한 상황을 관제가 가능한지 등을 견학실에서 직·간접으로 체험을 할 수 있는 구조와 센터를 폐쇄형이 아닌 개방형 구조로 언제나 시민이 방문을 하여 실내 및 실외환경에서도 도시에서 제공되고 있는 스마트서비스를 체험할 수 있도록 환경에 맞는 설비를 단계적으로 구성하고, 또한 신기술과 신제품이 센터 시스템에 운영 가능한지를 시험할 수 있는 BMT 시설도 갖춘 센터라고 나름 정의하고싶다. 센터 주변 일정 공간에 BMT 할 수 있는 설비만 갖춘다면, 구축하기 전에 센터시스템 등과 호환 여부 등을 테스트 할 수 있어, 이를 적극 권장하고 싶다.

> **BMT**
> – Banchmarking Test의 약자로 장비나 기술에 대한 성능테스트를 의미한다.

나. 부문별 설계 방향 제시

건축물의 건물 규모가 1층, 2층, 3층 등에 따라 부문별 설계 방향은 다름은 사실이나, 중요한 것은 실별 면적산정 시 변하지 않은 실, 전기실, ups실, 소화실, 화장실 등과 향후 서비스 등이 추가 신설되어 확장될 예정인 실에 대한 구분이 되어야 할 것이다.

확정된 공간	비 고
기계실(냉난방시설, 환기시설 등)	냉난방(전산실, 상황실, 사무실 등) 용량 고정
전기실, UPS실, 발전기실, 항온항습기실 등	최대전력량에 대한 전기이중화로 면적 고정
소화설비실	
견학실(10평 이내, 이동식 테이블 등)	바닥은 대리석, 매직글라스, 전기통신시설 충분히
화장실(남자보다 여자 화장실 필요)	
휴게실(야간 근무자를 위한 시설 필요)	–남녀 공간 구분,
샤워실(퇴근 후 귀가, 불필요함)	–숙직자를 위한 온열 방바닥 고려
경찰관실(영상확인, 사무실 공간)	–겨울철 난방 고려
※ 상기 구분은 저자가 경험한 바를 기준으로 함	

추가 확장 가능성	비 고
전산 장비실	−서비스 확대에 따른 시스템(랙 등) 증가 −분전반 추가 신설(랙 신설에 따른)
상황실(서비스 추가에 따른 근무자 증원)	−서비스 추가, 근무자 증원 시, 근무 공간 필요
사무실(팀에서 과 단위 변경 시 면적확보)	−통합운영센터가 독자적 부서체계로 개편 시 사무실 공간 필요

외부 외벽 마감재는 가능하면, 4면이 각각 면의 특성에 따라서, 다양한 외벽마감재를 권하고 싶다. 그중에서도, 전산실과 상황실 외벽 마감재는 노출콘크리트를 권하고 싶다. 왜냐하면, 전산실 및 상황실의 전산장비는 습도에 취약하기 때문에, 외부 습도를 차단할 수 있는 외벽마감재를 강력하게 추천한다.

외부 외벽 마감재 추천
센터 외벽 중 전산실의 외벽은 특히 중요하다. 왜냐하면 전산실은 항온항습이 24시간 365일 가동되지만, 외벽 마감재가 외부온도를 차단하는 기능이 없다면, 운영비용 상승의 주된 원인이 될 수 있다.

견학실은 통합운영센터에서 외부방문객을 맞이하는 공간으로서, 회의 겸 체험을 위한 현장장치 내부 설치로 실질적인 체험을 할 수 있어, 첫 방문의 느낌을 오랫동안 간직한 공간으로, 최종사용자는 관심 있게 설계를 하도록 권장하고 싶다. 먼저 견학실 규모로는 약 7~10평, 상황실 방향 정면에는 매직글라스를 설치하

견학실 활용(저자 강조)
센터 방문객이 가장 많은 시간을 할애하는 공간이 바로, 견학실이다. 견학실을 어떻게 꾸미느냐에 따라서 방문객의 만족도가 달라진다고 할 수 있다. 그만큼 중요하다.

는데, 무엇보다도 견학실에 의자에 앉은 상태에서 매직글라스를 통해 보는 상황실 상황판이 보이도록 높이를 조절해야 한다.

바닥은 대리석으로(청소용이), 음향시스템, 빔프로젝터와 회의용 이동식 테이블, 전원 및 통신콘센트는 벽 및 바닥 등 충분하게 설계하고, 환기를 위한 유리창과 마지막으로, 외부방문자를 위한 체험할 수 있는 CCTV 카메라와 비상벨, 안면인식 카메라, 교통시스템 등을 구성할 수 있는 벽면 등으로 구성하기를 권장한다.

휴게실은 상시 근무자의 인원수가 기본으로 통합운영센터의 24시간 근무체계를 위한 야간에 2시간 근무자를 위한 공간으로 구성되어야 하며, 근무자가 편하게

휴게실 공간은 사용자와 협의 필요
편하게 쉴 수 있도록 휴식공간 구성으로 만족도 향상이 되어 근로 의욕 고취.

쉴 수 있도록, 냉난방 시스템과 방바닥에는 온열 시스템과 옷장도 함께 구성되어야 한다. 휴게실 위치는 야간근무 시 상황전달이 용이하도록, 상황실과 근접되는 공간에 배치하면 좋을 것이다.

샤워실은 오산시 사례를 보면, 남녀화장실 모두 샤워실을 설계에 반영 운영하여 보았는데, 근무자가 퇴근 후 바로 귀가를 하지, 샤워는 불필요함을 알게 되었다. 샤워실은 설계에 반영하지 않는 게 좋을 듯하다.

화장실은 통합운영센터 근무자의 성 비율을 파악한 후 설계에 반영하여야 하는데, 대부분의 통합운영센터의 근무자는 여성의 비율이 높아, 여자 화장실의 규모를 남자 화장실보다 크게 설계하는 것을 추천한다.

전기실·발전기실·UPS실은 통합운영센터에서 24시간 1년 내내 무중단으로 운영될 수 있도록 하는 가장 중요한 설계의 한 분야라고 생각한다. 통합운영센터의 전체 전기사용량을 추측하여야 하는데, 이는 매우 신중한 결정을 하여야 하는 분야이다.

전기 이중화 설비에 대한 고민
'센터에서 전력이 공급이 중단된다면?' 하는 가정으로 시작하여 보면 전기 이중화가 얼마나 중요한 설계분야인 것을 알 수 있다.

왜냐하면 잘못된 전기사용량 계산으로 인하여 발생하는 문제점은, 차후에 개선하려면 막대한 비용을 수반하기 때문이다. 그리고, 통합운영센터의 전기이중화에 대한 개념을 정립할 필요가 있다.

전기 이중화는 두 가지 방안을 추천하고 싶다.

첫째는 한전 이중화이고, 둘째는 한전 전기와 발전기, ups를 활용한 이중화 방안이다.

첫째 한전 이중화는 설계자 입장에서는 쉽고 간단한 설계이지만, 구축비용이 많이 소요된다는 단점이 있으

전기이중화 방안
– 한전 이중화(인입선 2개)
– 자체 이중화(발전기, ups)

며, 둘째는 통합운영센터에서 500KV 전력량이 필요로 할 때, 먼저 한전에서 500KV를 공급받고, 한전에서 단전되었을 때, 자체 전기를 공급하려고 설계를 할 때에는 발전기 용량 150kv와 UPS 350kv 용량으로 설계가 필요로 한다.

이때 위치가 중요한데, 전기실과 발전기실은 같은 공간에 배치하고, UPS실도 같은 공간에 배치하면 좋으나, 만약 별도의 공간이 필요로 하면, 항온항습

기가 설치되어 접공간에 배치하도록 하면 좋다고 생각된다

왜냐하면, UPS실의 단점으로는 소음이 많이 발생하고, 열이 많이 발생됨으로, 항온항습기를 이용한 공간통합을 추천하고자 한다. 별도공간의 UPS실로 설계된다면, UPS실에 별도의 항온항습기 또는 에어컨을 설치함은, 전기세 사용량 증가가 된다는 것이다.

소화설비실은 만약의 화재 시에 매우 중요한 시설로서, 복합식수신기의 위치가 매우 중요함을 언급하고자 한다

통합운영센터의 어느 실에서 화재 발생 시에 제일 먼저 복합식수신기표시창에 화재가 발생한 장소를 확인하여야 하는데, 복합식수신기 위치가 상황실이 아닌 일반사무실에 배치한다면, 야간 및 공휴일에는 무용지물이 될 가능성이 높다고 할 수 있다. 그래서 통합운영센터의 상시 근무자가 근무하는 곳에 복합식수신기를 배치하도록 권장한다.

경찰관사무실은 지역경찰관이 파견하여 통합운영센터에서 함께 근무하는 방식으로 운영되는데, 통합운영센터 설계부터 경찰관사무실에는 FAX, 전화, 무전기, 경찰 내부망과 PC 설치와 함께, 24시간 근무하는 경찰관을 위한 휴게공간과 사무실 공간을 함께 설계에 반영하고, 일반경찰관이 영상정보를 수시로 열람 또는 영상제공을 받기 위한 영상정보제공실도 반영하도록 한다.

영상정보제공실은 긴급한 상황발생 시 신속하게 영상정보를 열람할 수 있도록 충분한 PC를 사용 가능하도록 전기통신 배선을 설계에 반영하도록 한다.

> **UPS에 대한 단상**
> UPS(Uninterrupted Power Supply"
> 무정전 전원 공급 장치로, 주변에서 볼 수 있는 ups는 작고 이동이 가능한 장치라는 단상으로 설계가 된다는 사실이다. 150KVA 이상이 되면 공간면적계산이 머릿속으로는 계산이 안 된다는 사실이다.

> **소화설비 중 복합식수신기 위치가 중요하다**
> – 상시 근무자의 근무장소에서 쉽게 볼 수 있는 벽에 설치하여야 화재 발생 시 골든타임 확보가 가능.

> **경찰관 사무실 배치 중요성**
> 사전협의가 매우 중요함을 알려드리고자 한다. 단순하게 경찰관만 와서 근무하는 형태가 아니다. 상황실 근무자와 업무협력을 위한 최단 동선으로 골든타임학보가 가능하다.

상황실은 설계 방향이 매우 중요한 부문으로, 통합운영센터의 존재가치를 보여주는, 외부방문자가 직접적으로 목격할 수 있는 시설임으로 고려하여야 할 사항이 많다. 중요한 사항 10개의 경우에 대한 저자의 설계 방향을 살펴보고자 한다.

가) 상황실 면적에 대한 고민을 하여야 한다.

 - 센터를 구축하려고 방문하면서 첫 번째 질문이 바로 전체적인 면적과 각 실에 면적을 어떻게 하면 좋을까였다.그만큼 면적에 대한 고민이 많다는 것이다. 저자는 센터가 운영될 지역적 특성에 대한 고찰이 반영되면서, 스마트서비스 몇 개인가와 향후 추가 서비스의 가능성에 대한 고민을 함께 담아야 하는데, 무척 어려운 결정의 하나라고 봐도 된다. 그렇지만, 상황실에서 최종근무자 형태 즉 방범용 CCTV 관제요원, 불법 주정차 단속요원, 신호제어유지관리자, 파견경찰관, 버스정보시스템유지관리자, 센터유지관리자 등이 몇 명이 근무할 예정인지와 향후 구축될 서비스의 최종사용자와 기존 서비스가 확대되어 관련된 근무자가 증원이 될 것인가 까지 고려해야 하기 때문이다.

 지난 오산시 사례를 검토한다면, 약 70평 규모로 층고는 7m, 정면 상황판은 3*6=18면 LED DLP QUVE 60인치이며, 정면 중앙을 기준으로 계단식 좌석배치로 3단을 계획하였으며, 오른쪽 1-2단은 방범용 CCTV 관제요원, 그 뒤 3단은 유지관리자를 위한 운영 시스템을 그리고 왼쪽 1단은 불법 주정차 단속요원, 2

단은 버스정보와 신호제어 근무자, 센터상황판을 표출하기 위한 IP wall 시스템, 그리고 3단은 지능형 선별과제시스템 등 운영시스템을 배치하고, 그 뒤쪽에는 외부방문자를 위한 공간과 파견경찰관 근무자를 위한 사무실 공간으로 배치한 결과 매우 만족스러운 상황실 면적임을 알 수 있었다.

나) 상황실 근무자 배치에 대한 고민을 하여야 한다. (관제사, 경찰관, 유지관리업체 직원 등)
 - 상황실의 중요한 업무라고 할 수 있는 것은, 긴급한 상황발생의 신고접수

또는 근무자가 발견 한 후의 진행 상황을 종합적이고 신속하게 처리할 수 있도록 배치가 되어야 한다고 생각된다. 관제요원의 동선 최소화로, 상황실에서 상호 신속한 업무협조가 가능하면, 시민의 생명과 안전을 더욱 신속하게 대응하고 전파할 수 있는 것이다.

상황실 근무자 배치 고민
서비스별 근무자는 동일선상에 배치하고, 센터 이상유무 이벤트 시스템은 센터중심으로, 근무자 배치가 실제로 운영하다 보면 중요함을 알 수 있다.

다) 상황실 근무환경에 대한 고민(외부환기 및 공기순환, 조명, 소음 등)

– 상황실은 상시 24시간 근무자가 근무하는 장소이다. 반드시 공기순환시스템과 친환경조명, 운영단말인 pc 본체를 전산실로 배치하여 소음 최소화와 저장된 영상정보 보호가 가능하다는 장점이 있다.

또한 소음, 진동, 흡음, 차음, 조명, 반사, 단열 등을 고려하여, 상황실 근무자가 피로감을 느끼지 않도록 내장 인테리어 등 색상조화가 되도록 하기를 권장하고 싶다.

상황실 근무환경 설계
저자가 제일 신경 쓴 부분이다. 왜냐하면 24시간 근무자가 사용하는 공간이면, 최적의 환경에서 근무하여야 한다는 신념이었다. 타 센터의 근무환경(지하, 어두컴컴, 외부공기차단 등)에 큰 영향을 받았다.

라) 상황실 상황판 구축방안과 근무자와의 거리(상황판의 전자기파 최소화, 친환경 모니터 등)

– 상황발생 시 효과적으로 상황판에 표출되려면, 상황판의 구성도를 고민할 필요가 있다. 정면 상황판에 어떠한 영상을 표출하고자 할 때, ipwall controller 구축으로 원하는 영상표출이 실시간으로 가능하며, 정면 상황판에서 발생하는 전자기파의 발생으로 인한 피해를 방지하기 위하여는 최소한 3m의 거리를 유지하기를 권고한다.

그리고 상황실 모니터는 저전력, 이젤 간격 최소화 (영상 연속성 확보), 전자기파 최소화 등을 고려한 제품을 추천한다.

ipwall controller
네트워크 기반 상황판에 실시간 또는 프리셋으로 표출하는 시스템이다. 운영자가 상황판을 활용할 때 실시간용, 비상용, 발표용 등 필요로 하는 상황을 쉽게 구현할 수 있는 제품이다.

왜냐하면 24시간 365일 무중단운영으로 인한 전기세 부담과 관제사가 직접적으로 단거리에서 매일 관제를 하면서 실시간 상황장면을 공유하는 공간으로, 만약에 3단 6열 모니터 배열에서 중간중간에 모니터가 장애 발생 시 상황판의 역할이 불가능하기 때문에 무척 중요한 설계지점이라고 할 수 있다.

그런데도 모니터 1대당 가격을 비교하면, 전체 구축비용에서 상당한 부담으로 최소한의 비용으로 운영하려고 하면, 값싼 모니터를 선택하기 마련이다. 그렇지만 5년 이상 될 시점에는 교체대상이 되어, 결코 비용에 대한 우선순위가 되지 않음을 증명하고 있다.

마) 상황실은 종합상황실로의 영역확대에 대한 고민(방범, 재난, 불법 주정차, 신호제어, 버스정보 등 연계)

– 화면표출시스템, 정보시스템연계, 통합제어시스템, 통합운영시스템, 장애관리, 등 발생하는 실시간 이벤트를 통합플랫폼시스템에서 표출하고, 상시 근무자가 이벤트에 대한 업무공유를 통하여, 신속한 대응이 가능하도록 하여야 한다.

또한 오디오, 비디오 기능으로 상황판에서 영상과 ppt 발표가 가능하도록 음향시스템도 고려하여야 한다.

종합상황실로 영역확대
이상기후변화로 각종 재난 등이 언제 어디서 발생할 수 있는 상황에서 영상정보 활용으로 종합 컨트롤타워 역할로 그 영역이 확대되어야 한다.

바) 상황실과 경찰근무자와의 고민(관제사와 경찰관의 업무와 동선에 대한 고민)

– 항상 함께 근무하는 경우도 있으며 야간에만 등 지역경찰관의 파견형태에 따라 근무형태가 다르지만, 영상정보를 공유하고 신속하게 전달할 수 있는 체계는 바람직하다고 생각된다.

다만, CCTV 관제요원분들의 신분상 위치에 따라 즉 용역업체 소속이냐, 지자체 소속이냐에 따라 경찰근무자와 업무 소통이 완전히 다르다.

지자체 소속이면, 기관 대 기관의 업무 공조가 쉽지만, 관제요원이 지자체에서 발주한 용역업체 소속이라면, 신속한 업무협조와 공조가 쉽지만은 않은 상태이다. 그래서 저자는 상황실 관제요원은 반드시 지자체 소속이어야 한다고 주장하고 싶다. 그래야만 지자체에서 발생하는 다양한 사건 사고 예방 및 조치, 전파 등을 신속히 대응할 수 있으며, 또한, 시민들의 민감한 정보도 보호할 수 가 있기 때문이다.

상황실에 경찰관 근무이유
비록 통합운영센터는 지자체에서 구축 운영하지만, 그 도시에서 발생하는 각종 비상상황은 112, 119상황실과 밀접한 관계이므로, 신속한 전파와 조치를 위하여는 상황실에서의 경찰관의 역할은 매우 중요하다.

상황실 경찰관 역할
- 긴급상황 발생 시 신속한 전파
- 발생 및 완료까지 업무 연속성 유지
- 기관 대 기관 업무공유 원활
- 야간, 주말, 연휴 등 업무 공백 최소화

사) 상황실 전기, 통신, 화재 등 관리시스템에 대한 고민 (비상 상황발생 시 대응방안 등)

– 통합운영센터 근무자의 역할 중에 첫 번째도 두 번째도 중요한 것은 통합운영센터 내에서 발생하는 비상상황, 즉 화재, 정전, 통신두절 등에 신속하게 대처를 할 수 있도록 상황실 내 배치가 매우 중요한 부분이라고 할 수 있다.

사례를 들면 야간 근무 시에는 다른 공간에서 근무자가 없는 상태로, 화재를 발생할 때에는 복합식수신기가 상황실 내 근무자가 잘 보이는 곳에 배치되어, 화재발생장소를 쉽게 인지하고 대처가 가능하도록 하여야 한다.

아) 상황실 주요정보통신기반시설에 대한 고민(개인정보 및 영상정보 보호 방안 등)

– 2015년 이후 스마트시티 통합운영센터를 행정안전부에서도, 국가의 주요기반시설로 인식하여, 주요정보통신기반시설로 지정 관리하고 있다.

통합운영센터 설계자는 통합운영센터에서의 정보보안에 대한 사전 정보를 학습하고, 전산실, 상황실, 전기실 등 중요시설에 대한 방화문과 소화재, 전기 및 통신 시설의 이중화, 제한구역, 통제구역의 설정에 대한 것을 출입문 등 설계 시 반영하여야 한다. 매우 중요한 설계 방향이라고 생각된다.

상황실 관제용 PC 본체 위치는

영화 속에 한 장면처럼 상황실 침입하여 중요파일을 복사하고 유유히 사라지는 한 장면이라면, PC 본체는 상황실이 아닌 통제구역에 배치하면 된다.

그리고 상황실 관제용 PC 본체는 전

정전 시 비상전원 공급대상
– 대상: 전산실, 상황실, 소화실
– 이유: 최소 전력으로 상황 유지를 위한 시스템이 운영되어야 함.

복합식 수신기 위치는
야간, 주말, 공휴일 근무 시, 만약 화재발생되었다면, 당일 근무자는 제일 먼저, 복합식 수신기에서 알려주는 알람 램프를 보고, 화재장소를 인지를 할 수 있다. 그렇지만, 복합식수신기가 상황실이 아닌 사무실에 배치되어 있다면, 골든타임확보가 불가능해진다. 그래서 복합식수신기 위치는 상황실 근무자가 항상 볼 수 있는 공간에 배치를 권장한다.

주요정보통신기반시설 지정 효과
– 통합운영센터 내 추가 서비스 구축 시 효율적 설계 방향 제시
– 지자체별 사업 통합관리로 효율적 업무수행
– 지자체 담당자 정보보호의 전문가 양성
– 지속 가능한 정보보호의 중요성과 유지관리체계 구축 가능.

상황실 관제용 PC 본체 위치는
영화 속에 한 장면처럼 상황실 침입하여 중요파일을 복사하고 유유히 사라지는 한 장면이라면, PC 본체는 상황실이 아닌 통제구역에 배치하면 된다.

산실 내 별도의 랙에 설치하면 좋다. 관제요원에 의한 정보유출 및 해킹 등 보안사고를 사전에 예방할 수 있으며, 상황실 내 PC 본체 쿨링팬에 의한 소음차단으로 쾌적한 근무환경 조성으로 관제 효율화를 도모할 수 있다.

자) 상황실을 활용한 홍보 계획 고민

- 상황실에서 보안규정을 준수하면서, 언론취재, 드라마, 영화촬영 등을 통하여 통합운영센터의 기능과 역할을 간접적으로 홍보를 할 수 있도록 설계도 추천하고 싶다.

차) 외부 방문자를 위한 공간확보 방안 등

- 외부 방문자 대상으로 직접적으로 체험할 수 있도록 상황실 후면 공간을 확보하도록 하여, 통합운영센터의 기능과 역할을 이해하도록 권하고 싶다.

카) 전산실은 통합운영센터의 핵심시설로서, 스마트시티 서비스에서 수집된 정보가 전산실공간에서 저장, 분배, 외부에 연계 및 연동으로 실시간 정보가 활용되고 있는 시설이다.

전산실 설계에 있어서, 이 정도는 알고 있어야 할 주요 사항을 정리하여 보고자 한다. 이 사항은 저자가 직접 설계를 하고, 구축을 해서 10년 이상 운영하면서 느낀 점을 이야기식으로 정리하고자 한다.

전산실 설계 중요성
센터 서비스와 센터시스템의 모든 정보가 한 공간에 있는 장소로서 24시간 365일 무중단 서비스를 위한 시설, 온도 습도 최적화를 위한 항온항습, 정보보안 등 중요시설!

카-1) 랙 배치에 대한 고민(서비스별 서버, 백본, PC 본체, 기간 통신, 자가망 등)

-전산실 규모, 서비스(신호제어, 버스정보, 방범, 불법, 쓰레기 등)가 몇 개, 기간통신망, 저장 서버, 백본스위치, 자가망 등에 따라서, 랙의 숫자와 배치가 달라지지만, 중요한 것은 이 랙도 변동이 없는 랙이 있고, 향후 서비스가 추가될수록 랙의 숫자가 증가한다는 것이다.

랙 배치가 중요한 이유
- 서비스별 랙 위치에 통신 케이블 단일화
- 유지관리 용이성(기간통신망, 자가망 등)
- 향후 확장성 고려한 랙 배치 고려

주로 변동이 없는 락은, 백본, 자가망, 기간통신망의 락이며, 그 외 락은 추가로 확장될 가능성이 있어 전산실 락 배치를 고민하여야 한다. 권하는 락 공간배치는 아래 그림처럼 추천하고 싶다.

배전반					① 자가망	① 백본	
	③ 교통용	③ 교통용	③ 교통용	③ 방범용	③ 방범용	③ 방범용	
	③ 교통용	③ 교통용	③ 교통용	③ 방범용	③ 방범용	③ 방범용	② 기간통신망
	③ 서버/PC 본체	③ 서버/PC 본체	③ 서버/PC 본체	③ 스토리지	③ 스토리지	③ 스토리지	

① 자가망과 백본 락은 외부케이블이 들어오는 첫 관문이고, 백본에서 각 락으로 케이블 구성이 이루어지는 시발점이므로, 전산실 뒤쪽 공간에 배치하고, 이중마루 내 트레이 또는 상부 트레이의 통신 트레이와 전선 트레이의 배치가 확정된다. 장점은 네트워크 구성 시 케이블의 정리정돈과 향후 네트워크 추가 구성 시 이해가 쉽다는 것이다.

② 기간통신망 락은 반드시 전산실 한쪽 공간에 별도로 배치를 권장한다. 그럼으로써 기존 케이블과 혼선을 최소화하여, 네트워크망 구성시 혼돈을 예방할 수 있으며, 외부 통신망 추가구성 시에도 네트워크를 구성하기가 쉽다.

③ 기타 락은 서비스별로 공간배치를 지정하고, 향후 추가 락 확장공간도 고려해야 한다.

PC 본체 락은 출입문 쪽에 배치하여, 전산실 모니터와 케이블연장을 최소화

외부 통신망 인입선 위치
외부 통신망 인입섭의 락 위치는 전산실 구조상 뒤쪽공간 또는 옆 공간에 위치하면, 백본망에서 각 서버별 통신케이블 트레이구성으로 향후 유지관리 또는 추가 구성이 쉽다.

통신과 전기트레이 별도 구성
배전반에서 락별로 전원공급 트레이와 백본망에서 각 락별로 통신 트레이는 별도로 구성하여 상호 간섭을 배제한다.

할 필요가 있다

카-2) 이중마루 내 또는 상부 트레이에 UTP 케이블을 최소화하려면, 백본랙에서 각 랙까지 광케이블로 구성하며, 각 랙 윗부분에 L2 S/W를 구성하고, L2 s/w 밑부분 각종 서버까지만, UTP선을 연결하면, 이중마루 또는 상부 트레이 케이블의 단순화로 원활한 공기 흐름을 최대화할 수 있어 권장하는 바이다.

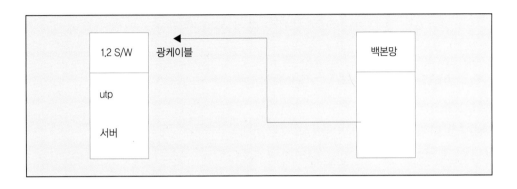

카-3) 항온항습기 및 온도습도 센서 배치에 대한 고민
　- 항온항습기의 최대 단점은 전산실의 온도와 습도를 상시 체크하여 가동하는데, 전략소모량이 많다.

　이에 대한 항온항습기의 배치 시, 전산실의 랙 배치에 따라, 랙 뒤(앞)쪽에서 나오는 열의 흐름을 제일 먼저 검토하여야 하고, 랙과 랙 사이로 존재하는 열선 방향으로 항온항습기의 나오는 방향을 설정하도록 항온항습기 배치를 하여야 하고, 전산실의 온도습

항온항습기와 센서 설계
전산실운영에 있어서 제일 컨트롤하기가 쉽지 않은 설비가 바로 항온항습기이다. 전산장비의 고온의 열화현상을 상시 체크하고 자동으로 조절하는 기능은 매우 중요함으로, 센터의 전산실의 공기 흐름에 대한 연구로 최적의 수냉, 공냉 등 방식을 선택하여야 한다.

도를 체크하기 위한 센서를 구축하여, 상시 상황실에서 볼 수 있도록 구성하고, 에러 발생 시 알람으로 상황실 근무자에게 신속하게 전파되도록 하여야 한다.

카-4) 전산실 보안에 대한 고민(제한구역, 통제구역, CCTV 설치 등)
　센터를 설계할 때부터 보안에 대한 규정(보안업무 규정(국정원) 참조)하여 통제구

전산실 보안대책을 위한 조사
설계자는 전산실 보안대책에 대한 자료조사 및 현장실사를 최소 5개 이상 센터방문을 권한다.

역, 제한구역 설정범위와 전산실 전 구역을 감시할 수 있는 CCTV 카메라 구축을 고려하여야 한다.

- 방재대책 및 외부로부터의 위해 방지대책(낙뢰방지)
- 출입문 보안장치 설치 및 주/야간 감시대책
- 정전에 대비한 비상전원 공급, 시스템의 안정적 공급 등을 위한 전력 관리 대책
- 비상조명 장치 등 비상 탈출 대책
- 비인가자의 출입 및 정보자산의 반출입 통제 등(출입자의 등급분류 등)

카-5) 이중마루에 대한 대한 고민(높이, 바닥마감재, 누수 등)

전산실 바닥마감재는 1년에 1회 정도 청소를 위하여, 먼지 등 이물질을 제거하기 위한 바닥 코팅제로 마감을 하고, 높이는 50cm 이상으로, 바닥에 누수 센서를 설치하여, 누수에 대한 대비도 하여야 한다.

이중마루에 대한 고민
이중마루는 전산실의 지진에 대한 대책과 이중마루 높이와 바닥코팅, 누수에 대한 대책 등이 필요로 한다.

만약 이중마루 바닥에 누수로 인하여, 물이 찰 경우에는 전기합선에 의한 화재로 막대한 피해가 우려된다는 것이다.

카-6) 전산실 층고 및 공기순환에 대한 고민(전산실 내 공기 흐름 장애요인(케이블, 배관)연구)

- 전산실 층고는 5m 이상으로 권장하고 (공기순환 용이), 케이블 인입선을 바닥과

전산실 층고와 공기순환 관계
전산실 층고는 가능하면 5m 이상으로 권하고 싶다. 상부와 하부의 공기순환이 원활하게 되어 전산실 유지관리에 용이하다.

천장을 구성할 때 차이점을 연구할 필요가 있다.

카-7) 전산실 장비 입·출고에 대한 방화문, 배전반, 지진설계에 대한 고민

전산실의 장비 입출고시 랙의 규격을 사전에 인지하여 방화문 크기에 고찰이 필요로 한다. 전산실에 설치되는 장비전산실 화재에 대응하기 위한 방화문설치, 지진설계는 필수적이며, 배전반은 서버 및 네트워크 장비대비 50% 이상 벽면에 설치하였으면 한다. 오산시 사례에서도 2개 배전반을 설계하였는데 5년도

안 되어서 2개 배전반을 추가로 설치한 사례가 있어, 초기에 넉넉한 배전반을 설계하기를 추천한다.

타) **무정전전원설비(UPS)실**은 소음과 외부직사광선(남향)에 민감함으로, 남향이 아닌, 지하 또는 북향 방향으로 설계하도록 한다. 그리고 자체 설비에서 나온 열로 ups실이 밀폐된 공간으로 배치된다면, 기기에 심각한 장애를 초래할 수 있다.

무정전전원설비(UPS)
생각 밖으로 무정전전원설비는 정전 시 비상전력을 공급하는 것 아닌가 하고 생각한다면 큰 착오라고 말하고 싶다. UPS의 소음과 고온 발생에 대한 대안이 반드시 필요로 한다.

대안으로는 전산실과 인접한 공간으로 배치하여 전산실에 배치된 항온항습기를 함께 사용하도록 공간배치를 권장한다.

견학실 내 매직글라스의 전원은 한전 전원이 아닌 UPS 전원으로 연결하여 전력공급의 안정성 확보로 매직글라스의 수명을 연장을 할 수 있다. 이 사례는 오산시 사례로 저자가 10년 이상 매직글라스 장애가 무장애로 운영한 경험으로 알 수 있었다.

추가적으로, 공사진행 중에 건축감독관이 교체될 경우에는, 현재 신축 중인 센터에 대한 이해 즉 통합운영센터는 단순하게 일반건축물이 아닌, IT 장비가 24시간 365일 무중단 운영되며, 상시 근무자가 근무하는 곳임을 인식할 수 있도록, 감독관의 인식 제고가 반드시 필요로 함으로, 다시 한번 유사 통합운영센터를 즉시 벤치마킹하도록 조치하는 것을 권장한다. 그리고 장애인 편의시설에 대한 검토도 매우 중요하다. 왜냐하면 건축 준공 시 장애인편의시설에 시설기준 등이 매우 엄격함으로, 사전에, 공중화장실 내 장애인 편의시설, 센터 주/부출입구 점자 블록 및 사인몰, 장애인시설 기울기 등을 담당자를 초청하여 설계 및 구축 시 현장점검을 하도록 권장하겠다.

끝으로 공사별로 필요로 하는 내용을 정리하여 보자.

㉠ 공용면적(층별 복도, 계단, 엘리베이터, 화장실 등) 설계

㉡ 건축공사 : 토목, 건축, 기계, 조경공사

㉢ 전기공사 : 수변전설비공사, 전등, 전열설비공사, 소방설비공사, 태양광설비공사

㉣ 정보통신공사 : 정보통신설비공사, TV, 방송, a/v 설비공사, CCTV 설비

공사, 출입통제공사, 가설공사

　　㉤ 출입구 바닥 마감재는 화강석 버너 구이, 복도, 회의실, 창고, 휴게실 등은 폴리싱타일 추천

　　㉥ 외백 옥외간판 및 표찰은 LED,

▶ 누가 센터를 운영하는가? 관제사! 효율적인 모니터링 개선방안

　　통합운영센터에서 상시근무자로 매우 중요한 관제사에 대한 관제방법 등에 대한 교육의 필요성은 10년 이상 관제사를 운영하면서, 필연적으로 매우 중요함을 알게 되었다. 그러나 현실은 관제사에 대한 계약방법에 따라 매우 다르다는 것도 사실이다.

　　관제사에 대한 교육은 다양한 방법으로 진행되고 있어, 이 장에서는 저자가 경험한 바 위주로 상황실에서 근무하고 있는 상황에서 효율적인 모니터링 방안에 대하여 다음과 같이 근무하도록 권장하고 싶다.

　　먼저 4차산업혁명시대에서 smart city와 관제사와의 관계 정립을 먼저 필요로 한다.

　　공공기관 CCTV 설치 및 운영현황은 범죄예방, 시설안전 화재예방, 교통단속, 교통정보 수집제공 등 약 170만대 이상(2023.12월 기준)과 민간분야 약 2,500만대 이상이며, 점차 더 확대가 예상된다.

스마트시티와 관제사 관계 정립
스마트시티의 지속적인 발전에 따라 스마트시티 서비스 중 CCTV 카메라 설치 확대로 영상정보에 대한 분석, 대응이 중요해지고 있다. 지능형이벤트 발생 시 관제사의 신속한 대응을 위한 교육 자격증 등 정책이 필요로 한다.

　　스마트시티 서비스 중 안전서비스인 방범용 CCTV 카메라는 필연적으로 영상정보 촬영 시 실시간 영상분석이벤트, 비상벨대응분석, 사후 영상분석으로 활용분야가 더욱 다양해지고 있다.

가) 관제사의 직업윤리 정립
　　관제사로서의 직업윤리를 정립해야 하는 시기가 왔다고 여겨진다.

관제사 직업윤리 정립
- 개인 프라이버시 존중
- 영상정보데이터 보안
- 객관성 유지
- 책임감과 윤리적 판단
- 법적 준수 등

　　가-1) 개인 프라이버시 존중 : 개인의 프

라이버시 보호가 최우선적이다. 관제사는 필요한 경우에만 CCTV 화면을 확인하고, 불필요하게 사생활을 침해하지 않도록 개인정보 보호법을 준수하여야 한다.

가-2) 영상정보데이터 보안 : CCTV를 통해 수집된 영상정보데이터는 민감한 정보이기 때문에 이를 안전하게 보호하고, 외부로 유출되지 않도록 한다.

가-3) 객관성 유지 : CCTV 관제사는 어떤 상황에서도 편견 없이 객관적으로 사건을 관찰하고 기록해야 한다. 개인적인 감정이나 선입견이 판단에 영향을 미치지 않도록 하여야 한다.

가-4)책임감과 윤리적 판단 : 관제사는 자산의 행동이 시민의 안전과 직결된다는 책임감을 가져야 한다. 긴급 상황에서 신속하고 정확한 판단이 필요하다.

가-5) 법적 준수 : CCTV 운영과 관련된 법적 규제를 숙지하고, 모든 절차를 법에 따라 진행하여야 한다.

나) 모니터링 효율적인 모니터링을 위한 근무방법 숙지

나-1) 근무지 상황실 모니터당 배정된 카메라와 지리 숙지 : 근무지 상황실 환경이 공공기관의 설계 방향에 따라 다양하므로, 먼저 근무지 상황실의 1인당 모니터가 몇 개이며, 그 모니터에 배정된 카메라 숫자와 어느 지역으로 구성되어 있으며, 공원, 골목길, 어린이보호구역으로 구분된 목적별로 신속하게 숙지하여야 한다.

효율적인 모니터링 추천
- 상황실 모니터당 할당된 카메라와 지리 숙지
- 상황실 비상 연락망 숙지
- 현장견학으로 도로상황 숙지
- 신규 관제방식 적극 도입 및 숙지
- 네트워크망 진단 여부 숙지

나-2) 상황실 비상 연락망 숙지 : 모니터와 근접한 일정한 공간에 상황실과 관련된 비상 연락망(업무, 부서, 담당자, 전화번호 등)을 배치하고, 수시로 최신 정보로 최적화하여야 한다. 의외로 중요한 부분이다

나-3) 경로추적과 업무협업을 위한 현장 견학 : 실시간 긴급한 상황발생 시 1명의 관제사가 아닌 다수의 관제사가 경로추적을 하려고 할 때는 조장의 지시에 따라 지리 숙지에 익숙한 관제사의 협업으로 원활한 관제가 가능하다. 이유는 관제사분들이 사전에 방범용 CCTV 설치 위치와 현장 도로에 익혀 실무에 사용하기 때문이다. 기존 설치된 지역과 신규설치 장소에 대한 분기별 또는 반기별로 현장견학을 강력히 추진하도록 권장한다.

나-4) 인공지능을 활용한 선별관제운영시스템 등 교육프로그램 참여: 기존 관제방식은 아날로그방식 즉 모니터 영상을 본다. 상황을 인지하고 경찰관에게 전파하며, 사후 영상검색을 한다는 방식이라면, 4차산업혁명 이후 기술변화로 모니터링 방식이 인공지능을 활용한 선별관제방식으로 변화되고 있다. 관제사 스스로 또는 관제팀에서는 새로운 관제방식에 대한 교육 또는 우수 관제센터에 벤치마킹을 하도록 한다.

나-5) 최소한의 네트워크망 진단방식 습득 : 관제사가 모니터링을 하던 중에 갑자기 모니터 화면에 영상이 나오지 않는다면, 유지관리업체 담당자가 와서 수리할 때까지 기다려야 아니면, 유지관리업체 직원이 수리하는 과정을 조금이라도 익혀둔다면 아마도 관제사의 직무 중에 제일 중요한 것은 지속적인 관제일 것이다.

영상이 화면에 나오지 않는 이유는 3가지 정도로 볼 수 있다.

첫째는 모니터 이상, 둘째는 네트워크망 에러, 셋째는 서버 에러 발생이며, 그 중 둘째의 네트워크망 에러는 관제사 여러분도 충분히 할 수 있다.

즉 ping 테스트라는 개념과 에러 CCTV IP 주소만 알면 된다. 도스 모드에서 ping 192.168.0.1 입력하고 엔터만 누르면 네트워크망 에러진단을 바로 알 수 있다.

ping 테스트 진단(장애 없음)
c\ 192.168.0.1 엔터
Ping 192.168.0.1 32바이트 사용 :
192.168.0.1의 응답 : 바이트=32 시간=2ms TTL=64
───────
192.168.0.1에 대한 Ping 통계 :
　　패킷 : 보냄 = 4, 받음 = 4, 손실 = 0(0% 손실)
왕복 시간(밀리초)
　　최소 = 2ms, 최대 = 3ms, 평균 = 2 ms

다) 기타 일반론적인 모니터링 근무방법은 기존 관련된 내용을 다시 정리하여 본다.

다-1) 중요사건 발생 대비 신속한 모니터링 태세 유지를 위하여는 특히 사전에 중요사건(5대 강력범죄 등) 인지가 필요한데 이는 함께 근무하는 센터 경찰관 협조가 필요하다.

다-2) 지역특성에 맞는 시간대별 범죄 취약지 선택(등하교시간, 심야 시간 등)과 계절적 범죄유형에 따른 전략적 모니터링을 실시한다.

다-3) 특히 모니터링 중 특이사항 발견 시 해당 주변 CCTV 집중 모니터링과 지리적 환경을 신속하게 판단하고 경로추적을 한다.

다-4) 관제센터 관할 지역 지리 숙지로 신속한 모니터링 체제와 중요범죄 및 이동성 범죄 발생 시 경찰관과 협조, 즉시 관제지역을 분담하여 모니터링을 실시한다.

다-5) 모니터링 업무 중 알게 된 개인정보 누설, 타인 제공금지 등 센터 영상정보 및 개인정보보호를 하여야 한다.

라) 모니터링 요령은 다음과 같이 중요한 사항을 정리하여 본다.

평상시	(시간대별) 모니터링 대상
등/하교 시간대	통학로 주변, 놀이터, 어린이공원 등
주간	외출 등으로 빈집이 많이 발생하는 주택 밀집 지역
등/하교 시간대	주택가 밀집지역, 상가, 골목길

라-1) 모니터링 대상의 선택과 집중으로 모니터링을 한다.

라-1) 특정범죄(오토바이 날치기, 편의점 강·절도, 침입 절도) 발생 시 범죄 발생지를 중심으로 오토바이, 주택가, 현금 다액 취급업 등 중점적으로 모니터링을 한다.

	집안을 엿보거나, 집 문을 만지고 다니는 자
거동수상자 관찰 시 착안사항	빈 차량 내부를 기웃거리며, 손잡이를 잡아당기는 자
	주택가 주변에 숨어 주위를 둘러보고 있는 자
	거리를 두고 누군가를 뒤따르거나, 뛰어가는 자
	야간에 빌딩, 공장, 창고, 사무소 등의 부근을 배회하는 자
	사람들이 많지 않은 장소에 숨어서 무엇인가 물색하거나 엿보는 자
	야간에 시장, 공사장 등에서 상품이나 자재 등을 싣고 있는 자

마) 모니터링을 통한 거동 수상자·차량 관찰에 모니터링 방법은 다음과 같다.

	부자연스러운 장소에 주·정차 대기 중이거나, 금융기관·시장 등을 배회하는 차량이나 오토바이
차량 관찰 시 착안 사항	금융기관 주변 장시간 주정차 차량 및 대기 중인 오토바이
	차량의 일부가 찌그러지거나 파손되어 있는 차
	손으로 끌고 가는 오토바이
	관내 평소 보이지 않던 오토바이가 주차 또는 방치된 경우
	관내 평소 보이지 않던 오토바이가 주차 또는 방치된 경우
	은행, 편의점 등 현금 다액 취급업소 주변 시동을 켠 채 대기 중인 오토바이

바) 모니터링 중 상황별 대처요령을 정리해 보면 다음과 같다.

집단폭력, 다중(인파)밀집 상황 발견 시	용의자 도주 및 구경꾼 가장 은신 대비, 상황종료 또는 해산 시까지 현장 모니터링, 필요시 줌 기능 활용
통학로, 공원·놀이터 주변 학교폭력 발견 시	-파견 경찰관에게 통보하여 해당 지구대 경찰관 출동 및 교 복, 인상착의 등 확인 전파
청소년 음주·흡연 발견 시	학교 주변, 공원, 놀이터, 주택가, 공터 등에서 청소년 음주· 흡연 발견 시 경찰관에게 통보하여 지구대 경찰관 현장출동 등 필요한 조치

비상벨 작동 시	−비상벨이 작동하면 해당 CCTV를 확인, 신고자의 신고사항 청취 후 파견경찰관에게 통보하여 지구대 경찰관 현장 출동 등 필요한 조치 −특히, 학교 주변 CCTV의 경우 학교폭력, 납치유인 관련 신고 가능성이 크므로 비상벨 작동 시 신속한 대처 필요
초등학교 내 성추행 등 기타 사항 발견 시	학교 정문, 운동장 등에서 학생 대상으로 성추행 상황 발견 시에는 즉시, 파견 경찰관에게 통보하여 지구대 경찰관이 현장 출동하고, 영상에 대한 모니터링을 실시하며, 관할 초등학교 비상 연락망으로 통보

사) 근무 시 유의사항

유의사항

○ 모니터링 요원은 근무지 이탈 및 음주행위를 하거나, 특히 업무 수행과 관련하여 외부인과 결탁, 금품수수, 취득한 비밀을 외부에 누설하는 행위 자료유출 등 부정행위를 하지 않아야 한다.

○ 모니터링 요원은 임의로 카메라, 휴대폰, 스마트폰 등으로 통합상황실 내의 CCTV 개인 영상정보 등을 사진 촬영하거나 외부인에게 열람 또는 유출해서는 아니 된다.

○ 모니터링 요원은 경찰관 직무집행에 관한 제반 직무집행에 관한 제반 복무규정과 규칙을 준수하고, 범죄 등 긴급한 상황 발생 시에는 경찰관의 상호협력을 이행하여야 한다.

○ 모니터링 요원은 근무시간 최소 10분 전까지 출근하여 전 근무조와 인수인계 사항을 빠짐없이 보고 받아 효과적으로 다음 근무를 계속 이어나가야 한다.

기본 업무	확대 업무
상황 관제	운영 중인 센터 내 운영현황 파악(조직, 서비스, 센터 운영지침 등 숙지)
	정보통신망 운영현황 파악(자가망, 임대망 등)
	지능화된 시설물 관제(도시 기반시설 등)
	센터 정보보안 관리 지침 숙지
	최근 신규 상황별 관제(경찰관 협조) 및 개인정보 보호법 개정사항 등 숙지

아) 모니터 요원과 관제사의 직업윤리

- 직업에 대한 전문성 향상
- 나의 관제가 시민의 안전을 책임지고 있다는 의식
- 관제 시 발견한 상황에 대한 비밀유지
- 나만의 관제가 아닌 동료와 협력하려는 직업의식
- 신속전파, 신속 보고 등
- 인수인계 시 상황전달 정확하게

스마트도시 통합운영센터
정보보호는 정말로 중요한데
어떻게 보호를?

O 스마트도시 통합운영센터의 정보보호

스마트도시 통합운영센터의 정보보호

> ▶ 향후 스마트시티는 주요정보통신기반시설 개념을 반영해야 한다

가. 추진배경

신기술발달과 신기술을 활용한 사이버 침해사고 증가에 따른 국민 생활과 밀접하게 관련되어 보호가 필요한 행정·방송 통신·금융·에너지 등 국가 주요사회기반시설에 대한 중요 ICT 시설에 대하여, 범정부 차원의 주요정보통신기반시설 사이버 침해사고 예방·대응체계를 구축할 필요가 되어 주요정보통신기반시설로 지정하고 있다

※정보통신기반시설 보호를 위해「정보통신기반 보호법」제정('01년)

2009년 '유비쿼터스도시의 건설 등에 관한 법률' 제정으로 국내 U-City 사업 추진으로 화성 동탄 u-city 통합운영센터, 용인 홍덕, 성남 판교, 파주 운정, 대전 도안 등이 도시통합운영센터 운영되고 있고, 2024년 현재는 전국 지자체가 각각 특성에 맞는 통합운영센터 또는 유사관제센터를 운영하고 있다. 2018년 이후에는, 각 지자체의 유사 관제센터가 서비스 통합으로, 신규 건축 또는 리모델링으로 센터의 기능과 역할

이 확대되었으며, 특히 정부에서 중요 기반시설인 교통과 방범 시스템이 통합 운영되고 있는 지자체 즉 남양주시, 오산시, 화성시, 수원시, 파주시, 대전광역시, 안산시, 강원도, 전라남도가 지정되어 운영되고 있다.

> **주요정보통신 기반시설이란**
> 국가의 안전과 국민 생활의 안전을 보장하기 위하여 통신 교통, 의료 등 국가 사회적으로 중요한 시설을 정보통신기반 보호법 제8조에 의거 지정 및 관리하여 주요정보통신 기반시설 취약점 분석 및 평가를 지정 이후 매년 1회 실시하여 단기 중기 장기계획으로 관리하는 시설.

> **통합운영센터의 인식의 변화**
> 최근 영상정보의 중요성이 점점 증가하면서 통합운영센터의 관리적 물리적 기술적 관리를 효과적으로 관리하여야 한다는 인식증가

나. 주요 내용

(근거) {정보통신기반 보호법} 제5조(주요정보통신기반시설 보호 대책의 수립

> 주요정보통신기반시설을 관리하는 기관의 장은 제9조 제1항의 규정에 의한 취약점 분석·평가의 결과에 따라 소관 주요정보통신기반시설 및 관리 정보를 안전하게 보호하기 위한 예방, 백업, 복구 등 물리적·기술적 대책을 포함한 관리대책(이하 "주요정보통신기반시설보호대책"이라 한다)을 수립·시행하여야 한다.

등)는 (수립절차) 주요정보통신기반시설 관리기관의 장은 소관 기반시설의 취약점 분석·평가를 실시하고, 그 결과에 따라 보호 대책을 수립하고, 동법 제5조에 따라서, 관리기관의 장은 주요정보통신기반시설의 보호 대책을 관계 중앙행정기관의 장에게 제출하여야 한다고 규정되어 있다.

주요정보통신기반시설 수립절차
관리기관의 장⇒취약점 분석 및 평가 ⇒보호 대책 수립⇒관계 중앙행정기관 의장에게 제출

(정보보호 영역)

	물리적	기술적	관리적
법	제4장 주요정보통신기반시설의 보호 및 침해사고 대응		제2장 주요정보통신기반시설의 보호체계 제3장 중요정보통신기반시설의 지정 및 취약점 분석 제4장 주요정보통신기반시설의 보호 및 침해사고 대응

(**주요 내용**) 주요정보통신기반시설 취약점 분석·평가, 침투 모의 해킹 및 침해사고대응 모의훈련, 주요정보통신기반시설 담당자 정보보호 교육, 주요정보통신기반시설 취약점 조치 등이다.

(**예산**) 책정은 한국지역정보개발원에서 '다음연도 지자체 주요정보통신기반시설' 취약점 분석·평가사업 위탁 여부 조사 실시하고, 지자체 주요정보통신기반시설 점검 대상에 따라 예산 책정(1년 단위)한다. 다만 지자체별로 대상의 수량에 따라 다르다. 수탁업체는 현재 한국지역정보개발원에서 진행하고 있다.

분야	지정단위	세부시설 지정기준(필수)	선택 세부시설
스마트도시	스마트도시 통합운영센터 (CCTV 관제, 교통 신호제어시스템)	CCTV 관제 시스템 및 교통신호제어 시스템, 저장을 위해 운영되는 서버, PC, 네트워크 보안, 통신설비 등	교차로 제어기 등

다. 대상 : 스마트도시 분야로서 다음과 같다.

ㄱ) CCTV 관제 시스템은 시민들의 안전과 범죄 예방을 위해서 여러 감시용 CCTV(생활 속 방범, 아동안전, 어린이 보호구역)를 설치하고 운영센터에서 통합 관리하고 있으며, 지능형 추적감시 시스템을 도입하여 기존 카메라의 사각지대를 없애고 시민들의 같이 추적 카메라가 움직이면서 시민들을 안전하게 보호하고자 하는 시스템이다.

ㄴ) 신호제어 시스템은 도로교통 소통을 원활하게 하고 안전성을 제고하며 체계적인 신호운영을 통해 도로 서비스 이용 편의성을 극대화하기 위해 도입한 시스템이며, 주요 교차로 내를 통과하는 교통정보를 데이터화하여 변화하는 교통상황에 효과적으로 대응하기 위한 최적의 신호 체계를 적용, 구축함으로써 교통소통증진과 사고예방에 기여한 시스템이다.

ㄷ) 불법 주정차 단속 시스템은 주정차 금지구역에 주정차 시 교통의 원활한 흐름을 해소하기 위해 자동 및 수동으로 단속하는 시스템이다.

ㄹ) BIS 시스템은 버스 정류소 중에서 정차하는 버스 노선이 많은 주요 버스 정류소에 설치되어 버스 도착 예측정보, 버스 도착 중 정보, 지하철 및 버스 터미널 환승정보, 노선의 운행 방면 정보와 기타 편의 정보를 제공하는 시스템이다.

▶ **주요정보통신기반시설 지정의 의미를 알면 바로 지정을 해야지**

가. 지정의 의미

ㄱ. **통합운영센터 내 추가 서비스 구축 시 효율적 설계 방향 제시**

필자가 개인적으로 통합운영센터의 정보보호정책 중 고민거리인 부분이 통합운영센터 내 유지관리를 위한 「센터시스템 유지관리」를 계약할 때에, 매년 업체가 상이하며 담당공무원의 잦은 인사이

> 주요정보통신기반시설 지정의 의미 4
> –효율적 설계 방향 제시
> –통합관리로 효율적 업무 효율
> –정보보호 전문가 양성
> –지속 가능한 정보보호 및 유지관리 가능

동으로 인하여, 센터시스템과 연계 및 연동을 위한 추가 서비스 구축 시에 통합운영센터의 센터시스템의 네트워크에 대한 업무 연속성에 대한 인식 부족과 업

무담당자, 유지관리업체 등 현황파악에
대한 시간지연으로, 효율적 설계 방향을
제시가 불가능한 문제점이 상시 존재하
는 것이다. 이를 해결하기 위하여 필자

는 통합운영센터를 주요정보통신기반시설로 지정함으로써, 상시 통합운영센터
의 신규서비스의 네트워크 구성 등의 컨설팅으로, 잠재적 취약점 발견 및 위협
을 사전에 예방이 가능하여, 지속 가능한 운영으로 행정력 낭비와 예산 절감을
할 수 있다는 것이다.

ㄴ. 지자체별 사업 통합관리로 효율적 업무 수행

방범용 CCTV 사업, 불법 주정차단속 CCTV 사업, 교통 신호 제어사업, 버스
정보시스템 사업 등 통합운영센터에 구
축되어 운영 중인 사업이, 각각 유지관
리로 인한, 담당자가 상이하고, 상호 협
조 또는 토론도 없이 사업을 추진함으로

써, 사업추진의 애로사항이 상존하고 있었는데, 지정된 이후에는
주요정보통신담당자가 통합운영센터의 사업과 관련 통합관리를 함으로써 기
존 사업추진에 비하여 더욱 더 효율적으로 업무 수행이 가능하다.

ㄷ. 지자체 담당자 정보보호의 전문가 양성

통합운영센터의 정보보호에 대한 침해 사공 대응 및 해킹 메일 등 모의훈련으
로, 사고 발생 시 대응능력 향상과, 보안의식 제고를 위한 교육 등으로 전문가
로서 성장할 수 있는 기회로 볼 수 있다.

ㄹ. 지속 가능한 정보보호의 중요성과 유지관리 체계구축

유사 사업에 대한 통합관리의 경험, 즉 기술, 노하우(know-how) 등 공유를
통한 시너지 창출로 통합운영센터의 정보보호의 중요성에 대한 인식 제고와 상
시 지속 가능한 유지관리 체계 구축이 가능하다는 장점이 있다고 볼 수 있다.

▶ 스마트도시 통합운영센터 정보보호는 무엇보다도 중요하다

스마트도시 개인정보보호

오늘날 지자체 통합관제센터에는 제4차산업혁명의 신기술이 적용되어 운영되고 있고, 향후 구축될 스마트도시 내에 다양한 기술 등이 개인정보처리 전 과정에 있어 개인정보보호 원칙을 적용하여야 할 필요가 있어, 2021년 개인정보보호위원회에서 발표한 '스마트도시 개인정보 보호 가이드라인' 내용을 중요사항만 정리하면 내용은 다음과 같다.

가. 적용대상

스마트도시 기획 설계자, 스마트서비스 제공하는 개인정보처리자, 제삼자, 수탁자를 대상으로 한다.

ㄱ) 기획 설계자 : 스마트도시 종합계획수립권자, 스마트도시계획수립권자

ㄴ) 개인정보처리자 : 업무를 목적으로 개인정보 파일을 운영하기 위하여 스스로 또는 다른 사람을 통하여 개인정보를 처리하는 공공기관, 법인, 단체 및 개인 등

> **스마트도시 개인정보 가이드라인**
> 2021년 개인정보보호위원회에서 스마트도시구축 시 개인정보 보호 가이드라인을 정리함

ㄹ) 제삼자 : 스마트도시서비스 제공 등을 위해 위·수탁 계약을 통해 위탁자로부터 개인정보를 제공받아 처리하는 자

ㅁ) 수탁자 : 스마트도시서비스 제공 등을 위해 위·수탁 계약을 통해 위탁자로부터 개인정보 처리를 수탁받아 처리하는 자

스마트도시 서비스 사례

① 스마트교통 : 퍼스널 모빌리티 공유, 자율주행 셔틀, 스마트대중교통, 주차장 등
② 스마트생활 : 맞춤형 문화 콘텐츠 제공, 스마트쇼핑. 스마트빌리지, 스마트교육
③ 스마트헬스케어 : 스마트건강관리, 통합 돌봄 서비스, 응급의료서비스 등
④ 스마트안전 : 긴급출동서비스, 지능형 위기 대응 시스템 등

나. 표준개인정보보호지침 제5조(다른 법률과의 관계)는 다른 법률에 특별한 규정이 있는 경우를 제외하고는 이 법에서 정하는 바를 따라야 한다.

"제5조 (다른 지침과의 관계) 중앙행정기관의 장이 소관 분야의 개인정보 처리와 관련한 개인정보 보호지침을 정하는 경우에는 이 지침에 부합되도록 하여야 한다."

다. 통합관제센터의 경우 스마트도시법[1]에서는 스마트도시의 관리 및 스마트도시서비스 제공과정에서 개인정보가 처리되는 경우에 개인정보보호지침을 적용할 필요가 있고(스마트도시법 제21조 개인정보 보호) 따라서 기반시설 관리청, 서비스제공자 등이 처리하는 정보, 스마트도시 통합운영센터 등에 제공 연계되는 정보에 개인정보가 포함된다면 보호법상 의무를 준수하여야 한다.

---

1) 스마트도시의 효율적인 조성, 관리·운영 및 산업진흥 등에 관한 사항을 규정하여 도시의 경쟁력을 향상시키고 지속 가능한 발전을 촉진함으로써 국민의 삶의 질 향상과 국가 균형발전 및 국가 경쟁력 강화에 이바지함을 목적으로 2017년 9월 22일 시행되었으며, '스마트도시 조성 및 산업진흥 등에 관한 법률'이 정식 명칭이다.

관제사가 없는 통합운영센터를
생각해 본 적이 있을까

○ 지난 10년 동안 함께하면서 관제사란 어떤 직업일까 고민했다.

○ 관제사의 근무환경과 역할이 왜 중요한지를 알 수 있다

○ 관제사의 업무 능력 향상을 위한 개선방안 등을 제시

지난 10년 동안 함께하면서 관제사란 어떤 직업일까 고민했다

관제사의 탄생 배경

관제사 하면 보통 주저하지 않고 항공관제사를 떠올린다. 즉 관제업무를 하는 사람을 말한다. 보통 항공교통관제사, 철도교통관제사, 해상교통관제사가 있음을 알 수 있다. 2005년부터 CCTV 관제센터가 구축 운영되면서, 초기에는 지역담당 경찰서 내 또는 별도의 작은 공간에서 지역경찰관이 관제의 역할을 하게 되었다. 2008년부터 정부에서, 지자체 CCTV 관제센터 구축지원을 하면서부터, CCTV 관제에 대한 개념이 탄생하였으며 지역경찰관과 지자체 소속의 직접 고용, 용역, 기타 고용의 형태로 함께 근무하는 형태로 발전하였다.

2023년도에는 전국의 모든 광역 및 기초지자체에서 광역통합관제센터 또는 단독통합관제센터를 운영하고 있으며,

> **관제사 개념 중요성 인식 시점**
> 2022년 10월 29일 이태원 참사 이후 관제센터에 대한 인식변화와 관제사의 역할의 중요성을 인식하는 계기가 되었다고 볼 수 있다.

2023년 말 전국적으로 5,000명 이상 관제사분들이 그 통합관제센터에서 영상을 기반으로 모니터링을 분석하고, 판단을 하면서, 그 상황을 신속하게 관련 부서 및 관계기관에 전파하는 역할을 하고 있다.

4차 산업혁명 기술이 도입되면서 아날로그 관제에서 인공지능 관제방식인, 즉 지능형 선별과제시스템 도입으로 점차 고도화되고 있어 전문가영역으로 자리 잡아 가고 있다고 볼 수 있다.

관제사의 근무환경과 역할이 왜 중요한지를 알 수 있다

가. 관제사의 임무와 역할의 변화

초기 관제사의 임무와 역할은, CCTV 카메라의 성능과 채용형태별로 관련성이 매우 많음을 알 수 있다. 다음 표와 같이 정리할 수 있다.

	CCTV 카메라 100만 화소 미만	CCTV 카메라 100만 화소 이상
관제사의 임무	– 모니터링 관제 위주 – 방범용 상황 관제만 – 사후관리 관제 위주	– 선별 관제, 다목적 관제 – 관계기관 연계 – 예방 및 사후 관리 관제
내용	– 영상의 저화소로 인한 관제의 효율성이 최악 – 채용형태별 관제업무가 상이(용역발주 시 명확하게 정의)	– 영상의 고화소 및 지능형 CCTV 관제 효율성 최대 – 직접고용으로 도시 전체 관제 가능(공무원으로 역할)

나. 관제사의 문제점 인지 필요

ㄱ) 통합운영센터와 개인정보 보호법과의 관계성 인지 필요

개인정보 보호법 시행령 제25조_(고정형 영상정보처리기기 운영·관리 방침)는 고정형 영상정보처리기기 운영자는 법 제25조 제7항에 따라 "고정형 영상정보처리 기기 운영·관리 방침을 마련해야 한다고 규정되어 있다.

즉 영상 주체의 영상정보 열람 등 요구에 대한 조치를 해야 하고, 만약 이를 위탁할 때에는 법 제25조 제 8항 규정에 의거 위탁할 수 있다. 그렇지만 현실에

> 관제사의 문제점 인지 필요
> –개인정보 보호법 시행령 제25조 관련
> –관제사의 고용형태별 관련

서는 위탁이 거의 불가능에 가깝다. 위탁한 사례도 있지만, CCTV 카메라의 설치 목적 외로 활용 가능성이 매우 높아, 개인정보유출에 대한 우려가 염려되기 때문이다. 그래서 채용별 형태에 따라, 통합운영센터의 운영이 달라질 수밖에 없어 안타까울 따름이다. 이는 지자체장의 선택에 따라서 효율성이냐 비효율성이냐가 판가름되기 때문이다.

ㄴ) 관제사 고용형태별 비교

(2019년도 고용형태분석자료 종합 취합된 자료임)

구분	제1안 시간선택제임기제 (직접고용)	제2안 민간위탁 (위탁)	제3안 OO 공사위탁 (위탁)	제4안 공무직 (직접고용)
	운영기관별 고용형태분석 : 공공부문 비정규직 근로자 정규직 전 가이드라인(고용노동부'17.7.20)에 따라, 전국 지자체별로 제1안부터 4안까지 다양한 형태로 운영 중			
장점	• 신분상 공무원으로 개인정보보호 및 책임성 확보 ※야간, 휴일 근무 시 별도 책임 공무원 지정 불필요 • 장기적인 동일업무 수행이 가능하여 관제업무의 전문성 확보 • 관제실적 우수(실적성과급 지급) • 5년 단위 재 선발로 고용의 경직성 보완 가능	• 민간의 전문적인 지식과 기술 활용(경비업) • 연가 등 발생 시 위탁사 자체 인력 투입을 통한 업무 연속성 확보(비예산) • 관제업무 소홀시 책임소재 및 손해배상 유리	• 시 산하기관 위탁으로 민간위탁 대비 책임성 확보 용이 • 공사소속으로 장기적 동일업무 수행이 가능하여 관제업무 전문성 확보 용이 • 관제업무 소홀시 책임소재 및 손해배상 유리	• 정규직으로 장기적으로 동일업무 수행이 가능하여 관제업무 전문성 확보
단점	• 신분상 공무원으로 긴급한 결원 등 발생 시 신속한 대응 어려움(고용의 경직성) • 신분적 안정성으로 관제의 적극성 결여 우려 • 행정조직의 비대화 우려	• 용역근로자 정규직 전환 요구 우려 • 매년 용역 입찰 계약에 따라 업무의 연속성 부족 ※고용 승계로 보완 • 야간, 휴일 근무 시 개인정보보호를 위한 책임 공무원 별도 근무 필요	• 신분적 안정성으로 관제의 적극성 결여 우려 • 관제인력 관리 인원 1명 별도 채용 필요 • 야간, 휴일 근무 시 개인정보보호를 위한 책임 공무원 별도 근무 필요 • 공사 위탁 시 조례개정 필요	• 무기계약직으로 긴급한 결원 등 발생 시 신속한 대응 어려움(고용의 경직성) • 신분적 안정성으로 관제의 적극성 결여 우려(실적저조) • 신분상 공무원이 아니므로 개인정보보호를 위해 야간, 휴일 근무 시 책임 공무원 별도 근무 필요 • 공무직 관리 규정 개정
인건비기준	시간선택제 마급 연봉	시중노임단가	oo 공사 인건비 단가	공무직 인건비(호봉)

※ 생명·안전 관련 업무는 직접고용＊ 원칙

ㄷ) **개선방안 추천** : 오산시 통합운영센터 10년 운영(7년 위탁, 4년 시간 선택제)해본 경험으로, 4차산업혁명시대와 더불어, 향후 통합운영센터의 기능과 역할이 도시의 관제의 중추적인 상황판단을 할 수 있는 방향으로 발전될 가능성이 매우 높아 개인적으로는 정부 또는 지자체가 직접고용으로 효율적인 도시상황관리가 필요로 하다고 강력히 주장하고 싶다.

현실태 문제점 제시

- ㅇㅇ시 통합운영센터는 최첨단 관제시설을 구축하는 등 인프라 측면에서는 대외적으로 독보적인 위치에 자리하고 있으나
- 상시적·지속적·중추적 관제업무를 수행하고 있는 모니터 요원의 경우 매년 반복되는 있는 단기용역 계약으로 인한 고용불안이 결국에 내부조직 및 사회적 갈등으로 이어져 공공서비스의 질 저하를 초래하고 있음은 사실이다.

공공부문 고용정책 시사점

- 공공부문 대시민 서비스의 질을 근본적으로 개선하기 위해서는 전근대적이고 폐쇄적인 용역계약에 의한 비정규직 고용을 과감히 탈피하여 고용안정에 기인한 정규직으로의 진취적 전환이 매우 요구되는 있다.
- 시민의 생명과 안전, 개인정보보호 등 그 어느 직종보다 공공성이 강하고, 책임성이 요구되는 업무로 정규직 전환이 원칙이다.

관제사의 업무 능력 향상을 위한 개선방안 등을 제시

가. 시대적 관제사의 역할 상승 : U-city에서 smart-city로 전환되는 과정과 4차산업혁명시대의 신기술 발달로, 육안관제에서 이제는 지능형 관제체계로, 아날로그 관제에서 디지털 관제로, 개인 관제에서 협업 관제로, 지자체 관제에서 관계기관 관제로, 기초지자체 관제에서 중앙 정부 관제로까지 진화되고 있음을 알 수 있다.

> 관제사의 미래 역할
> ―관제사의 역할 상승
> ―관제사의 전문직업인 등장
> ―관제사의 관제영역 확대

전국적으로 유사 통합운영센터에서 근무하는 관제사가 5,000여 명을 넘고, 민간 부분에 CCTV 설치가 의무화되면서, 더욱 더 관제사의 임무와 역할을 상승하리라 본다.

나. 관제방식의 변화에 따른 전문 직업인 등장 : 지자체의 기능부서별로 분산 운영되던 불법 주정차 CCTV, 교통 CCTV, 방범용 CCTV, 쓰레기 CCTV 등 각 부서별로 별도의 관제사가 관제하던 방식에서, 이제는 통합운영센터에서 통합관제방식으로 변화되고 있다. 개별관제방식의 비효율성의 문제점, 비용, 인력 등을 해결하면서, 인공지능을 활용한 지능형 선별 관제까지 소화할 수 있는 전문직업인으로 성장하리라 본다.

다. 도시 전 영역을 관제할 수 있는 관제영역의 확대 : 육안관제의 한계성을 극복하고, 도시 전 영역을 카메라 영상정보를 수집하고 가공하여 실시간으로 관련 부서에 제공이 가능한 4차 산업혁명의 신기술이 적용된 관제방법의 변화로, 관제사의 관제범위가 더욱 확대되리라고 본다. 관제사의 업무능력향상을 위한 방안으로 2개 방안을 제시하고자 한다. 고용 안정화와 관제사의 업무능력 향상을 위한 국가자격증제도 신설이다.

> 관제사의 능력향상방안 2개
> ―고용 안정화 방안 제시
> ―국가자격증제도 신설

고용 안정화는 무엇보다도 우선적으로 시행되어야 하는 정책이며 모든 관제사의 바람이자 원하는 사항이다.

또한 국가 자격증 제도 신설은 향후 정부에서 적극적으로 검토하여야 한다고 생각한다. 전국에 관제사가 5,000여 명 이상 근무하면서, 관제사 업무능력향상을 위한 관제사 자격증을 원하고 있음도 알 수 있다. 이는 민간자격증인 CCTV 관제 관련 자격증을 취득하고 있음이 증명하고 있는 것이다.

또한, 오산시에서 활용 중인 비상벨 음원 사례를 들 수 있다.

비상벨 음원 내용

음원 제목	음원 내용
공원 금연 안내방송	오산시 스마트시티 통합운영센터입니다. 선생님이 계시는 공원은 흡연자에게 과태료가 부과됩니다. 흡연을 금지해 주시기 바랍니다.
학교 금연 안내방송	오산시 스마트시티 통합운영센터입니다. 선생님이 계시는 어린이집이나 학교 주변은 절대 금연구역입니다. 흡연을 금지해 주시기 바랍니다.
쓰레기 불법 투기 안내 방송	CCTV 녹화 중입니다. 쓰레기는 저녁 8시부터 새벽 5시까지 내 집, 내 건물 앞에 종량제 봉투에 담아 분리 배출해 주세요. 위반 시 100만 원 이상의 과태료가 부과됩니다.
현수막 철거 안내방송	오산시 스마트시티 통합운영센터입니다. 현수막은 지정된 장소에만 설치할 수 있습니다. 즉시 철거해 주시기 바랍니다.
공원 내 반려견 방송	오산시 스마트시티 통합운영센터입니다. 공원 내 반려견은 목줄 착용 등의 안전조치를 하여야 하며, 배설물이 생겼을 경우에는 즉시 수거해야 합니다. 위반 시에는 과태료가 부과됨을 알려드립니다.
주취자 관련	오산시 스마트시티 통합운영센터입니다. 선생님이 지금 계시는 곳은 사고 위험이 있는 곳입니다. 안전하게 귀가하시기 바랍니다.
청소년 음주 (공원 내)	오산시 스마트시티 통합운영센터입니다. 공공장소에서의 청소년 음주는 금지되어 있습니다. 즉시 중지해 주시기 바랍니다.
불법 소각	오산시 스마트시티 통합운영센터입니다. 불법소각은 화재의 위험이 큽니다. 즉시 진화하시고 화재를 예방해 주시기 바랍니다.
마스크 착용 안내 (공원 내)	오산시 스마트시티 통합운영센터입니다. 코로나 19 확산 차단을 위한 마스크 착용 의무화를 시행하고 있습니다. 협조해 주시기 바랍니다.
쓰레기 무단투기 방송	오산시 스마트시티 통합운영센터입니다. 쓰레기 무단투기 적발 시 100만 원 이하의 과태료가 부과됩니다. 쓰레기는 지정된 장소에 버려주시기 바랍니다.
초등학교 등교 시 방송	여기는 경찰이 집중 순찰하는 지역입니다. 안심하시고 등교하시기 바랍니다. 길 건널 때에는 좌우를 살펴 안전하게 건너세요.
초등학교 하교 시 방송	여기는 경찰이 집중 순찰하는 지역입니다. 안심하시고 귀가하시기 바랍니다.
공원 및 하천 음주 행위 금지 안내방송	코로나 19 지역사회 감염 확산 차단을 위해 도시공원 및 하천 구역에 22시부터 익일 05시까지 야외 음주행위를 금지합니다. 시민의 안전을 위해 협조 부탁드립니다.

폭염 경보 방송	기상청에서 폭염 영향예보 경보 단계를 발표하였습니다. 경보 단계에서는 열사병 등 온열질환 발생 가능성이 높으니 12시에서 오후 5시 사이에는 야외활동과 야외 작업은 될 수 있는 대로 중지하고 수분과 염분을 자주 섭취하며, 그늘에서 충분히 휴식하기 바랍니다. 감사합니다.
통학로 주정차	오산시 스마트시티 통합운영센터입니다. 이곳은 초등학교 학생들의 통학로이며 어린이 보호구역으로 주정차가 제한된 구역입니다. 학생들의 안전을 위해 주 정차된 차량을 신속히 이동해 주시기 바랍니다.
집중호우 안내방송	오산지역 집중호우로 오산천 산책로 등 위험지역에 계신 분은 안전한 곳으로 대피하시기 바랍니다.

앞의 사례에서 볼 수 있듯이 CCTV 카메라가 설치된 영역에서 활용하고, 음원내용도 관제사 여러분이 근무하면서 경험과 민원 최소화를 하면서 만들어낸 걸작품이라서 지면을 통하여 감사의 마음을 전하고 한다. 관제사는 통합운영센터의 핵심요원으로 역할을 할 것이다

저자가 경험한
스마트시티 사업의 주요
발전 방향 제시합니다

○ 저자가 경험한 스마트시티 사업의 주요 발전 방향 제시합니다.

국토부 통합플랫폼 효율적 운영 교육 및 유지관리

▶ **국가적인 사업의 일환으로 탄생한 통합플랫폼 개념**

가. 통합플랫폼 추진배경

◆ 스마트시티 통합플랫폼

첨부한 "스마트시티 통합플랫폼 기반구축 설명자료(2020.5)"를 공부하다 보면, 통합플랫폼에 대한 개념의 이해와, 어떻게 활용하느냐에 따라 통합운영센터의 발전 방향이 다름을 제 경험상으로 알 수 있었다. 그것은 바로 통합플랫폼 최종사용자가 누구냐에 따라, 즉 최종 사용자가 없는 이벤트만 모니터 위에 알려 주는 팝업 형태와 최종사용자가 상황실 근무자인 관제사 또는 경찰관, 상주 공무원인 경우로 볼 수 있다.

2015년부터 LH 신도시사업에 통합플랫폼을 구축하기 시작하고, 국토부에서 2016년부터 전국 지자체에 통합플랫폼 초기 버전을 공급하였으나, 지자체에서의 통합플랫폼이 왜 필요한가에 대한 이해 부족으로, 2018년까지는 기반구축사업으로 매우 부진하였다.

2019년도부터는 스마트도시 안전망의 5대 연계 서비스를 추가하여, 공급한 결과 현재 전국에 약 150여 개 지자체에서 구축 운영 중에 있음을 알 수 있다. 또한 2018년부터는 민간기업에서도 스마트시티 통합플랫폼 TTA 인증을 받아 다양한 사업을 추진할 수 있는 기반이 되었다.

현재 TTA 인증을 받은 업체 현황은 "정보통신시험인증연구소(https://test.tta.or.kr)에서 확인할 수 있다.

"스마트시티 통합플랫폼 기반구축 설명자료(2020.5))설명자료에는 스마트시티 통합플랫폼에 대한 기반구축 사업개요, 지자체 정보시스템 운영 효율화, 스

> **S-city 발전방안 5방향**
> – 통합플랫폼 교육 및 유지관리 철저
> – S-city 지자체 실무자 간담회/협의회 지속적 운영 및 적극 참여
> – 센터 상황실 근무자 대상 신기술 지속적 교육 및 각종 전시회 견학
> – 센터 운영시스템 운영 활성화를 위한 각종 공모사업 참여
> – 수출을 위한 스마트시티 관광프로그램 지원 및 활성화 필요

> **통합플랫폼 활용? yes/no**
> 최종 사용자가 누구인가에 따름

> **통합플랫폼 인증현황**
> –정보통신시험인증연구소(https://test.tta.or.kr)확인 가능하다.

마트도시 안전망 구축, 개인정보보호 및 보안시스템 운영, 신규 연계서비스 개발 및 보급, 유관기관 연계시스템 구성 및 운영을 포함하여, 통합플랫폼 구축 및 실적, 개념도, TTA 인증현황, 사업고려사항, 운영성과 등을 포괄적으로 자세히 설명되어 있어, 첨부된 설명자료를 자세히 정독하면, 어렵지 않게 이해되리라고 생각된다.

스마트시티 통합플랫폼 기반구축 설명자료
−사업개요, 안전망, 개인정보보호, 신규 서비스 개발 등 전체적으로 자세히 설명되어 있어 반드시 정독을 권한다.

그럼에도 불구하고, 다시 강조하고자 한다.

왜냐하면 단순히 'CCTV를 설치한다, 상황실에서 본다, 영상을 재생한다.'라는 개념에서, 이제는 지자체와 유관기관이 동시에 관제가 가능한 방식으로 전환되면서, 상호 업무 공조가 절대적으로 필요한 방식이기 때문이다.

▶ 현재는 어떻게 통합플랫폼이 활용되고 있나

오산시 스마트시티 통합플랫폼 도입 사례

2016년 4월 국토부의 사회적 약자 지원서비스 관련 회의 개최에 참석 후 오산시가 시범도시로 참여 의사 표시하여, 2016년 07월에 사회적 약자 보호 연계시스템 시범서비스 구축업무 협약체결(국토부, 행복청, 오산시, 세종시, 안양시, LH공사, SKT) 후 LH공사의 적극적 협조로, 2017년 10월부터 착수하여 2019년 8월에 준공하게 되었다.

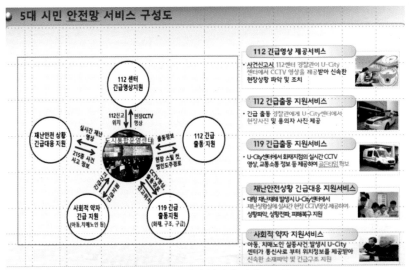

스마트도시 5대 시민 안전망 서비스 구성도

앞의 구성도처럼 5대 서비스 중에 사회적 약자 지원 서비스에 대한 고민을 조금 더 하던 중에, 오산시 보건소 치매 관리팀과 협의하여, 치매안심센터 운영프로그램 참가자 중에서, 개인정보보호 동의를 한 분에 한하여, 개인정보와 사진을 스마트시티 통합운영센터 서버에 저장하고, 만일 실종 시에 신속하게 동선을 파악하고자 운영을 하여 보았지만, 큰 효과는 없었으나, 문제점 파악과 개선방향을 제시하는 효과는 있었다.

　　즉 야외의 다양한 환경에 따른 오인식이 발생(역광, 헤드라이트)하고, 단 1장의 정면 사진으로는 인식의 정확도가 감소하고, 모자와 마스크를 사용하면 전혀 인식률이 낮아짐을 알 수 있었으며, 개선 방향으로는 사진저장 시 단 1장의 사진보다는 정면, 옆면 등 다양한 각도의 사진의 확보가 필요로 하며, 얼굴인식을 위한 카메라 성능의 고도화도 필요로 함을 알 수 있어, 나름의 성과도 있다고 보았다.

◆ 안전망 수행 시 협조사항을 정리하여 보면 다음과 같다.

	112 상황실		119 상황실		재난종합상황실
지방경찰청준비사항	-업무협조담당자 지정 -망 연결용 가상 IP -사용자 및 사용자 PC 정보 -망 연결을 위한 방화벽 설정 엔지니어 지원확보 -장비 설치위치 지정 및 설치 인프라 준비	119 재난안전대책본부	-업무협조 담당자 지정 -망연결용 가상 IP -사용자 및 사용자 PC 정보 -망 연결을 위한 방화벽 설정 엔지니어 지원확보 -소방차 위치정보 수집을 위한 에이전트 설치 서버 지정	○○지자체 상황실	1. 재난 API 연계준비 -NDMS 연계 IP 협의 -사용자 및 연계환경 협의 -10종 API 연계요청 2. 재난 API 연계 -행정망연계 IP 설정 -10종 API 연계 모듈 설치 -10종 API 연동 설정 및 시험 3. 119 상황연계 -재난환경 설정(자동표출 등) -119 상황연계시험
○○경찰서 준비사항	-망 연계 장비 설치위치지정 및 설치 인프라 준비 -사용자 및 사용자 PC 정보	○○소방서	-망 연계 장비 설치위치지정 및 설치 인프라 준비 -사용자 및 사용자 PC 정보		

참고: '25년까지, 광역형으로 구축, 모두 연계가 전환 완료되어,기초지자체, 경찰서, 소방서 간의 물리적 연계는 광역을 통한 연계로 변경되고, 망연계장비와 사용자정보도 지방철/지방소방본부에서 준비하도록 변경될 예정.(스마트도시협회 의견)

통합운영센터	이동통신

○○통합운영센터 내 전산실
 	
1. VMS 부분
−최신버전 업그레이드
−공간데이터활용
−이상징후 패치
−CCTV 관리자료 제공
2. GIS 부분
−접근정보 및 API 제공
−공간데이터 활용확인
−도로소통정보 확인
3. 서비스 부문
−통합플랫폼에서 정보수집을 위한 접근정보
  및 자료제공
−표준 전문 이벤트 전송기능개발
	−사회적 약자 단말 보급 확대지원
	−사회적 약자 이벤트/정보전송 및 통합테스
	  트 지원

협조사항을 나름대로 정리하여 보았지만, 사전에 협조사항을 공유하고도 현장에 가면, 또 다른 현장에서의 문제점이 노출되는 등 연속적인 문제점발생과 해결을 위한 시간이 소요됨도 사실이다. 그럼에도 불구하고 중요한 것은 통합플랫폼에 대한 구축과 활용효과에 대한 기대감이 높다면, 큰 어려움이 없이 추진됨도 사실이다.

◆ 의미

끊임없는 방문과 설득으로, 현재는 오산시 스마트시티 통합운영센터의 모범적인 운영센터 사례로 될 수 있는 배경이 될 수 있었다고 생각된다.

− 국가 연구·개발로 개발된 통합플랫폼이 사장되는 위기상황에서, 2015년에 "스마트시티 통합플랫폼 기반 구축사업"을 국가보조사업으로 추진하였으나, 2017년까지는 지자체 이해관계자의 통합플랫폼 구축의 필요성에 대한 인식 부족으로 구축사업에 많은 애로점이 발생하게 되었다. 그 애로점을 해결하는 분수령이 바로 '스마트시티 발전방안에서도 설명하였듯이' 전국 스마트시티 지자체 실무자 간담회에서 발표와 질의응답으로 2018년부터는 전국으로 확대되게

되었다는 것은 명확한 사실이다.

그만큼 지자체 실무자 담당자와의 만남이 중요하다는 것을 증명하는 계기가 되어, 2023년 5월까지 제77회 간담회가 지속할 수 있게 되었다.

이해를 돕고자 다음과 같이 당시 추진하였던 내용을 옮겨 보았다.

오산시 스마트시티 센터 5대 통합안전서비스의 정책 사례 보고서

I 정책 사례명

○ 5대 통합안전서비스

II 정책의 목적 및 배경

1. 목적

○ 오산시 Smart City 통합운영센터의 영상정보(CCTV)를 활용하여 각 기관과의 연계시스템 구축으로 실시간 안전과 재해 발생 시 신속히 출동하여 시민의 재산과 생명을 보호하기 위함

○ 현 112, 119, 재난 등 국가 안전 재난 체계는 개별 운용되어 긴급 상황 시 국민의 생명과 재산 보호를 위한 골든타임 단축에 한계를 갖고 있으며 이에, Smart City 센터와 112ㆍ119ㆍ재난망(NDMS), 사회적 약자(어린이, 치매 노인 등) 보호를 위한 정보시스템을 연계하여 재난구호ㆍ범죄예방 등 시민 안전서비스 업그레이드

2. 배경

○ 시민의 생명ㆍ재산 보호 관련 긴급상황 발생 시 골든타임 확보를 위하여 112, 119, 재난, 아동보호 등 안전체계의 연계 운용 필요

– 상황 발생 시 핵심수단인 CCTV는 오산시 Smart City 통합운영센터가 보유하고 있음에도 경찰ㆍ소방과 협업 체계 부재로 활용되지 못함

○ 사회적 약자 보호 연계시스템 시범서비스 구축 업무 협약 체결

– 2016. 07. 15. / 국토부, 행복청, 오산시, 세종시, 안양시, LH공사, SKT

○ 시민안전망 연계시스템 구축을 위한 MOU 체결

– 2016. 11. 29 / 오산시, 화성동부경찰서, 오산소방서, SKT, LH공사

Ⅲ 정책의 주요 내용

1. 112센터 긴급영상 지원 서비스

■ 서비스 개요

• 납치·강도·폭행 등 긴박한 사건 신고를 받은 112센터 경찰관이 신속한 현장상황 파악 및 조치할 수 있도록 Smart City 센터에서 CCTV 영상을 제공

■ 기대효과

AS-IS	TO-BE
• 상황파악을 신고자 진술에 의존 → 납치·폭행 등 급박한 사건의 경우 신고자 구조에 한계	• Smart City 센터에서 제공한 신고자 주변 CCTV 영상을 보고 상황 파악 → 정확한 상황판단 및 신속 조치

■ 서비스 시나리오

① 112센터 경찰관이 사건·사고 신고접수(사건·사고 위치정보 생성)
② 즉시 Smart City 센터에 사건·사고현장 인근의 CCTV 영상 요청
③ Smart City 센터는 신고자 주변의 CCTV 실시간 영상을 제공
④ 112센터 경찰관은 제공된 CCTV 영상을 통해 사건 현장상황 파악
⑤ 신고자 인근의 순찰차 및 파출소 등에 긴급출동 지령

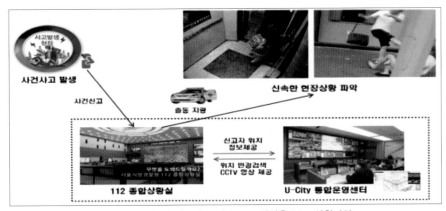

센터에서 제공한 신고자 주변 CCTV 영상을 보고 상황파악
* 정확한 상황판단 및 신속조치

2. 112센터 긴급출동 지원 서비스

▣ 서비스 개요

• 사건 현장에 긴급 출동하는 경찰관에게 Smart City 센터에서 확보한
현장 사진(영상)이나 범인 도주 경로 정보, 증거 자료 등을 제공

▣ 기대효과

AS-IS	TO-BE
• 외부 도움 없이 현장 출동 → 현장 상황파악 부족, 범인 도주, 증거확보 등 애로	• 출동 경찰관 요청 시 Smart City 센터에서 현장사진, 범인 위치, 증거자료 등 제공 → 신속한 범인 검거 및 사건처리

▣ 서비스 시나리오

① 출동 경찰관이 Smart City 센터에 사건지점의 현장사진 등 지원요청

② Smart City 센터에서 CCTV를 통해 확보한 현장사진 송부 및 사건 현장에
대한 모니터링 실시(범인 추적 감시, 증거자료 확보)

③ 출동 경찰관에게 범인 현재 위치 알림, 증거자료 송부 등 지원

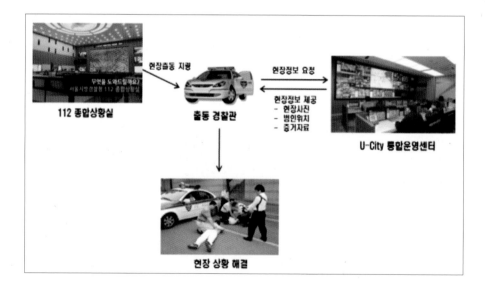

3. 119 긴급출동 지원 서비스

■ 서비스 개요

• 화재 발생 시, Smart City 센터에서 화재지점의 실시간 CCTV 영상, 교통소통 정보 등을 제공받아 화재 진압 및 인명 구조를 위한 골든타임 확보

■ 기대효과

AS-IS	TO-BE
• 외부 도움 없이 현장 출동 → 이면도로 주차 차량, 화재현장 정보 부족 등으로 신속한 현장진입에 애로	• CCTV 현장영상 등을 통해 119 출동 차량 진입로 확보, 화재 진압 지휘 가능 → 정보시스템 연계로 지자체, 경찰서 등과 협업 가능

❖ 이 외에도 이면도로 폭, 주차 차량 연락처, 위험시설물 설치현황 등 정보 활용 가능

■ 서비스 시나리오

① 119안전센터에서 화재신고 접수 시 Smart City 센터에 화재 발생 알림 및 지원 요청

② 119 출동 차량에 화재현장의 실시간 CCTV 영상, 교통 최적 경로 등 제공

→ 이면도로 주차 차량소유주에게 차량 대피 문자 발송(Smart City 센터)

③ 119차량 화재현장 진입로 확보 및 화재 진압, 인명구조

4. 재난 안전상황 긴급대응 지원 서비스

▣ 서비스 개요

• 대형 재난·재해 발생 시 Smart City 센터에서 재난상황실에 실시간 현장 CCTV 영상 등을 제공하여 신속한 상황파악 및 상황전파, 피해복구

– NDMS(국가재난관리시스템)에 수집된 재난·사고·질병 등 각종 정보를 Smart City 센터에 제공하여 VMS, 안내방송으로 시민들에게 알려 사고피해 최소화

❖ NDMS(국가재난관리시스템)에 보건소 등 39개 기관에서 215종의 사건·사고 등을 입력 중

▣ 기대효과

AS-IS	TO-BE
• 재난·재해 시 일부 CCTV 영상(26대) 활용, 구두·서면보고 의존 • NDMS에 수집된 정보 지자체 비활용	• 오산 곳곳의 CCTV를 활용하여 신속한 상황파악 및 조치 가능 • 신속한 상황전파 및 조치 가능

▣ 서비스 시나리오

① 대형 태풍이 상륙하여 동시다발적 피해 상황 발생
② 재난상황실은 태풍 이동 경로에 따라 Smart City 센터에 CCTV 영상 요청
③ Smart City 센터는 주요 피해지역의 실시간 영상을 제공
④ 신속히 상황파악 및 즉시성 있는 구조·구급·복구

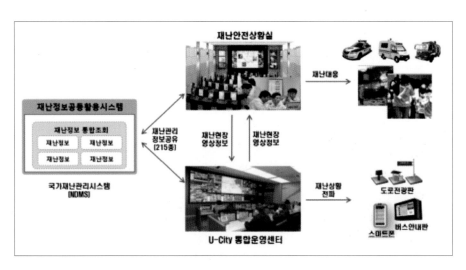

5. 사회적 약자 지원 서비스

■ 서비스 개요
• 아동·치매 환자 등 긴급 상황 발생 시, Smart City 센터가 통신사 혹은 IoT 단말기로부터 위치 정보를 제공받아 신속히 소재를 확인하여 긴급구조 등 골든타임 확보
 – 치매, 중증장애인 등은 사전 신상정보 확보 등 비상대응체계 구축
❖ 기대효과

AS-IS	TO-BE
• 위급상황 알람 시 보호자가 휴대폰 등으로 위급상황 인지 후 경찰서·소방서에 신고	• 알람시 Smart City 센터가 통신사에서 신고자 위치정보, 사진 등을 실시간 제공받아 CCTV로 상황파악 후 경찰서·소방서에 신고 또는 상황정보 제공

■ 서비스 시나리오
① 위급상황 시(실종, 범죄 등) 통신사에서 Smart City 센터로 알람과 함께 보호 대상자의 신상정보(사진, 보호자연락처 등), 위치정보를 전송
② Smart City 센터는 본인과 통화 및 인근 CCTV 영상을 확인하여 상황파악
③ 112센터, 119안전센터 등에 긴급출동 요청
④ 현장 상황을 지속 추적하여 출동 경찰관 등에 상황정보 전달, 구조

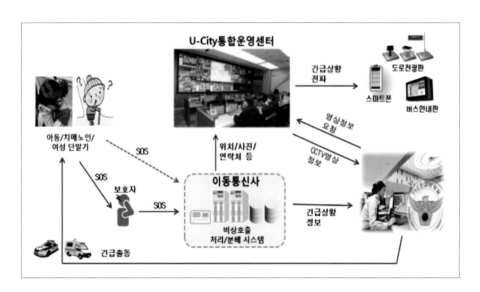

Ⅳ 정책 추진과정

1. MOU 및 정책 추진 과정

○ 2016년 7월 : 사회적 약자 지원서비스 협약서 체결(오산시, 국토부, LH, SKT 등)

○ 2016년 11월 : 5대 서비스 업무협약서 체결(시, 소방서, 경찰서, LH, SKT)

○ 2017년 8월 : 오산시 스마트시티 통합플랫폼 구매 입찰공고(LH)

○ 2017년 10월 : 사업자 선정 후 사업 추진

○ 2017년 12월 : 경기도 재난 안전센터(119)와의 망 연계 및 시범 영상표출

○ 2018년 4월 : 오산시 재난상황실과의 망 연계 및 시범 영상표출

○ 2018년 5월 : 경기지방 남부경찰청(112)과의 망 연계 시범 영상표출

○ 2018년 10월 : 보안성 검토 개선사항 적용(보안 강화)

○ 2018년 10월 : 사회적 약자(치매 노인, 실종아동 등) 서비스 시범 실행

○ 2018년 12월 : 5대 통합안전서비스 준공 예정

Ⅴ 정책 성과

1. 정보 공유 및 활용 실적

○ CCTV를 이용한 안전 정보 공유

  - 경기재난안전대책본부(119상황실)에서 우리 시에서 발생하는 모든 신고가 접수됨과 동시에 현장의 CCTV 화면으로 실시간 영상 확인 가능

  - 경기남부지방경찰청 및 오산경찰서의 112상황실에서 현장의 CCTV 영상을 보고 경찰을 출동 시키고 현장의 상황에 맞는 대처가 가능

  - 오산시청의 재난상황실에서는 재난 상황 발생 시에 송신된 CCTV 영상으로 재난에 대한 신속한 대처 및 복구 가능

  - 치매 노인 등 사회적 약자에게 현재까지 87개의 IoT 단말기를 보급하여 실종 사건 발생 시 실시간 위치를 파악 후 구조 가능

○ 5대 통합안전서비스 활용의 대표적인 실적

– 2018년 11월 19일, 119에서 접수한 화재 신고 발생 알람이 5대 통합안전서비스에 의해서 오산 스마트시티센터에 즉시 알려지게 되어 방화범 인상착의 파악이 가능하여 방화범 검거에 일조함

– 2018년 10월 26일, 오산시 내삼미동 우미아파트 정문 앞 ○○○○생고기 가게에서 시민이 다치는 사건이 발생하여 119구급차와 112 경찰 차량 2대의 빠른 출동이 가능하여 시민을 구호하는 실적이 있었음

– 2018년 9월 22일, 오산 수청동 ○○마트 측면에서 자살 기도 사건이 발생하여 119 및 112에서 현장 CCTV 확인 후 구급차 및 경찰 차량이 출동하여 사건의 적절한 대처가 가능하였음

– 2018년 9월 21일, 오산 누읍동 ○○○아파트 옥상에서 자살 기도 사건이 발생하여 119에서 현장 CCTV 확인 후 아파트 위치 및 사건 현장을 확인하여 적합한 사다리차를 출동시켜서 빠른 구조가 가능하였음

– 2018년 9월 21일, 오산 원동 ○○초등학교 건너편 상가건물에서 화재가 발생하여 119에서 현장 CCTV 확인하며 소방차가 출동하여 빠르게 도착하여 조기 진화함

2. 언론 보도

○ 2018. 7. 30. : 지능정보기술 접목… 전국 1등 안전 오산 꿈꾸는 '안전 파수꾼'(경기신문)

○ 2018. 9. 1. : 아날로그로 시작, 미래는 스마트시티(보안뉴스)

○ 2018. 11. 20. : 오산시, 시범운영 중인 '스마트시티' 센터 방화범 검거(에너지경제 외 4개 신문)

○ 2018. 10. 23. : 경기남부지방경찰청장, 오산 Smart City 통합운영센터 방문(아시아투데이 외 9개 신문)

3. 홍보 활동

○ 대한민국 안전산업박람회 홍보부스 운영

– 기간 : 2018. 11. 14.~11. 16.(3일간 운영)

– 방 문 자 : 총 237명

– 기관방문 : 137개 기관방문(11개 지자체, 6개 해외기관, 120개 국내기업)

－ 홍보내용 : 5대 통합안전서비스, 얼굴인식, 스마트관제, 이상징후 판별 등
○ 센터 견학 프로그램 운영으로 홍보 활동
　－ 기간 : 2018. 4.~11.30.
　－ 대상 : 시민, 학생, 공무원, 기업체 등
　－ 견학실적 : 총 149회 2,252명 (단체 287명, 학생 1,332명, 시민 47명, 공공기관 등 586명)
　－ 방문 지자체 명 : 울산광역시, 의왕시, 부산 수영구, 원주시, 나주시, 강원도, 법무부, 구미시, 인천 계양구, 장흥군, 순천시, 용인시, 이천시 등
　－ 프로그램 내용 : 5대 통합안전서비스 시연, 안면 인식, 객체 속성, 비상벨 등 체험

〈통합플랫폼 운영현황〉 한국 스마트도시협회 자료 참조

▶ 미래의 통합플랫폼 발전방안

○ **통합플랫폼 발전방안**

가) 정기/수시 교육프로그램 운영 : 아무리 좋은 솔루션을 개발하고, 구축하여 운영한다고 하더라도, 최종 사용자에 대한 의무교육 또는 정시/수시로 통합플랫폼 프로그램 활용을 위한 정기적인 교육이 반드시 선행되어야만 투자대비 효과가 기대된다고 할 수 있다.

나) 정부 지속적 투자 : 선 구축하고 운영하는 지자체 대상으로, 통합플랫폼의 최상의 운영조건으로 운영되기 위하여는, 정부에서 통합플랫폼 공급과 함께, 지속적인 유지관리와 활성화를 위한 투자, 즉 연 단위 성과에 대한 실적을 의무사항으로 하며, 그에 대한 우수 지자체 선정하여 포상 및 시상금지급과 통합플랫폼의 업그레이드에 투자하여야 한다.

다) 통합플랫폼 고도화 추진 : 스마트산업단지, 스마트마을, 스마트건설현장, 스마트빌딩, 스마트점포 등 물리 보안 통합 플랫폼 개발과도 계획을 공유하여,

더욱 내실 있는 통합플랫폼 고도화사업으로 발전되어야 할 것이다.

라) 우수사례 벤치마킹 프로그램 운영 : 스마트시티 챌린지, 스마트시티 국가 시범도시 등 스마트시티 정부 사업추진 시, 스마트시티 통합플랫폼이 구축된 지자체는 고도화사업을 추진하고, 미구축된 지자체는 통합플랫폼 우수 지자체를 견학할 수 있도록 홍보하고 지원하도록, 투어 프로그램 운영을 하여야 한다. 예를 들면 현재운영 중인 최신형 스마트시티 오산시 통합플랫폼 운영사례 중, 각종 이벤트 발생 시 음원 스피커를 활용하여, 신속하게 관제요원이 상황을 관제할 수 있도록 구축하여, 관제사가 그 활용도가 매우 높음을 알 수 있었다.

스마트시티 지자체 간담회/협의회/견학 프로그램 운영사례

▶ 저자는 왜 스마트시티 지자체 간담회를 시작했을까

1. 스마트시티 지자체 실무자 간담회 운영으로 본 발전방안

1) U-City&스마트시티 지방자치단체 간담회 운영

배경

- 2008년 3월 28일 유비쿼터스도시의 건설 등에 관한 법률이 제정되면서, 전국에 U-City 사업에 대한 열풍이 불기 시작한다.

2006년 9월경 kt u-city 본부장이 오산시를 방문하여, 오산 u-city 추진방안 설명을 시 간부 대상으로 설명을 하면서, 오산시의 U-City 사업추진을 위하여, 2007년 8월 10일 자로 유시티 정책팀을 신설하고 본격적으로 추진하게 된다.

저자는 정보통신과에서 신도시지원과 유시팀으로 인사발령이 되어, '어떻게 오산 U-City 사업을 추진하여야 하는가?'에 대한 답을 얻기 위하여, 파주시 유비파크 홍보관 및 개관식, 동탄 u-city 정보센터 개관식 및 견학, 전국 u-city 추진현황 조사, 오산 세교 택지개발 사업지구 U-City 사업 추진계획, 주택공사 u-city 주택도시정보센터장 방문, u-city 구축을 위한 발주방안 의견수렴, 유시티 실무추진단 구성을 하면서부터, 혼란에 빠지게 되었다.

더 이상 문의할 곳을 찾지 못하고, 방황하던 중 자주 방문하고, 배웠던 화성 동탄 u-city 정보센터에서 이런저런 이야기를 하다가, U-City 사업에 관해 추진하는 지자체 실무자가 정기적인 간담회 형식으로 만나는 것이 어떻겠냐는 의견이 나와, 다음과 같이 첫 모임을 갖게 되었다.

목적은 경기도 내에 u-city를 구축 운영하는 수원시, 성남시, 화성시, 오산시, 양주시의 u-city 추진으로 도출된 문제점, 향후 운영방안 등에 대하여 상호 교류를 통하여, 효율적인 사업추진을 도모하고자 모임을 구성하게 되었다.

파주 유비파크 홍보관
2007년 당시 홍보관

최초모임은 산수화성 u-City 모임 안내(가칭)로 하고, 안건은

① 정기모임으로 승격, 일시, 장소, 시간, 회비, 참석대상범위를 정하고,

② 카페개설로, 명칭, 카페지기 구성 등

122 · 스마트도시 통합운영센터! 효율적 운영? 나도 할 수 있다!(I can do it)

③ 주제발표는

– 지자체별 유시티 추진상황설명과,

– 질의 및 응답,

– 기타 등등 토의(유비쿼터스도시사업협의회 가입 등),

④ 토의내용은

– 초기 모임 : 오산, 수원, 화성 담당자,

–명칭 : 유산수화(유시티 오산, 수원, 화성) 앞 글자

산수화성이란
산수화성은 최초모임 담당자 도시명 즉 산(오산)수(수원)화(화성)성(성남)으로 명명됨

를 모아, 나중에는 유산수화에서, "산수화성"으로 변경하는 데 의미가 있었다.

그리고 u-city/s-city 실무자 간담회는 1회부터 77회까지 결과보고서를 중심으로 첨부하여, 그 여정을 보여 드리고자 한다. (이름은 김 ○○형식으로 변경함). 그중에서도 제1회, 제18-19회, 제30회, 제48회, 제60회, 제62회, 제77회의 중요이슈를 설명하고자 한다.

회차	일시	장소	공무원(명)	기업체(명)
1	2009.06.18. 17:00	동탄 U-City 정보센터-1	11	11
2	2009.07.16. 11:00	동탄 U-City 정보센터-2	11	10
3	2009.08.20. 10:30	동탄 U-City 정보센터-3	20	20
4	2009.09.17. 10:30	동탄 U-City 정보센터-4	20	20
5	2009.10.14. 10:30	동탄 U-City 정보센터-5	20	20
6	2009.11.19. 10:30	동탄 U-City 정보센터-6	15	12
7	2009.12.17. 10:30	동탄 U-City 정보센터-7	20	17
8	2010.01.21. 10:00	동탄 U-City 정보센터-8	18	15
9	2010.02.18. 10:00	동탄 U-City 정보센터-9	18	12
10	2010.03.17. 10:00	동탄 U-City 정보센터 10	27	23
11	2010.04.21. 10:00	동탄 U-City 정보센터-11	32	23
12	2010.05.19. 10:00	동탄 U-City 정보센터-12	34	24
13	2010.06.17. 10:00	동탄 U-City 정보센터-13	31	24
14	2010.07.21. 13:30	파주시 UBI-park	44	30
15	2010.08.25. 10:30	동탄 U-City 정보센터-14	28	14
16	2010.09.29. 10:30	안산시 CCTV 관제센터	36	26
17	2010.10.20. 10:30	동탄 U-City 정보센터-15	23	17
18	2010.11.18. 10:30	동탄 U-City 정보센터-16	30	25
19	2010.12.22. 10:30	동탄 U-City 정보센터-17	23	20
20	2011.01.19. 10:30	동탄 U-City 정보센터-18	29	20
21	2011.02.23. 10:30	동탄 U-City 정보센터-19	24	17

22	2011.03.16. 10:30	동탄 U-City 정보센터-20	27	23
23	2011.04.27. 10:30	LH 홍보관	34	28
24	2011.05.25. 10:30	동탄 U-City 정보센터-21	27	18
25	2011.06.22. 10:30	동탄 U-City 정보센터-22	19	11
26	2011.07.22. 10:30	동탄 U-City 정보센터-23	28	19
27	2011.09.21. 10:30	동탄 U-City 정보센터-24	28	18)
28	2011.10.19. 10:30	동탄 U-City 정보센터-25	20	14)
29	2011.11.23. 10:30	동탄 U-City 정보센터-26	23	19)
			720	550

회차	일시	장소	인원 (공무원)	기업체
30	2011.12.22. 14:00	동탄 신도시홍보관	50	50
31	2012.01.18. 10:30	동탄 U-City 정보센터-27	30	14
32	2012.02.15. 10:30	동탄 U-City 정보센터-28	29	15
33	2012.03.21. 10:30	동탄 U-City 정보센터-29	27	21
34	2012.04.17. 14:00.	U-eco통합플랫폼 공청회 대체	서울 엘타워	
35	2012.05.16. 10:30	파주유비파크 개소식 참관 수원 U-City 통합운영센터)-1	파주/수원 개소식 참관	
36	2012.06.20. 10:30	수원 U-City 통합운영센터-2	24	14
37	2012.08.29. 10:30	수원 U-City 통합운영센터-3	18	14
38	2012.10.25. 10:30	용인 U-City 통합운영센터	24	20
39	2013.01.24. 14:30	인천 송도 I-tower 센터	53	40
40	2013.05.15. 10:30	대전 충남도청 중회의실	39	28
41	2013.09.11. 10:30	오산시 통합운영센터-1	31	25)
42	2014.01.15. 10:30	수원 도시 안전통합센터-4	49	31
43	2014.03.26. 10:30	IFEZ 유시티 센터	36	17
44	2014.07.09. 10:30	동탄 u-city 정보센터-30	29	16
45	2014.09.25. 10:30	김포시 스마토피아센터	46	34
46	2014.11.26. 10:30	오산시 통합운영센터-2	30	16
47	2015.01.30. 10:30	원주시 도시정보센터	29	20
48	2015.03.26.-27	여수시 보건소 회의실	55	38
49	2015.05.29. 10:30	대전 온천1동 대회의실	30	13
50	2015.09.17. 10:30	화성시 동탄1동 회의실	44	26
51	2015.12.09. 10:30	오산시 통합운영센터-3	32	13
52	2016.02.16. 10:30	고양시 시민안전센터	45	37
53	2016.04.27. 10:30	평택시 이화도시통합운영센터	39	23
54	2016.06.29. 10:30	광명시 U-통합관제센터	41	28
55	2016.08.31. 10:30	오산시 통합운영센터-4	39	16

56	2016.11.16. 10:30	남양주시 u-city 통합센터	30	15
57	2017.01.18. 10:30	세종시 u-도시통합정보센터	85	56
58	2017.04.25. 10:30	수원시 도시 안전통합센터-5	60	31
59	2017.06.20. 13:00	더 스마티움(수서역 앞)	50	27
60	2017.08.17. 10:30	세종시 세종컨벤션센터	54	27
			1,148	725

회차	일시	장소	인원 (공무원)	기업체
61	2017.11.29. 10:30	오산시 통합운영센터-5	61	43
62	2018.2.1. 10:30	대전 도시철도공사, 센터	180	140
63	2018.05.24. 10:30	수원시 도시 안전통합센터-6	71	54
64	2018.07.13. 10:30	시흥시 도시통합센터	91	61
65	2018.11.21. 10:40	서산시 도시 안전통합센터	85	62
66	2019.01.16. 10:30	천안 아산시 도시 안전통합센터	147	108
67	2019.05.09. 10:30	화성시 모두누림센터	80	61
68	2019.07.17. 10:30	세종컨벤션센터	123	123
69	2019.9.6. 10:30	킨텍스 306, 307호	300	190
70	2019.10.22. 10:30	인천 송도 컨벤시아 204	70명	47
71	2019.12.20. 10:30	천안 아산 통합운영센터-2	167	107
72	2020.07.08. 10:30	온라인/off 라인(킨텍스 325호)	20	20
73	2021.12.01. 13:00	오송 컨벤션센터	70	70
74	2022.03.17. 14:00	Lw 컨벤션센터 3층	93	66
75	2022.08.31. 14:00	킨텍스 306호	126	84
76	2022.10.20. 10:30	인천 송도컨벤시아	64	64
77	2023.05.11. 10:20	세종컨벤션센터 중회의실	156	156
			1,904	1,456

제1회는 의미 있는 첫 모임이라고 생각된다. 2009년 6월 18일 오후 17:00, 총 11명 참석자는 정기모임, 카페개설, 차기회의, 오산시 유시티 추진현황 발표로 제77회까지 만14년 모임과 스마트시티 지자체 협의회까지 만들어지는 큰 성과가 있을 줄은 아무도 몰랐다.

간담회 결과
총 77회 3, 772명이 참석하고 14년 동안 순수하고 자발적인 모임이라는데 큰 의미가 있다. 100회 이상 되기를 희망해 본다.

제1회 모임 결과에서 보듯이, 제1회는 유산수화 즉 U-City 사업 추진을 위한 산수화(오산, 수원, 화성 담당자) u-city 모임결과였다.

제2회에서는 명칭 변경 건으로 산수화성으로, 그리고 산수화성 u-city 모임을 U-City 실무자 워크숍으로 변경하였다. 제3회부터는 경기도 내 u-city 실무자 간담회로 대상기관이 용인시, 의정부시, 평택시, 시흥시 참여로 20여 명 참석자가 증가하게 되었다. 그리고 제10회(2010.3)부터 유비쿼터스도시협회 사무국장이 참석하면서부터 지금의 스마트도시협회와 함께 운영하게 되었다.(공동주관은 2012년 1월부터)

제30회는 제1회부터 29회 간담회를 정리하는 차원에서 "간담회특강"과 "10년 후 u-city는 이렇게 변화겠다"라는 원고를 수집하여 당일 배포하였는데, 10년이 지난 후의 나의 생각을 독자가 읽어보면, 놀라운 경험을 하게 될 것이다.

Ⅵ 활동사진

메타폴리스 전망대에서(2011.12.22.)

지속 가능 U-City 운영 및 수익모델 공청회

시흥시 도시 안전센터에서　　　　　　　성남시 U-City 통합센터에서

안산시 U-City 통합관제센터에서　　　　부천시 교통정보센터에서

10년 후 U-City는 이렇게 변화겠다

소속 :

이름 :

○ 현재 U-City를 보면서

_____

_____

_____

○ 현재 내가 경험한 U-City는

_____

_____

_____

_____

○ 향후 U-City가 발전하려면

_____

_____

_____

_____

○ 10년 후 U-City는 이렇게 변화겠다(나의 생각)

_____

_____

_____

_____

_____

1. 화성시 최 찬

2. 화성시 한병혁

3. 오산시 김영혁

4. 수원시 유미선

5. 김포시 박경애

6. 김포시 박종대

7. 고양시 김재원

8. 광명시 김웅일

9. 대전광역시 신용락

10. LH 토지주택연구원 이상훈

11. (주)CAS 이성길

12. 상명대학교 김미나

13. (주)하이브시스템 이범서

14. IT여성기업인협회 부회장 이소영

소속 : 화성시청 정보통신과

이름 : 최 찬

○ 현재 U-City를 보면서

지금의 U-City 이제 시작일 뿐이며, 앞으로 갈 길이 멀고 해야 할 일도 많을 것 같습니다.
시대를 앞서가는 일인가요!!!

나도 인사발령 나서 담당하는 업무라 열심히 하려고 하는데 주변에서 도움을 안주네요 ㅋㅋㅋ

2012년 아직 며칠 남았습니다. 내년에는 U-City 입문한 지 어언 5년 차군요.

U-City는 결국 미래의 도시 모습을 담아가는 과정이라고 생각합니다.

모든 일은 항상 순탄하지만은 않은 것 같은데 U-City도 많은 힘든 여정을 겪으며 멋진 모습으로 변하지 않을까 생각해봅니다.

○ 현재 내가 경험한 U-City는

세계최초, 대한민국 최초 등 화려한 수식어를 날리며 등장한 화성 동탄 U-City 구축이 완료되어 인수하고 운영을 하고 있습니다.

그 화려함 뒤에 숨겨진 많은 이야기들 운영비, 체감서비스, 수익사업 등 지방행정청의 6급이 짊어지기에는 벅찬 그것이었습니다. 국회로, 중앙부처로 각종 회의 참석, 규제개혁 추진, 시군간담회, 세계 각국의 U-City 정보센터 방문객, 방송국 인터뷰 등 나에겐 너무 생소한 일들을 경험하였습니다. 많은 분들과의 만남.....

힘들 때도 많았습니다만, 모두 소중하고 즐거웠던 추억으로 남을 것 같습니다.

또한 세계 각국에서 방문하여 보여준 관심사, 기업들의 해외사업 진출을 위해 모시고 오는 외국 분들, 대학의 관련 학부생과 석, 박사과정의 친구들의 센터 방문 등 일련의 일들이 그동안 공직에서 겪어보지 못했던 것들이었습니다.

그리고 U-City 추진 시, 군 간담회를 통하여 우리도 힘을 합쳐 잘 할 수 있다는 자신감과 자생적인 모임을 통하여 역량을 키울 수 있다는 것을 알았습니다.

공직생활 중 타 시군의 협조는 있지만 이렇게 지속적인 모임은 아마도 공직기관에서는 전무후무 하지 않을까 생각합니다.

아마도 마음이 통하였나 봅니다.

요즘 대세가 소통이니 당연하겠지요.

U-City 구축 및 운영 중 여러 가지 일로 어려움이 있었지만 나도 국가를 위해서 일조한다는 마음에 한 편으로는 위안이 되었습니다.

그래서인지 현재 U-City 추진의 지지부진함이 아쉽긴 하지만.....

지금의 U-City가 자양분 역할을 하여 향후 미래의 대한민국 발전의 초석이 될 것으로 확신합니다.

○ **향후 U-City가 발전하려면**

향후 U-City가 발전을 하려면.....

너무 어려운 주제입니다. 손뼉도 마주쳐야 소리가 나듯이 중앙부처, 지자체, 개발사, 시공 관련 기업, 대학 등 모두의 역량이 모아 모여야 발전을 가져올 것 같습니다.

각자 내 것만 중요하다는 편견을 버리고, 내 이익만을 추구하는 것에서 벗어나 모두가 발전할 수 있는 근본적인 생각이 바탕에 있어야 할 것입니다.

공무원은 부서의 일이 아니라 시민을 위하고 도시의 발전을 생각하는 거시적인 관점에서...

기업은 이윤의 추구보다 과연 U-City가 성공적인 사례로 만들기 위해서 우리의 역할을 다시 한번 고려해 볼 필요가 있을 것 같습니다.

중앙부처에서 행, 재정적 지원을 통하여 U-City로 인해 낙후된 지역 발생 가능성이 많아 전 지자체의 균형된 발전을 가져올 수 있도록 역할을 해야 할 것입니다.

○ **10년 후 U-City는 이렇게 변하겠다(나의 생각)**

하루가 다르게 변하는 시대에 10년 후를 생각해 보라...

과연 가능할까?

아마도~ 나는 10년 뒤에는 퇴직했을 것입니다.

도시발전 속도는 속성상, 시각적으로 볼 때 그다지 빠르지 못할 것이나 기술발전에 비례하여 변화가 될 것입니다.

도시의 관리는 당연 통합센터에서 운영되고, 운영 조직이 생기며 각종 센서들을 통하여 정보가 수집되고 가공할 것이며 따라서 도시 전체의 기능을 전담할 것으로 봅니다.

10년 후 U-City는 이렇게 변하겠다

소속 : 화성시청 정보통신과

이름 : 한 병 혁

○ U-City를 보면서

당연히 가야 하는 과정 중에 있는......

하지만 그 과정을 거부하는 무리(⌒;)들...

시대의 흐름을 역행할 수는 없는 일..(때찌!!)

○ 내가 경험한 U-City는

공직에 발을 디디며 맡은 일

꿈을 현실로 만들기 위해 노력해야 하는 것

○ 향후 U-City가 발전하려면

기본으로 돌아가서 좋은 열매가 열릴 수 있는 비옥한 토양을 만들어야 하지 않을까요?

인프라를 갖추고 미래를 준비해야... 흠.

○ 10년 후 U-City는 이렇게 변화겠다(나의 생각)

현재는 지자체별로 추진하는 U-City가 국가단위로 통합되어 관리되는 새로운 모습을 기대해 봅니다. 사회 전반의 모든 일이 IT라는 수단으로 소통하는 세상! 너무 기계적인 가요?

소속 : 오산시

이름 : 김 영 혁

○ **현재 U-City를 보면서**

꿈! 상상의 세계! 그러나 비참하다고 이야기 해

야 하나?

눈앞의 세상이 꼭 스마트한 것처럼 느껴진다

○ **현재 내가 경험한 U-City는**

2006년 "유비쿼터스 이해"란 책을 읽으면서

정말로 오겠다고 생각했다. 지금은 일부분 왔다

고 본다

○ **향후 U-City가 발전하려면**

누군가가 하겠지 하면 될까? 우리가 하자!

우리가!! 아니 내가!!! 여러분이!!!!

○ **10년 후 U-City는 이렇게 변화겠다(나의 생각)**

10년 후면 2021년 12월이네! 보고 싶다..

U-City 센터가 전국적으로 운영될 것이고

센터 간 연계로 실시간 전국상황을 동영상으로

중계된, 유~~세상이 되지 않을까? 생각해본다

10년 후 U-City는 이렇게 변하겠다

소속 : 수원시청 정보통신과(U-City팀)

이름 : 유비쿼터스 미래사회를 선도하는 U-美쁨

○ 현재 U-City를 보면서

U-City가 무엇이냐고 질문 받을 때 마다 곤혹스럽다. 과연 어디까지를 U-City라고 명명해야 할지 정말 조심스럽다. 또한 가야 할 길을 가지 못하고 표류하는 U-City를 바라보며 가슴이 답답하다. 정부의 야심 찬(?) 신성장 동력발굴이라는 미명아래 시작된 U-City가 제대로 돛을 올리지도 못한 채, 전체 조성원가 1%로 자치하지 못하는 U-City 구축비용이 LH 경영부실 원인제공(?)으로 잠정중단된 후, U-City를 주도하던 LH에서는 토목사관의 잣대로 U-서비스 8대 분야 중 2대 분야로 대폭 축소하여 버리고 U-City 허브인 운영센터도 없는 반 쪼가리도 못 되는 U-City 아닌 도시 정보화로 경질시켜 버렸다. 그러한 U-City라도 명맥을 지키고자 하는 지자체 담당자들의 처절한 몸부림이 애처롭다. 유명무실한 U-City 법과 유비쿼터스도시계획으로 버팀목 조차 없는 U-City는 가야 할 길이 너무도 멀고 험난해 보인다. 정부의 강력한 의지와 지원이 요구된다.

○ 현재 내가 경험한 U-City는

현재 사업시행자 주도의 U-City 제도는 U-City의 많은 문제를 내포하고 있다. 과연 누구를 위한 U-City인가? USP-설계-공사 등 U-City 설계에서 공사에 이르기까지 최소 5년 이상의 장기간 소요로, 새롭게 쏟아져나오는 ICT, IT를 수용하기에 너무도 벽이 높다. 발주처와 사업수행사 간, 사업수행 하도업체 간 이해관계로 U-City 운영주체인 지자체의 의견이 반영되기는 하늘의 별 따기보다도 어렵다. 또한 IT 업계 간의 이해관계로 신기술 적용을 위한 설계변경은 발주처 및 지자체에 감사로 이어져 U-City 추진 의욕을 상실시켜버리기 일수다. 최악의 경우 업계 간 분쟁원인을 없애기 위해 기존기술과 신기술 모두를 거둬 내야 했던 어처구니없는 상황도 있었다. U-City는 도시발전 패러다임의 하나로 시대적 요구에 따른 당연한 산출물이라 생각된다. 그 변화의 물결에 부응하는 긍정적 마인드가 절실히 요구된다.

○ 향후 U-City가 발전하려면

동서고금을 막론하고 변화의 물결을 순순히 수용한 시대는 없었다. 보수파와 개혁파 간의 끊임없이 싸움을 통하여 오늘날의 역사를 일궈온 것이다. 도시발전사의 한 획이 될 U-City 또한 예외는 아니다. U-City가 지금까지의 시행착오를 극복하고 도시발전의 중추적 역할을 하기 위해서는 지금까지의 공공 위주의 U-City에서 한 단계 업그레드되어 공공과 민간이 유기적 관계를 갖고 각자의 역할을 충실히 이행할 때 제대로 된 U-City 면모를 갖추게 될 것이다. 역사는 하루아침에 이뤄지는 것은 아니다. 이제 첫발을 내디딘 U-City 역사 앞에는 넘어야 할 장애물이 많을 것이다. 매 순간 포기하지 않는 부단한 노력이 필요할 것이다.

○ 10년 후 U-City는 이렇게 변하겠다(나의 생각)

• 도시재생, 기후변화 대응 등 도시화에 따른 각종 문제해결을 위한 필수적 방안으로 모든 도시(재)개발사업에 U-City 적용이 의무화되고, 정부는 신성장 동력발굴을 위하여 지자체 U-City 인증, 공공주택단지 U-단지 인증 제도 도입으로 전국적으로 U-City 사업이 활성화됨으로써 국내 정보통신업계가 활황을 누리고,

• 외국에서는 한국의 U-City 도입을 위한 벤치마킹이 줄을 이을 것이며,

• 모든 도시공간정보는 도시통합운영센터에 집결되어 통합관제됨으로써, U-City는 행정의 중추적 역할을 담당하게 될 것이다.

10년 후 U-City는 이렇게 변하겠다

소속 : 김포시 신도시건설과

이름 : 박 경 애

○ 현재 U-City를 보면서

세상 살기 많이 편해졌고 지능화되었는데 그건 IT 기술의 발전 위해 우뚝 선 U-City 때문이 아닐까?

U-City! 난 네가 얼마나 진화할지 몹시 궁금해진다.

○ 현재 내가 경험한 U-City는

퇴근을 하고 아파트에 들어가면 어수선한 집안 분위기가 느껴진다. 이건 무슨 분위기지?

차량이 도착하였다는 멘트를 듣고 아이들이 서둘러 게임을 끄고 아무 일 없다는 듯이 시치미를 떼고 있는 거지.

○ 향후 U-City가 발전하려면

U-City가 발전하는 것과 반비례로 개인 생활이 너무 노출된다. 점점 개인의 사생활이 중요한 미래, U-City의 발전은 개인의 정보 보호가 우선되어야 발전하지 않을까....

○ 10년 후 U-City는 이렇게 변화겠다(나의 생각)

10년이면 강산이 변한다고 하는데 10년 후 U-City는 강산이 몇 번 변했다고 셀 수 없을 만큼 변하겠지.

도저히 상상도 할 수 없다.

소속 : 김포시 신도시건설과

이름 : 박 종 대

○ 현재 U-City를 보면서

친구끼리 같이 있어도 스마트폰으로 대화를 나누는 애매한 분위기가 조금은 이상하게 느껴진다.

○ 현재 내가 경험한 U-City는

감사합니다. 감사합니다. 영어로 땡큐!

스마트폰이 있어서 빨리 집으로 왔어요

○ 향후 U-City가 발전하려면

U-City를 추진하려면 비용이 많이 드는데, 모두가 부자가 되어 비싼 제품도 마구마구 살 수 있으면 U-City가 발전하지 않을까?

○ 10년 후 U-City는 이렇게 변화겠다(나의 생각)

사물과의 대화가 생각만으로 가능하게 되어, 생각으로 자동차 문이 열리고 운전도 자동차 간의 센서 인식으로 자동으로 운전하는 시대가 될 것이다.

10년 후 U-City는 이렇게 변하겠다

소속 : 고양시 정보통신과 U-City팀

이름 : 김 재 원

○ **현재 U-City를 보면서**

아직은 상상 속의 나라.

꿈꾸는 모든 것이 이루어? 진다.

○ **현재 내가 경험한 U-City는**

IT 기술을 접목한 보다 편리한 생활을 영위할 수 있는 꿈같은 도시구현. 하지만 아직 구체화 되지 않은 도시 Undefined-City 그 이름 유시티 ~

○ **10년 후 U-City는 이렇게 변화겠다(나의 생각)**

1모든 도시의 U-City 화 현재처럼 단순한 지역에서의 U-City가 아닌,

대한민국 전역에 걸친 연계의 중요성이 부각될 듯합니다. 작은 것에서부터 시작하여 결국엔 우리나라 모든 U-City가 통합운영 되지 않을까요^^?

유비쿼터스(Ubiquitous)의 험난한 길을 말하다.

광명시청 U-City 팀장 김웅일

공직생활을 시작한 지도 어언 20년이 되어갑니다. 짧지 않은 공직생활을 하면서, 남이 가지 않은 길을 열심히 달려왔다고 나름대로 긍지와 자부심을 가지고 있습니다. 그중에 하나가 유비쿼터스 도시건설이 아닌가 생각해봅니다. U-City 개념에 대하여 적극적으로 공부하기 시작한 것은 2006년 4월 정보통신교육원에서 실시한 유비쿼터스 GIS 교육과정에 참여하면서 나름대로 신기술에 대한 열정과 막연한 기대를 하고 교육에 참석한 것 같습니다. (교육을 2006년에 갔다 왔으니 관심을 가진 것은 2005년쯤으로 기억됨.) 1988년 제록스의 연구소 연구원 마크 와이져가 주창한 개념으로 '언제 어디서나, 물이나 공기처럼 사람이 느끼지 못하고 정보통신을 이용할 수 있는 환경' 그런 세상이 다가온다고 생각하니 흥분이 안 될 수가 없었지요. 그때는 세상이 바뀌는지 알았습니다. 그런데 외국 사람들은 유비쿼터스란 단어 자체를 안 쓰고 있더군요. 그것은 2007년 3월에 정보통신 신기술 해외선진지 견학차 미국의 실리콘밸리를 방문해서 알게 되었습니다. 그러나 우리나라는 화성 동탄 신도시를 비롯하여 파주 운정지구, 인천 경제자유구역에서 유비쿼터스 계획을 발표하면서 많은 지자체에서 관심이 있었고 당시 중앙정부의 건설교통부에서도 관심을 가지고 법까지 마련하는 등 관심들이 많았습니다. 그때 우리 광명시도 택지개발사업을 하면서 유비쿼터스 도시계획을 추진하여 어느 정도 기반시설을 마련하고자 노력을 많이 하였습니다. 그러나 2008년 금융위기 이후 건설경기가 침체되고 LH 부채가 문제가 됨에 따라 U-City는 방향을 잃었고 우리시도 어떻게 대응할까 고민하는 와중에 화성시에서 U-City 실무자 간담회를 매월 개최한다는 소식을 듣고 2010년 1월부터 참석을 하게 되었습니다. 그동안 많은 지자체에서 참석하여 노력하고 고민한 흔적을 많이 발견할 수 있었습니다. 우리시는 모임에 후발주자로 참석하였지만 많은 것을 이야기하고, 같이 고민하고 해결책 마련에 적극적으로 참석하였다고 생각은 하지만, 그래도 아쉬운 점은 남아 있습니다. 매월 중순만 되면 기다려지는 모임이 새로운 방향을 모색하고, 좀 더 발전된 모습으로 다시 태어나기 위한 도약을 위해 내년에 새롭게 출발한다니 내년이 기다려집니다. 그동안 모임을 위해 노력해주신 산수화성 카페지기와 변함없이 참석하신 지방자치 단체 공무원과 협력업체의 모든 분들에게 감사드리며 건강한 모습으로 뵙기를 기원하며, 유비쿼터스 세상이 이루어 질 때까지 우리 모두 화이팅!!

소속 : 대전광역시청 정보화담당관실

이름 : 신 용 락

○ 현재 U-City를 보면서

CCTV라는 단말기를 이용한 U-교통, U-방범(감시업무) 외 특별히 도입 후 확산될 u-서비스는 보이질 않는다.

통신망에 대한 요금문제와 보안(개인정보보호, 사생활침해 등) 문제 사이에 현 상황이 유지관리 되는 상태로 운영될 것이다.

스마트폰이라는 새로운 개념의 단말기가 출시되어 신고형(재난, 교통, 방범 등) 앱이 개발되어 영상자료를 센터로 전송 및 실시간 중계를 할 수 있는 형태의 서비스를 구상해 본다.

○ 현재 내가 경험한 U-City는

CCTV를 이용한 행정업무 통합운영센터이지 U-CITY의 개념은 콩만큼 포함된 듯.

○ 향후 U-City가 발전하려면

누군가가 도전정신이 있어야....

○ 10년 후 U-City는 이렇게 변화겠다(나의 생각)

– 10년 후 그러면 내가 55세 지금의 개념에서 크게 벗어나지는 못할 것 같고 좀 지능화된 시스템 및 상황 관제업무는 늘어날 듯

– 인공위성을 이용한 도시관리체계 개념이 나올 수도 있겠다.

10년 후 U-City는 이렇게 변하겠다

소속 : 토지주택연구원

이름 : 이 상 훈

○ 현재 U-City를 보면서

아직도 갈 길이 멀기만 한데 한 걸음 한걸음이 무겁기만 하고~

○ 현재 내가 경험한 U-City는

목표는 정확하고 방향도 맞는데 마라톤을 뛰어야 할 사람한테 100m 기록이 왜 안 나오냐고 하면 기록이 나오겠나?

○ 향후 U-City가 발전하려면

묵묵히 지켜봐 주고 다듬어 주고 관심을 줄 수 있는 그런 자세가 필요하지 않을까? 우물가에 앉아 숭늉 마실 생각을 하면 어렵지 않나?

○ 10년 후 U-City는 이렇게 변화겠다(나의 생각)

U-City란 말은 사라지지 않을까? 이미 녹아 들어와서 다들 익숙해져 있을 테니~ 다만 TV, 자동차, 핸드폰 등이 우리 삶에 익숙해진 것처럼 U-City도 그냥 익숙해 질 준비를 하고 있지 않을까 싶다.

10년 후 U-City는 이렇게 변하겠다

소속 : (주)씨에이에스

이름 : 이 성 길

○ 현재 U-City를 보면서

한 때 유행하다 사라지는 IT 용어로 전락한 것 같은 U-City를 보면서 초창기 공상 영화에 나옴 직한 도시로 과대 포장된 U-City 모습이 걷어지면서 앞으로는 U-City의 활용 주체인 일반 국민, 거주민 입장에서 실속있는 서비스로 재편되는 모습을 기대하고 있음.

○ 현재 내가 경험한 U-City는

국내 최초 U-City 사업인 화성 동탄 U-City 사업 당시(2005~2007) 감리단장을 수행 하였고, 이후 많은 지자체의 U-City 사업 자문을 수행하였음.

○ 향후 U-City가 발전하려면

부동산 경기 침체로 U-City 사업이 침체하여 있는 현실을 고려 할 때 단기적으로는 공 공보다는 민간분야 투자유치를 통한 U-City 사업 활성화가 필요하고, 정책적으로는 통 합플랫폼 등 U-City 서비스 및 기술에 대한 표준화가 필요함.

○ 10년 후 U-City는 이렇게 변화겠다(나의 생각)

U-City 라는 용어는 Smart City 등 다른 용어로 바뀌어 사용 될 수 있겠으나, U-City 시설 및 서비스는 모든 도시에 일반적으로 제공되는 기본적인 도시서비스로 자리매김 할 것임.

소속 : 상명대학교 그린에너지 연구소

이름 : 김 미 나

○ **현재 U-City를 보면서**

시간이 흐를수록 우리가 사는 환경들은 점점 변화되고, 개선되고 있으며, 우리는 빠른 데이터의 습득을 통해 좀 더 많은 정보를 얻고, 활용하는 현재 U-City 안에 살고 있다. 흔히들 말하는 생활 편의 증대와 삶의 질 향상은 U-City가 가지고 온 큰 변화라고 하지만 사람들은 잘 알지 못한다. 도시 기반의 ITC 기술이 이미 뼛속 깊이 들어와서 실제 체감이 되지 않는지도 모른다. 이미 U-City 안에 우리가 살고 있음에도 이를 알지 못하는 이유는 또 다른 한층 더 개선된 것을 우리가 요구하고 있는 것은 아닐까?

○ **현재 내가 경험한 U-City는**

U-City의 원 개념은 도시기반에서 진행된 것이기에 아파트단지에 적용되는 것은 아니다. 엄밀히 말하면 아파트단지의 u-City 도입은, 전체 신도시건설계획 혹은 광역시도 차원에서 추진되는 원론적인 u-City 구축 중의 극히 좁은 지역의 제한된 정보단지 모델에 불과하다. 그러나, u-City의 근본적인 목적이 거주민 한 사람 한 사람을 위한 지능화된 서비스에 있다고 본다면, 현대적 주거형태로서 아파트단지는 u-City라는 전체 통합 정보시스템 모델의 하부실행단위이자 최종 소비자에게 도달하는 최상위 종착지라고 말할 수 있다. 때문에, u-City의 적용에 있어서 아파트단지는 전체 u-City 구축사업의 축소판이며, 구체적인 적용, 실행단위로서 역할을 한다. 따라서, 거주민을 위한 단지 내 서비스는 현재 내가 접할 수 있는 U-서비스 중 가장 현실과 밀접해 있으며, 단지 내 주차 서비스는 주차에서 소비되는 시간을 많이 줄일 수 있다.

○ **향후 U-City가 발전하려면**

U-City는 도시를 건설하는 것이다. 단순히 SW나 도시 기반의 인프라 구축 외에 토목건설의 측면에서 그 해결책을 고민해야 할 것이다.

즉 시공사(=건설사)의 인식의 문제를 탓하는 것은 SI 사업자의 고객이라는 측면에서

타당하지 않을 뿐 아니라, 공정에 쫓기며 현장의 건설사 실무자의 도움을 받아야 하는 처지에서는 결코 이롭지 않다. 따라서 u-City 시공사인 SI 사업자의 건설현장에 대한 인식이 필요하지 않을까?

이러한 건설현장의 적응은, SI 사업의 측면에서 '업무파악과 고객요구의 수렴과정'일 것이다. 특히 이러한 적응의 과정은, 시공사의 실무자와 대화할 수 있는 공감대를 확보함에 그 주요한 목적을 두어야 한다. 이러한 공감대는 토목건축 입장과 SI 건설사업자 입장이 서로 상호 소통이 되어야 할 것이며, 이러한 노력이 전제될 때, 도시기반 공사의 현실적 상황에 맞는 설계와 정책의 제안이 가능하게 될 것이며, IT 기술과 건설의 실질적인 융합의 과정이 될 것이다. 결국, 이러한 융합은 SI 사업자로 하여금 건설 IT라는 새로운 사업 분야의 지평을 열게 될 것이며, 유비쿼터스 컴퓨팅, 네트워크의 가장 구체적인 시장 환경을 제공받게 될 것이다.

○ 10년 후 U-City는 이렇게 변화겠다(나의 생각)

10년 후의 U-City의 모습은 정책이나 기술적인 접근보다 나의 생활의 변화를 그려보는 것이 더 나을 것으로 생각한다. 우리가 그리는 시나리오 중 일부라고 생각한다. 난 아침에 일어나서 U-Bike를 타고 출근함으로 에너지를 절약하고, 환경을 보존하는 것뿐만 아니라 건강에도 도움이 될 것으로 생각한다. 아침에 U-Bike에 부착된 디바이스를 통해 신체 정보를 주기적으로 측정, 분석한 데이터가 U-헬스센터로 보내져 알맞은 운동정보와 영양 상태를 고려한 나에 맞는 식단을 제공 받고, 의사와 주기적으로 화상 면담을 통해 지속적인 건강 유지를 할 것이다. 또한 정확한 교통 정보 및 U-Work 등으로 나에게 늘어간 여가기간들은 가족들과의 모임, 친구들과 운동모임을 가지는데 잘 이루어진 자전거 도로로 교통체증 없는 즐거운 여가 생활을 가지게 될 것이다.

이 모든 것들이 현재 기술적인 부분으로 불가한 것은 아니다.

이미 일부는 이루어지고 있으며 현재도 가능한 것이다. 다만 이러한 서비스들을 개인에게 모두 제공되기 위해서는 부처 간의 협의 및 법 제도의 변화도 필요할 것이다. 10년 후는 법적인 모든 문제의 해결 후에 우리가 기술적으로 가능한 모든 서비스를 누릴 수 있기를 기대해 본다.

소속 : (주)하이브시스템

이름 : 이 범 서

○ 현재 U-City를 보면서

U-CITY는 우리나라의 첨단 IT 기술을 도시건설에 접목하여 브랜드화한 국가 전략적인 프로젝트로 출발하였다. 그동안 화성 동탄, 성남 판교 U-CITY 등은 준공을 완료하여 운영 중에 있다. 우리나라가 제안한 도시모델인 U-CITY는 해외에 수출되고 있는 점을 감안하여 어느 정도 성공을 거두었다고 평가하고 싶다.

하지만 U-CITY가 더욱 발전되어 세계적인 도시모델로 정착하기도 전에 부동산 정책과 공공기관의 내부사정으로 인해 추진동력을 상실하고 있어서 안타깝다.

○ 현재 내가 경험한 U-City는

성남 판교에 U-City가 건축되면서 먼저 눈에 띄는 것은 BIS에서 제공하는 버스도착 예정시간이었다. 버스의 도착 예정시간과 위치정보는 기다리는 초조감을 줄여주었다. 요즘은 운전을 하다 보면 VMS, ITS 관련 시스템들이 설치되어 있어서인지 판교 지역을 통과하면서 교통이 막히는 것을 느끼지 못했다. 시청 내에 설치된 도시 통합관제센터의 방범상황실에서는 도시 구석구석을 모니터링하며 시민들의 안전을 위해 노력하는 모습을 볼 수 있었으며, U-CITY 상황실에서는 다양한 서비스들이 제공되고 있는 것을 볼 수 있었다. 한마디로 판타스틱이다.

○ 향후 U-City가 발전하려면

U-CITY는 첨단 IT 기술이 도시건설에 융합된 새로운 도시 모델이다. IT 기술은 가장 역동적으로 발전해가고 있다. 최신 IT 기술을 접목한 새로운 서비

스들을 개발함은 물론 노력과 기존의 서비스를 업그레이드하기 위한 노력이 지속되어야 할 것이다.

또한 정부 주도로 시작된 U-CITY가 자생적으로 성장할 수 있을 때까지 정책적인 지원과 관심이 지속되어야 할 것이다.

근본적으로는 어떻게 하는 것이 시민의 행복한 삶을 지원하는 것인지에 대한 진지한 고민이 바탕에 깔려 있어야 할 것이다. 즉 수요자 입장에서의 고민이 더 있어야 한다.

○ **10년 후 U-City는 이렇게 변화겠다(나의 생각)**

U-CITY의 이름은 어떤 형태로 변할지 모르지만 첨단 IT 기술이 도시건설에 접목되어 시민의 안전과 생활의 편리성을 증대시켜 보다 더 나은 삶을 누리는데 기여할 것이다.

소속 : IT여성기업인협회 부회장

이름 : 이소영 공학박사

제 30회 유시티 협의회 모임을 진심으로 축하드립니다.

u-city는 IT 기술의 통합체로써, 제 2의 산업혁명의 꽃인 IT산업의 최고의 결실이 아닐까 생각합니다.

21세기 기후변화에 따른 에너지고갈, 전력 저감, 탄소 저감을 위한 녹색의 IT 기술은 이제 유시티 가 이루어낸 IT 인프라를 중심으로 새로운 공감과 나눔의 기술로 거듭날 것입니다.

공감의 IT 기술은 함께 만들고, 함께 사용하는 나눔의 기술로써 "HW+ SW+ Network – Triple convergence" (삼중융합)의 총아라 해도 과언이 아닐 것입니다...

대한민국의 u-city 구현은 이미 공감의 IT 기술을 위한 한국형 모델을 이루어 낸 것이며, 차세대 녹색성장 산업을 견인할 핵심 정보 인프라로써 진정한 Green service, Smart service를 제공할 수 있을 것입니다.

이제 u-city에 녹색을 더하고, 사물 간 통신을 위한 스마트함을 무지개색으로 칠한다면 전 세계에서 가장 아름답고, 안락하며, 상상이 현실이 되는 Colorful U-city가 될 것입니다.

Colorful U-city는 최근 화두가 되는 Green city, Smart city의 미래의 모습으로써 IT core 기술로 u-city가 가진 인프라 위에 다양한 서비스 로드맵을 정의하고, 이를 실현하기 위하여 하나씩 하나씩 정성스럽게 기능을 더하고, 나누는 그날! 분명히 현실이 될 것 입니다.

진정한 Colorful U-city 기술이 대한민국 자국의 기술로 구현되는 그날까지 끊임없는 열정과 헌신의 노력으로 함께 하시는 모든 분들께 진심으로 존경과 감사의 인사 올리며, 무궁한 건승을 기원합니다.

※ 12년이 지난 후에도 연락되시는 분의 사용승낙을 받고 원본 그대로 옮겼음을 밝히고자 한다. 현재부터 "10년 후 스마트시티는 이렇게 변화겠다"라는 주제로 다시 한번 도전해 보고 싶은 마음이 간절함은 무엇일까? 다음과 같이 제77회 스마트시티 지자체 실무자 간담회 결과보고를 참고하면 간담회가 어떠한 방식으로 진행되고 있는지를 알 수 있을 것이다.

Smart City의 원활한 업무추진을 위한
제77회 스마트시티 지자체 실무자 간담회 결과보고

☐ 개요

○ (목적) 스마트시티 확산과 산업 활성화 및 유관기관과의 협력 추진 강화, 지자체 스마트시티 추진현황 공유 및 토론을 통한 효율적인 추진방안 모색

○ (일시) 2023. 5. 11.(목) 10:20~16:00

○ (장소) 정부 세종컨벤션센터 중회의실(1F)

○ (참석자) 협의회장, 지자체 공무원, 관계기관, 민간기업 등 총 128인

☐ 세부 일정

구분	시 간		주요내용	비 고
1부	10:30~10:35	5'	1부 개회 및 진행소개	사회자
	10:35~11:30	55'	참석자 소개 * 소속, 성명, 추진사업 및 현황 등	참석자 전원
	11:30 ~ 12:00	30'	시민이 주도하는 지속 가능한 스마트시티 리빙랩 사례	유디아이 최○○ 대표
중식	12:00~13:00	60'	컨벤션센터 인근식당(자율)	
2부	13:00~13:20	20'	성공하는 스마트시티 조성사업의 핵심요소	국토교통부 박○○ 사무관
	13:20~13:35	15'	오산시 '22 스마트타운 챌린지 사례	센코 정○○ 부장
	13:35~13:50	15'	스마트도시 인증제 평가지표 개편 방향	국토연구원 허○부연구위원
	13:50~14:05	15'	주요기반시설 지정 필요성 및 정보보안 관리 방안	한국지역정보개발원 이○○ 책임
	14:05~14:20	15'	국가시범도시 사례(세종, 부산)	LG CNS 진○○ 책임
	14:20~14:35	15'	인구 밀집 시뮬레이션 및 실시간 모니터링 솔루션 통합플랫폼 통합방안	이노뎁 이○○ 상무
	14:35~14:50	15'	혁신제품 등록 소개	하이브시스템 윤○○ 이사
	14:50~15:05	15'	23년 거점형 스마트시티 선정 사례	고양시 최○○ 팀장
	15:05~15:20	15'	23년 강소형 스마트시티 선정 사례	평택시 김○○ 팀장
	15:20~15:35	15'	23년 솔루션 확산사업 선정 사례	보령시 정○○ 주무관
	15:35~15:50	15'	2023 바르셀로나 스마트시티 엑스포 추진현황 및 사례	킨텍스 구○○ 차장
	15:50~16:00	10'	폐회	사회자

▣ **주요 내용**

○ 정부/지자체/업체/리빙랩 스마트시티 사업추진 성과 및 노하우 공유

○ 스마트도시 인증제 개편 방향 및 기초자료 획득방안 안내

○ 주요기반시설 지정 및 정보보안 관리 방안 소개

○ 인파관리 시뮬레이션 솔루션과 통합플랫폼 연계 사례 소개

○ 2023 WSCE 및 바르셀로나 스마트시티 엑스포 참여 안내

■ **참석자 주요 의견 및 발표내용**

○ 참석자 주요 의견
- 스마트시티 전문인력 양성을 위한 민간자격증 도입 필요성 논의
- 스마트시티 전담부서 다변화(정보통신 → 도시계획) 체감 및 스마트도시 계획 수립 중요성 논의
- 행안부 안전개선과 업무 개편에 따른 CCTV 통합관제센터 관련 선제적 재난대응을 위한 법제도 개선 방향 및 지능화 CCTV 사업소개
- 기초 협의회장(오산시 김○○ 과장) 은퇴 및 차기 간담회 운영방안 논의

○ 주요 발표 내용
- 유디아이텍(최○○ 대표)
  - 리빙랩 참여 시민 개인에게 돈을 지급하는 것보단 운영예산 형태로 지급하여 자발적 참여 동기 유발 중요
  - 리빙랩을 통해 시민들이 모일 수 있는 생활 밀착형 거점 필요

- 국토교통부(박○○ 사무관)
  - 스마트도시의 성공사례뿐만 아니라 실패사례를 이야기하는 것도 매우 중요한 일이며, 이를 통해 인프라/전문인력/데이터를 고려, 스마트시티 사업의 지속 가능성, 구체성, 전문성, 확장성을 제고해야 함

- 센코(정○○ 부장)
  - 리빙랩을 통해 제안한 '22년 오산시 스마트시티 챌린지 사례 발표

- 국토연구원(허○ 부연구위원)
  - 스마트도시 인증 및 재인증 일정 안내 및 지자체 부담 경감을 위한 기초자료 획득방안 안내

- 한국지역정보개발원(이○○ 책임)
  - 2년 전 스마트시티 감사 결과 전국 스마트도시 통합운영센터에 대한 주요

정보통신기반시설 지정 필요성이 지적, 올해 4개 추가 지정을 시작으로 향후 10년 내 전체 센터 지정 예정임

- LG CNS(진○○ 책임)
- 세종/부산 스마트시티 국가 시범도시 서비스 사례 소개

- 이노뎁/화이트스캔(이○○ 상무)
- 이태원 참사 이후 인파관리 중요성 부각됨. 지능형 CCTV를 통해 인구를 파악하는 것보단 통신 3사를 통해 유동인구를 먼저 파악한 다음 영상을 보는 것이 효율적이지만 통신 3사 데이터 수급이 어려움
- 평소와 다른 대규모 이동(제야의 종소리 등) 궤적을 나타내는 시뮬레이션을 통해 위험도 측정이 가능하며, 통합플랫폼 연계가 가능함

- 고양시(최○○ 팀장)
- 데이터 허브 활용, 국토 스마트구성, 고양산업진흥원 등 지역 내 기관 협업, 3년 운영관리계획 수립, 리빙랩 이노베이션 센터, 지역기업 육성 등을 제안전략으로 추진함

- 아산시(김○○ 팀장)
- 지역소멸 관련 디지털 오아시스, 선순환 생태계 구축, 기술혁신센터 구축, 광역 사업과 연계, 충남과학재단 등 지역기관 참여, 시장님 발표를 통한 의지 피력, 데이터 허브 연계를 주요 전략으로 제안함

- 보령시(정○○ 주무관)
- 대천해수욕장 특색을 살려 지능형 영상분석, 스마트폴, 스마트버스 정류장을 도입, 안전사고 대응 및 실종아동찾기 서비스를 운영할 것이며, 충남도 데이터 허브 연계 및 리빙랩 운영 예정

- 킨텍스(구○○ 차장)
- WSCE는 세계 2위권의 스마트시티 행사이며, C2C(City to City) 행사 및

시장님 맞춤행사 추진 예정이며, 컨소기업 지원행사 제공 예정
  – 바르셀로나 스마트시티 엑스포는 세계 1위 행사로 한국은 가장 큰 국가관
  을 운영 예정이며, 참여희망 지자체는 신청 가능함

개회사

참석자 소개

발표 사진 1

발표 사진 2

발표 사진 3

발표 사진 4

발표 사진 5

발표 사진 6

개회사   참석자 소개

1. 간담회 성과 및 의미

1) 1회부터 77회까지 간담회의 특징을 지속해서 유지함은, 1부 프로그램으로 참석자 전원이 차례대로, 무대 앞으로 나와, 소속(지자체, 기업 등), 이름(홍길동), 소속의 유시티 또는 스마트시티 추진현황, 개발현황, 궁금한 내용, 행사 홍보 등을 1분여 동안 발표하도록 하여, 참석자 전원이 함께 공유하는 시간과 연락처 교환, 그리고 식비 1만 원으로, 함께 식사를 한 프로그램이 가장 큰 성공적인 운영의 사유라고 할 수 있다.

참석자 현황(총 77회, 총 3, 772명(공무원 2, 731명, 기업 등 1, 041명))
* 직렬별 참석현황 분석
 - 참석자 직렬을 보면, 대부분이 전산직렬, 통신 직렬, 행정직렬이 참석하였다. 이는 U-City 사업 특성상, it 사업이라고 판단하였으며, 또한 U-City 사업을 도시계획이 아닌 it 서비스사업 부서인, 정보통신 또는 재난 안전문이야 부서에서 구축, 운영하는 결과이며, 그렇지만, 2018년 이후, 스마트시티란 법률 명칭이 개정되면서, 점차 도시계획분야에서, 도시기본계획과 관련하여, 관심이 증가하면서, 2020년 이후에는 도시계획분야, 즉 시설 직렬이 참가가 두드러지게 많아졌음도 성과라고 할 수 있다.

2) U-city 및 S-city 구축 운영 활성화를 위한 법제도 개선 및 정보 교류장 마련

3) 2017년 3월 스마트도시 조성 및 산업진흥 등에 관한 법률 공포에 따른 업무공유

4) 2017년 9월 7일 "스마트시티 지방자치단체 협의회" 발족 성과

5) 지자체별 각종 센터 추진현황 및 최근 이슈사항 토의를 통해 사업 효율성 제고

6) 국토부 "통합플랫폼 기반 국민안전 5대 연계서비스" 전국으로 확산하는 장 마련

7) 스마트시티 담당자 교류를 위한 스마트시티 네트워크망 구성으로 교류 활성화

8) 사업 추진 노하우 공유로, 성공적인 스마트시티 사업추진 가능한 기회 제공

9) '09년 유시티에서 스마트시티까지 지속적인 네트워킹과 정보공유 효과, 스마트시티에 대한 관심 유발

(그간 참석인원(기업, 공무원(직렬별)), 공모(정책)사업 추진 시기별 참석률

10) 지자체 공무원의 행정적, 사업적 관점에서의 현장의 소리를 정책 건의한 결과 다수의 정책사업으로 구현되는 성과

- 아쉬운 점 : 지자체장 또는 실국장급 레벨의 간담회 필요 등 국토부 위주의 운영(다부처로 확대 필요)

11) 지자체별 특화 또는 활성화된 서비스를 공유하므로, 타 지자체의 시민 체감 지향형 스마트시티 서비스 추진 촉진 효과

12) 민간기업의 간담회 참여를 통한 공공영역 사업화를 위한 계기 제공 및 기업홍보효과(기업체 입장)

13) 소통, 정보교환, 이슈진단 해결방안 도출, 공공의 혁신적 발전방향모색 등

5. 자발적인 모임인 간담회가 더욱 더 자발적인 모임으로 추진 활성화되기 위하여는 다음과 같이 제언을 드리고자 한다.

1) 간담회 일정 결정 시, 국제 및 국내 스마트시티 동향분석(세계적인 문제 이슈 발생(인공지능을 활용한 챗봇 등))으로, 향후 지자체 및 기업가에게 정부의 정책을 설명할 수 있어야 한다.

2) 참석자의 동향파악, 즉 매회 참석하는 지자체 공무원의 소속(정보통신 분

야, 도시 분야, 환경 분야 등)에 대한 빅데이터 분석(자체)으로, 참석자에게 맞춤식 프로그램을 계획하여야 한다. 그 사례는 다음과 같다

1/4분기	2/4분기	3/4분기	4/4분기
–성공적인 공모사업을 추진하기 위한 전년도 우수사업 소개 및 토론	–환경분야, 화재 등 신기술 소개	–인공지능 관련 정부의 사례 소개 등	–익년의 정부의 정책 방향 설명

3) 단순히 정보와 지식을 전달하려는 간담회가 아닌, 참석자에 대한 정보와 참석자가 궁금한 내용이 무엇인지를 상호 교류하도록 하여야 한다.

최소한 간담회만큼이라도 시간이 아무리 소요되더라도, 참석자가 나와서 본인 소개하는 시간만큼은 꼭

> **타 간담회와 차별점은?**
> 무대에 나와 본인소개와 소속기관의 현재 진행 중인 사업과 왜 참석하였는지를 직접 소개한다는 것.

하여야 하는 이유는, 발표자의 소개시간에는 참석자가 원하는 정보가 공유되는 시간이기 때문이다.

4) 간담회 참석자 서명부는 사회자가 공유할 수 있음을 알려주고, 또한 간담회 장소 입구에는 공간이 있다면, 참석하는 지자체는 스마트시티 관련 홍보용 책자(리후렛 등) 비치와 기업체에서는 간단한 시연, 홍보용 책자 등을 배부 할 수 있도록 한다.

5) 간담회 참석자는 놀러 온다는 개념이 아닌 내가 하나라도 더 배우고자 하는 마음이 들도록 간담회 프로그램에 녹여져야 하는데, 그 방법론 중 하나가 자발적 참여와 점심 식사비라도 참석자들이 갹출하도록 하고(10,000원 정도), 함께하는 식사시간에도 공유의 장을 마련토록 하는 게 제 경험상에 긍정적인 효과였음을 알 수 있었다.

6) 당일 발표자료는 반드시 익일 날 홈페이지 또는 카페에 공지하도록 하도록 한다.

(스마트시티 종합포털(www.smartcity.go.kr)에서 다운로드)

▶ 스마트시티 지자체 협의회는 어떠한 성격인가

이 물음에 대한 대답은 다음 표와 같다. 순수한 자생적인 스마트시티 지자체 실무자간담회라면, 국토부에서 정식으로 협의회로 승격하였다는 것이다.

회차	일시	장소	참석인원(명)	비고
1	2017.09.07	킨텍스 제2전시장 303호실	158명	
2	2018.09.19.	킨텍스 제1전시장 306호실	192명	
3	2019.09.06.	킨텍스 제1전시장 306-7호실	300명	
4	2021.09.09.	킨텍스 제1전시장 303호실	44명	코로나 중단 (2020년)
5	2022.08.31.	킨텍스 제1전시장 306호실	116명	
6	2023.02.28.	호텔 나루 서울 볼룸2	174명	
7	2023.09.07.	킨텍스 제1전시장 212-213호실	158명	
계			1, 142	

『스마트시티 지자체 협의회 및 간담회』개최 실적

1. 지자체 협의회

1-1 제1회 스마트시티 지방자치단체 협의회

□ 행사개요

 일   시 : '17. 9. 7. (10:00~12:00)

  - 장   소 : 킨텍스 제2전시장 303호실

  - 주최/후원 : 협의회/국토부, KAIA, LH, 스마트도시협회

  - 참 석 자 : 지방자치단체 공무원, 국토교통부, 스마트도시협회, 관
련 업체 등 158명 참석

 ※ 협의회 가입 지자체('17.9.20 기준) : 84개 지자체(광역 17개, 기초 67개)

□ 주요성과

○ 주요 내용

- 지자체 협의회 발족식, 지자체 협의회 운영지원안내 및 우수사례 청취

  - MOU 체결(협의체, 국토부, 국토연, KAIA, LH, 협회)

○ 행사 사진

MOU 체결

스마트시티 우수사례 청취

1-2 제2회 스마트시티 지방자치단체 협의회

■ 주요성과

○ 주요 내용

　– 지자체 협의회 정기 개최, 정부 스마트시티 정책 및 우수사례 청취

　– 협의회 활동보고 및 대정부 건의 등

○ 행사 사진

도시정책관님 인사 말씀　　　　　　　　　　질의응답

1-3 제3회 스마트시티 지방자치단체 협의회

■ 주요성과

○ 주요 내용

　– 스마트시티 정책 소개, 협의회 활동보고 및 지자체 건의 발표

　– 스마트시티 우수사례, 스마트시티 솔루션마켓 등 발표

○ 행사 사진

스마트시티 정책 발표 – 국토부　　　　　　　행사장 전경

1-4 제4회 스마트시티 지방자치단체 협의회

■ 주요성과

○ 주요 내용

- 지자체 협의회 정기 개최, 정부 스마트시티 정책 및 우수사례 청취
- 협의회 활동보고 및 발전방안 논의
- 융합 얼라이언스 연계 방안 발표
- 규제 샌드박스 정책 및 스마트시티 지자체 우수 사례(안양시, 서산시, 은평구) 발표

○ 행사 사진

스마트시티 정책 발표 – 국토부

스마트시티 지자체 협의회 발전방안

1-5 제5회 스마트시티 지방자치단체 협의회

■ 주요성과

○ 주요 내용

- 지자체협의회 운영 및 발전방안 논의
- 스마트시티 지자체 특화 교육 운영방안 발표 및 논의
- 스마트도시 인증제 소개 발표
- 시티챌린지 우수솔루션 소개 발표

○ 행사 사진

스마트시티 발전 방향 토론

스마트도시 인증제 소개 – 국토연구원

1-6 제6회 스마트시티 지방자치단체 실무 협의회

■ 주요성과

○ 주요 내용

- 스마트시티 지자체 추진사업을 위한 전략 가이드 안내 1 & 2
- '23년 스마트도시계획과 데이터 허브 활용방안
- 지자체 대상 Open & Agile Smart City(OASC)를 통한 해외 진출 절차 안내
- 스마트시티 지자체 실무자 역량 강화 교육 안내

○ 행사 사진

스마트도시계획과 데이터 허브 활용방안   단체 사진

1-7 제6회 스마트시티 지방자치단체 실무 협의회

※ 협의회 가입 안내

○ 가입자격 : 스마트도시 추진 광역·기초지방자치단체
○ 가입절차 : 스마트시티 지자체 협의회 가입 신청 공문 제출
○ 접 수 처 : 한국 스마트도시협회(www.smartcity.or.kr)
○ 신청방법 : 이메일 또는 우편 접수

  3) 국토부 등 유관기관 협의회 지원을 위한 각 유관기관의 역할은 다음과 같다
- (국토부) 스마트시티 주요 정책 방향 공유, 정책의견 수렴 등
- (국토연) 국내외 스마트시티 정책 동향 소개, 수준진단 및 인증 등
- (KAIA) 스마트시티 R&D, 지자체 실증사업 수행
- (LH) 스마트시티 구축사업, 시민체감형 서비스 적용

- (협회) 월간 국내외 스마트시티 동향 제공, 통합플랫폼사업, 인력양성사업 지원, 회원사를 통한 기술지원, 협의회 운영지원 등

4. 협의회 성과 및 의미

1) 스마트시티 지자체 간담회를 1회(2009.6)부터 60회(2017.7)까지 운영하면서, 아쉬운 부분이 스마트시티에 관심을 갖는 지자체 담당자는 스스로 참석하지만, 정작 정부에서 추진하고 있는 스마트시티 정책에 대한 설명을 간담회에서 발표 좀 해 주기를 간청하는 형태로 운영하는 것이다. 이를 해결하는 방안이, 간담회를 협의회로 승격하여, 공식적인 행사로 진행하는 것이었다.

다행히 '17년 당시 지봉현 사무관님의 적극적인 협의회 구성에 대한 추진으로, 월드 스마트시티 엑스포 2017년 행사와 함께, 제1회 스마트시티 지자체 협의회를 지방자치단체 공무원, 국토교통부, 스마트도시협회, 관련업체와 함께 개최하게 되었다.

당일 참석한 지자체가 광역 17개, 기초 67개 등 총 84개 지자체가 협의회에 가입함으로써, 간담회는 자율적 참여로 월 1~2회, 수시 또는 상시 운영하고, 협의회는 협의회 가입 지자체 대상으로 연 1회 WSCE 행사와 함께 운영하게 되어, 그동안의 아쉬운 부분을 해결할 수 있어, 그 동안의 간담회를 이끌어 오면서 바람이 이루게 되어 그 의미는 매우 뜻깊었다.

2) 주요성과로는, 스마트시티 구축·운영을 추진하고 있는 지방자치단체 간 협의회구성과, 유관기관과 상호 협력 및 지원을 위하여, 협의회, 국토부, 국토연, KAIA, LH, 협회가 협의회 운영지원을 위한 MOU 체결로, 연속성 운영을 위한 토대를 마련하였다는 데 있다.

5. 향후 추진 활성화를 위한 제언

1) 협의회는 1년에 1회 또는 필요 시 열리는 만큼, 정부에서 협의회를 통하여 전달하고픈 정책과 사업설명을 하여 주고, 또한 협의회 참석자 대상으로 설문조사 와 사업 추진과정 노하우 및 모범사례 및 실패사례 공유 필요 등 공유의 장을 만들어 주어야 한다.

2) 지난 유시티 사업 및 스마트시티 사업은 민, 관, 학, 연에서 주도적으로 추진하였다면, 앞으로는 문화, 종교 등 사회 전반적인 관심사를 유도하는 정책과

지자체 실무자 간담회 및 협의회 개최 결과 건의사항 정책 반영을 하여야 할 것이다.

3) 협의회 가입된 지자체 대상으로는 가입에 대한 효과로 정책지원을 위한 서비스를 검토하여, 미 가입된 지자체도 회원으로 가입되어, 상기 협의회가 발전될 수 있도록 하여야 한다. 그 예로 정책지원 서비스로는 "적극적인 참여와 제안을 하는 지자체에는 상훈과 상여금 등 후원" 등을 할 수 있을 것이다.

4) 월드 스마트시티 엑스포(wsce)와 동시에 개최되는 만큼 2층 회의실에서는 세미나, 1층 전시실에서는 협의회 부스를 정부가 지원하여, 희망하는 협의회 가입 지자체가 홍보 및 자랑할 수 있는 프로그램을 지원하면, 막대한 비용을 들지 않고도, 참여할 수가 있고, 그 에 따른 부수적인 효과로 참여 단체장이 참석 및 관심을 유도할 수 있어 그 효과가 지대하리라고 주장한다. 부스 명칭 : 스마트 시티 지자체 협의회 마당놀이터(안)

5) 협의회 진정한 목적은 "만남", "공유", "사업화"라고 생각된다. 지금까지 협의회 운영하면서 아쉬운 점이 1층 전시장과 동선이 먼 2층 회의실에서 열리면서, 각자 따로따로라는 생각은 나만의 주장이 아니고, 참석 분들의 공통된 이야기이다. 그 해결책으로 제시하고자 하는 것은 요즘 전시회, 박람회 등에서 실시하고 있는 1층 전시관과 근접된 공간에서 한다. 가능하다면, 협의회 목적을 달성할 수 있는 공간배치를 하였으면 한다.

6) 협의회 개최 시 주요부서인 국토부 외에서 추진하고 있는 각 부처의 스마트시티 사업 추진 공동발표와 공모사업 공유와 설명회도 필요로 한다. 또한, 협의회 개최 시 우수지자체 기관 표창(시상금) 및 우수관계자 표창(장관 이상)과 해외 벤치마킹 기회 제공도 제공하면, 지속 가능한 협의회로 발전되리라고 확신한다.

7) 협의회 개최 공문발송은 국토부 도시경제과에서 주관(민, 관, 학, 연, 해외 등 조율)하며, 지자체 협의회 추진체계 및 분과위원회 구성 운영 활성화를 위한 정부 지원으로 스마트도시협회(법정단체)의 활성화를 도모한다.

▶ 센터 견학 프로그램 운영이 정말로 효과가 있나

1. 스마트시티 통합운영센터 견학 프로그램 운영으로 본 발전방안
1) 스마트시티 통합운영센터 견학 프로그램

① 배경

2013년 7월경 오산시 유시티 통합운영센터 건축 준공됨에 따라, 오는 12월 2일 개관식을 준비하던 중, 첫 방문자는 오산시 아파트연합회 등 방문으로 총 17회 152명이 방문하였다. 방문자 현황을 보면, 시민, 공무원, 기업, 대학생 등으로 센터가 어떤 모습인가가 제일 궁금해서 방문 목적이었다.

오산시 U-City 통합운영센터 견학실 운영 현황

방문일시	방문자(회사)	직종	목적	인 원		비 고	
				현 원	누계		
2013.08.23	apt 연합회장	시민	시설물견학	1	1	1	
2013.08.23	보령시	공무원	센터구축 관련	4	5	2	
2013.08.21	화성동부경찰서장	공무원	현황 및 애로사항	4	9	3	
2013.07.04	개인택시조합	시민	시설물견학	1	10	4	
2013.08.27	평택시	공무원	센터구축 관련	2	12	5	
2013.08.28	지트론	기업인	시설물견학	3	15	6	
2013.09.08	자연보호협의	시민	시설물견학	3	18	7	
2013.09.23	운암예술단장	시민	시설물견학	2	20	8	
2013.10.22	재향군인회	시민	시설물견학	1	21	9	
2013.10.25	안양대학교(도시 정보 공학)	대학생	센터견학	52	73	10	
2013.11.07	나주시	공무원	센터견학	5	78	11	
2013.11.09	화성시	공무원	센터견학	2	80	12	
2013.12.03	도로교통공단	공사	센터견학	3	83	13	
2013.12.04	화성시	공무원	센터견학	5	88	14	
2013.12.05	티브로드(우리 동네 정보통)	언론인	센터촬영	1	89	15	

| 2013.12.15 | 온고당(설계업체) | 건축사 | 시설물견학 | 11 | 100 | 16 | |
| 2013.12.18 | 신규공직자 | 공무원 | 센터견학 | 52 | 152 | 17 | |

또한 2013년 12월 2일 오산시 유시티 통합운영센터 개소식에 시장님, 서장님을 비롯한 시민들 약 250여 명이 참석하는 등 센터에 대한 관심도 많고, 기대도 많다는 사실을 확인하는 기회가 되었다.

사진:오산시 U-City 통합운영센터 개소식 장면

② 견학 프로그램 운영결과

– 생각이 깊어지기 시작하였다. 견학 프로그램을 본격적으로 운영하여야 하나? 아니면 방문을 원하는 분만 오시면 설명을 할까?

– 아니다. 본격적으로, "오산시 U-City 견학 프로그램"을 운영하여 보고, 업무분담에 "견학 프로그램 운영"을 추가하기로 결정하고, 2014년부터 2024년 현재까지도 운영되고 있다. 그 과정을 아래 표로 설명을 하고자 한다.(주요방문자 대상)

년도	주요 방문자 현황		의미
2014년	시	통장단, 주민자치위원회, 명예시장, 시의원, 명예의 장, 여성예비군, 상가번영회, 여성단체협의회, 운천고, 오산소방서, 오산정보고, 외국인자율방범대, 매홀고, 성호고, 오산초중고 안전부장 선생님, 지역아동센터 어린이, 세교중, 중 예비군 중대장, 탐방학교, 민방위대원, 오산시 아파트연합회, 시민기자단 등)	– 내 동네 설치된 CCTV 역할과 기능이해 – CCTV 기능과 역할체험으로 안전한 학교생활 도움 – u-city 개념과 4차산업 신기술 간접체험으로 미래직업 탐구기여 – u-city 관리론에 대한 현장 수업 진행 – 안전한 오산에 살고 있다는 자부심 고양 – 타 지자체의 모범모델로 부상 – 안전 오산시 홍보효과 상승 등 – 새내기공무원에게 센터의 중요성과 예산, 조직 등 이해로, 향후 센터를 이해하는데 매우 큰 역할을 함
	공무원	안행부, 평택, 원주, 수원, 파주, IFEZ, 경찰서, 평택지방해양항만청, 경기도, 경북도청, 김포시, 대전시, 강서구, 국방부, 매홀고, 화성시, 남양주, 화성동부경찰서장, 시흥, 경상시, 안성시, 51사단, 김천시, 화성·오산 교장 선생님협의회, 새내기공무원, 남양주시 등	
	기타	교통 관리공단, 넷크로스, 협회, LH공사, 농어촌공사, 안양대학교, 새눈, 공간정보, 한신대, 온두라스연수단, 동탄 예당고 동아라.한국가스안전공사, 한화, 인도네시아, 안양대, 한국지질자원연구원, 중국위혜시, 국토연구원, 경북개발공사 등	
	총 192회 3,043명		
2015년	시	시민 가족, 재외동포, 어린이집, 지체장애인협회, 새터민, 매홀고 1학년 전체 학생, 매홀중 선생님, 탐방학교, 화성오산교육지원청, 세교고, 운천중, 녹색어머니회, 어머니폴리스, 오산정보고, 수원어린이집, 집수리봉사단, 학부모 폴리스, 신부님, 성호중, 운천고,	–봉사순찰단체의 관제센터의 역할과 중요성을 인지 후 봉사활동에 도움 –안전도시 조기 정착, 보안개념 정립 –진로진학 전문가를 현장체험으로 미리내일의 직업에 설계 방향 제시
	공무원	군인, 경찰관, 소방관, 국토부, 행자부, 양주시, 경기도 감사관, 서산시, 충주시, 김천시, 용인시, 평택시, 청주시, 의정부시, 과천시, 구리시 등 새내기공무원 등	
	기타	이글루시큐리티 연구원, 남동발전, 두원전자통신, kt, 중부발전, 인천공항, SK 하이닉스, 중남미 공무원, 수원 스카이지역아동센터, 베트남 꽝남성 대표단, 콜롬비아, LH공사, 일본 히터가 시, 삼천리도시가스, 연세대 대학원, 국토연구원 등	
	총 212회 3,733명		

년도	주요 방문자 현황		의미
2016년	시	안전어머니협회, 시민 가족, 명예시장, 매홀고, 세교고, 오산 시민기자, 자율방범대원, 탐방학교, 명예시장, 어린이집, 비행 청소년, 학부모연합회, 인재개발원, 새터민,	-영상 보안장비 시험인증 현장확인차 -국내기업 해외진출 활성화 기여 -청소년 선도를 위한 견학 프로그램 운영 -순수한 청소년들이 작은 실수라도 하면 안 되겠다는 사후 예방적 효과기대 -수원시, 화성시 미리내일학교에서도 오산시 미리내일학교 벤치마킹사례
	공무원	평택시, 금산군, 화성 동부서 서장. 오산소방서, 평택시, 의성군, 양주시, 구로구, 파주시, 연천군, 목포시, , 세종시, 부안군, 경기도, 안성시, 의정부시, 부산 동래구, 성동구, 강릉시, 화성송부경찰관, 새만금개발청, IFEZ, 의정부, 구리시, 강릉시, 국방보안연구소, 익산시, 순천시, 광주광역시, 새내기공무원, 새만금	
	기타	도로교통공단, 서울시설관리공단, 안양대, 한국정보통신기술협회, 삼텍회사, 낫, 문엔지니어링, 한전원자력연료, 폴란드, 중국, 이란, 송탄시민, 필리핀, 화성시미리내일학교, 한국지역정보개발원,	
	총 204회 3,608명		
2015년	시	오매장터협동조합, , 어린집, 학생, 시민의원, 통장, 탐방학교, 시민가족, 통장단, 오산대학교, 진로코치선생님, 명예시장, 비행청소년야간견학, 매홀고, 운암고, 이주노동자, 미리내일학교, 자율방범대야간견학 등	-수원권선구 청소년 방문시 사전 질문지 작성(붙임참조)으로 효율적 견학 -전국 최초 진로체험기관 인증받음 -도시교통분야의 서비스 체험 -인근 시 중학생 벤치마킹 선도
	공무원	오산소방서, 화성동부경찰서, 환경과, 부산시동래구청, 인천계양구청, 광주광역시 북구의회, 경기남부경찰청, 행자부, 112상황실, 홍성군, 화성시, 전주시, 새만금, 성동구, 삼척시, 김해시, 고양시, 오산시선생님, 시흥시, 의왕시, 원주시, 수원시, 양수지, 새내기, 해남군, 국립공원관리공단, 서울시, 천안아산시, 의왕시, 광주시,	
	기타	영동군청 매곡면 이장단, 쿠도, 치안과학기술연구개발사업단, 기업체, 스마트재능기부단, 건기연, 도로교통공단, 세오, 스마트도시협회, 수원권선구청소년수련관, 국토연구원, 베트남, 화성시봉담중학교 학생, 퇴임교장선생님, 화성 청계, 푸른, 기산중학교 학생, 폴란드기업인, 말레이시아기업인, 대만,	
	총 201회 3,317명		

2018년	시	어린이집, 시민가족, 지역아동센터, 목사님, 탐방학교, 오매장터감독, 성심학교, 오산대, 오산정보고, 통장단, 운천중, 백년시민대학, 방범대원, 오산 안전모니터링 봉사단, 시민감사관, 느낌표학생단, 얼리버드학생,			−내포신도시 기반시설 운영 문제점 해결방안 제시 −지능형CCTV 및 안면인식시스템 운영현황 체험 −위치추적 중앙관제센터방문으로 관제센터와 영상정보 연계 동기부여
	공무원	화성동부경찰관, 인천계양구, 구미시, 하남시, 위치추적중앙관제센터, 강원도청, 나주시, 경기남부청장, 경기재난본부, 원주시, 부산수영구청, 의왕시, 울산중구, 천안시교장단, 경기도, 경찰인재개발원			
	기타	베트남꽝남성, 한국안전실천안전지도사, 쇼박스, 대우정보시스템, 일리시스, lh공사, 국토연구원, 연세대, 광교청소년센터, k−water, 이노뎁, 일본기업인, kt, 베트남꽝남성 예술단, 고양시협의회, 유한대학교, 일본히다카시청소년 축구단, 안양대, 스마트도시아카데미회원			
		총 197회 2,761명			

년도	주요 방문자 현황		일시	인원(명)	의미(주요방문자)
2019년	시	어린이집, 시민, 오산교육재단, 치매방지센터, 오산농협, 자율방범대원, 오산시초등학교선생님, 탐방학교, 성심학교, 오산민간기동여성순찰대,			−센터 시스템과 관련 연구원방문으로, 연구한 제품이 현장에서 어떻게 사용되는지와 문제점 및 개선사항을 논의
	공무원	한국수자원공사, 오산경찰서, 강동구청, 의왕시, 위치추적중앙센터, 군포시, 장흥군, 경기도, 의왕시, 동해시, 금산군, 국회입법조사처, 기재부, 완주군, 청주교도소, 부천시, 개인정보정보위원회, 파주시, 과천시, 수원시, 화성시, 부산시, 군포시, 양천구, 진주시, 새내기공무원, 송파구, 국토지리정보원, 김포시			
	기타	삼천리도시가스, 원우이엔지, kt, kaist대학원생, 다음소프트, 네이버시스템, sk건설, 시립대학교, 수오건축사, 한국산업단지공단, 무민건축사, 한국디자인진흥원, 인텔리빅스, 경기대학교 등			
		총 195회 3,192명			

2020년	시	코로나19로 견학중단			−최소인원과 방역수칙 준수 −광운대학교와 오산시 MOU 체결
	공무원	코로나19로 견학 중단			
	기타	한일에스티엠, 플럭시티, 전자부품연구원, 현대엔지어링, 코어엣지네트웍스, 건축도시공간연구소, 삼천리, cj올리브네트웍스, 도화엔지니어링, 광운대학교 이사장, 한국인터넷진흥원, 연세대학교 등			
		총 201회 3,317명			

2021년	시	오산경찰서, 오산소방서,	−견학 최소인원(마스크착용) 방문 −배우려는 열정만큼은 어떠한 어려움도 문제가 되지 않음을 알게 된 21년도였음
	공무원	안성시, 법무부, 천안시, 새내기공무원, 과천시, 서산시	
	기타	연세대학교, 한국교육시설안전원, 서울대대학원생, 새만금개발공사, 경북개발공사, etri, lg,	

총 34회 183명

2022년	시	아동복지센터, 탐방학교, 어린이집, 외국인자원봉사단, 민간자율방범대, 탐방학교,	−공무원의 지속적인 방문, 스마트시티통합운영센터의 효율적인 운영이 얼마나 중요한가를 증명하는 한 해였음
	공무원	법무부수원보호관찰소, 화성시, 고양시, 원주시, 새만금개발청, 서울시, 시흥시, 양평군, 의왕시, 화순군, 이천시, 양천구, 의왕시, 울산중구, 경찰청, 홍천군, 법무부	
	기타	인천도시공사, 인터넷진흥원, 안양대, 서울벤처대학원, 한국지능정보사회진흥원, 한국수자원공사, 세르비아, 베트남, 성균관대학원생등	

총 62회 899명

2023년	시	오산경찰서장, 지역사회보장협의체,	−이태원참사로 인한 사회적 이슈만큼오산시 센터가 빛나는 한 해였음을 증명함 −해외 공무원 방문자의 맞춤식 견학 프로그램의 중요성을 인식
	공무원	기상청, 경기도, 행안부, 울주군, 남양주, 충북, 동대문구청, 행안부, 화순군도시과, 행안부재난안전본부장, 김포시, 화성시, 국무조정실, 화가평군,	
	기타	아제르바이잔, 국립공원공단, kisa, 한국환경기술원, 한국인터넷진흥원 등	

총 47회 788명(2023.9 현재)

총 1,430회, 22,042명 방문하였다.

합 계		2013년		2014년		2015년		2016년		2017년		2018년		2019년		2020년		2021년		2022년		2023년	
횟수	인원	횟수	인원	횟수	인원	횟수	인원	횟수	인원	횟수	인원	횟수	인원	횟수	인원	횟수	인원	횟수	인원	횟수	인원	횟수	인원
1,430	22,042	17	152	192	3,043	212	3,733	204	3,608	201	3,317	197	2,761	195	3,192	69	366	34	183	62	899	47	788

③ 진행시나리오 (2013년 초기)

진행 하면서 동영상은
동영상 효과는 말하는 것
보다 8배가 효과가 크다고
한다.

진행 시나리오(견학실 큐)

GIS 맵 표출한다	: 오산시 지도를 위성/지도를 교대로 표출
학교 CCTV 현황도를 보여준다	: 사전에 방문자 학교를 알고 클릭해서 1채널로 보여준다
공원 CCTV 현황도를 보여준다	: 학교근처 공원cctv를 보여준다
방범 CCTV 현황도를 보여준다	: 학교 근처 방범 cctv를 2~3개
교통정보 CCTV 화면 표출한다	: 세마대 교통cctv를 보여준다
투망감시 기능을 표출한다.	: 오산시 전체 맵에서 1곳 선정투망감시
경로추적 기능을 표출한다	: 경로를 설정하여 보여준다
3D 센터시설물 표출한다	: 센터 3D건물 밖에서 안으로 cctv
혹시 질문시 대비한다	
수고하셨습니다	

2013년도 이후 매일같이 견학 프로그램을 진행하면서 저자 스스로가 진행시나리오가 변화되고 있음을 알 수 있었다. 센터 서비스별로 동영상과 센터 운영성과에 대한 보도자료 및 홍보 동영상을 활용하기 위한 촬영시나리오도 작성하기 시작하였효.

특히, 기억에 남은 견학은 아래와 같다.

가) 직접 학교를 방문! 사회과목 "유비쿼터스 사회" 체험을 위한 현장교육을 실시하겠다고 설득하는 사례

매홀고등학교 전 학년 견학	유시티 담당
- 1, 2, 3년 연차별 견학-	김영혁(7361)
	'16. 03 25

▶ 개 교 : 2014년 3월(첫 1학년 입학)

▶ 학생현황 : 1,065명

　　－1학년 : 320명

　　－2학년 : 396명

　　－3학년 : 349명

▶ 주요 내용 : 사회과목 수업 시, 학교에서 센터로 이동하여 학습

　　－U-City란? 학교 주변 CCTV 영상보기, 비상벨체험, 교통시스템 체험 등

■ 견학실적 : 총 1,065명

－2014. 6. 2~6. 5 : 10개 반 349명

－2015. 3. 24~3. 26: 10개 반 396명

－2016. 3. 22~3. 25 : 10개 반 320명

■ 견학효과

○ 매홀고등학교 전 학년 대상으로 안전체험을 함으로써, 청소년기의

　학교폭력에 대한 예방효과와 대처능력을 키워 안정적인 학교생활에 도움이 됨

나) 화성시/수원시 중학교 진로체험 요청

2016 화성시 진로체험 관광버스

기 관 명	【오산시 U-CITY 통합운영센터】
프로그램명	"우리의 안전지킴이! 유비쿼터스"
주제분야	1.미래직업분야 2.사회적경제분야 3.공공기관분야 4.문화예술분야 5.학과체험분야
체험유형	☑ 현장직업체험형 □ 직업 실무체험형 □ 현장견학형 □ 학과체험형 □ 강연형(직/간접)
지역분류	□ 1권역: 동탄동 □ 2권역: 진안동, 반월동, 기배동, 화산동, 병점동 □ 3권역: 봉담읍, 향남읍, 정남면, 양감면 □ 4권역: 우정읍, 비봉면, 팔탄면, 장안면, 마도면, 송산면, 서신면, 남양면, 매송면 ☑ 기타지역: 수원, 오산, 용인

활동목표	－도시공간에 유비쿼터스 기술을 구현한 오산U-CITY통합운영센터를 통하여 미래도시에 대해 알아볼 수 있다.(ITS 지능형교통시스템, GIS 지리정보시스템, BIS 버스정보시스템, CCTV, U플래카드, 미디어보드 등) －유비쿼터스 관련 기술과 사물인터넷의 융합을 통한 효율적 도시관리 시스템을 알아보고 관련 직종에 대해 알아본다. －전국 최초로 신, 구도시를 통합하는 U-CITY통합운영센터를 구축한 당 센터의 여러 가지 기능을 알아보고 센터 내 관련 직업군들을 탐색해 볼 수 있다.

대상인원	중학생 30명	운영시기	사전협의(월요일)
활동장소	오산시 내삼미로 80-7	담당자	센터장 김영혁
소요경비	무료	연락처	031-8036-0000

활동계획	▶프로그램 내용

구 분		소요시간		주 요 활 동
활동계획		10분	소개	센터소개 및 회사관계자소개
		20분	센터 기능 소개	PPT를 활용한 U-CITY와 유비쿼터스에 대한 이해 －관제상황실에서 하는일 －센터 내 직업군 소개 (행정공무원, 경찰관, 네트워크전문가, CCTV엔지니어, 신호제어전문가등)
		50분	센터 투어	－비상벨 누르면서 통화하기 －본인 모니터요원 실습 －버스정보시스템 구조이해 －센터주위기반시설 체험 (주정차, 신호제어, BIS, 공원내 CCTV, 비상벨 체험 등)
		20분	Q/A 사진 촬영	U-CITY와 관련 직업군에 대한 궁금한 점 질문 답변
	사후활동	20분		－U-CITY 관련 미래직업군 직업퍼즐 풀기 －소감발표

다) 수원시 곡선중학생들이 센터 견학하기 전에 사전질문내용으로 견학 시 활용한 사례

오산U-CITY통합운영센터 곡선중 사전질문지

순번	질 문 내 용	질문자
1	멘토가 되려면 어떻게 하나요?	이**
2	스마트시티는 일상생활에서 무엇을 도와주나요? 오산유시티는 누가 건설하였나요?	주**
3	미래는 어떻게 바뀔 거라고 예상하시나요? 인공지능이 많아지면 어떤 점이 좋을까요?	김**
4	모든 사물이 상용화되면 안전사고가 나면 어떻게 되나요?	정**
5	오산유시티 에는 언제부터 계셨나요? / 어쩌다가 멘토선생님이 되셨나요?	금**
6	스마트시티는 우리에게 어떤 영향을 끼치나요?	최**
7	미래의 CCTV는 어떻게 되나요? 오산유시티 통합운영센터는 주로 무엇을 하는 곳인가요? 인공지능은 어떤 존재인가요?	김**
8	무슨일을 하시는 분이세요? / 왜 자꾸 새로운 제품을 만드는지요?	박**
9	오산유시티 통합운영센터는 누가 건설하였나요? 언제쯤 첨단기술의 물건이 우리에게로 오나요?	신**
10	스마트시티가 우리에게 어떤 도움을 주나요?(편리함)	임**
11	CCTV로 인해 어떻게 사람들이 편리하나요? U-CITY와 SMART CITY가 뭔가요?	최**
12	이곳에선 무슨 일을 하나요?(오산 U-CITY의 하는 일/ 역할)	이**
13	오산유시티 통합운영센터를 만든 계기는 무엇인가요?	봉**
14	인공지능 등 사람이 하는 일을 기계가 하면 미래엔 어떤 직업이 있을까요? 이제 곧 스마트시티인가요?	이**
15	여기는 뭘 하는 곳인가요?	신**
16	스마트시티의 좋은 점은 무엇인가요?	이**
17	센서가 무슨 원리인가요? / 유비쿼터스를 만들기 시작한 계기는 뭔가요?	임**
18	미래에 이 기술들이 어디까지 발전할까요? 만약 이 직업이 사라지면 왜일까요? 유비쿼터스는 무엇인가요?유시티 가 스마트시티로 바뀌고 있는데 안 좋은점이 있나요? 유시티 는 어떤 장래희망을 가진 친구에게 도움이 되나요?	이*ㅍ
19	유시티 가 스마트시티로 바뀌고 있는데 안 좋은점이 있나요? 유시티 는 어떤 장래희망을 가진 친구에게 도움이 되나요?	노**
20	이 체험을 하면 어떤 도움이 되나요? / 가르치면서 어떤 생각을 하시나요? 유시티 는 무엇을 하는 곳인지 상세하게 알려주세요	강**

21	이 직업을 선택하신 이유는 무엇인가요? 저희한테 설명해주시는 것 다 외우신 건가요?	이**
22	스마트시티가 정확히 무엇인가요?	구**
23	인공지능은 왜 있는 걸까요? / 앞으로 인공지능이 어떤 도움이 되나요?	장**
24	유시티 는 무엇을 하기 위해서 건설되었나요?	진**
25	미래에 사라질 것 같은 직업은 무엇인가요? 그 이유는요?	홍**
26	만약 인공지능이 생기고 많은 발전이 생긴다면, 과학자 같은 직업들도 크게 줄어들 것 같은데요. 그럼 누가 로봇을 만드나요?	권**

라) 청소년 선도를 위한 견학 프로그램 운영

교육도시 City of Education Osan 오산	비행 청소년 선도를 위한 견학 프로그램 운영계획	유시티 담당 김영혁(7361) '16. 06. 27

■ 운영계획
▶ 목적 : 청소년의 경미한 범죄 등에 대한 인식변화를 위하여 센터를 견학함으로써 향후 예방적 차원에서 실시함
▶ 운영계획
• 주관 : 화성동부경찰서 여성청소년과
• 대상 : 비행 청소년
• 기간 : 2016. 6~지속적으로(매월 1회, 토요일)
• 프로그램 운영 : 유시티 센터
센터 체험(비상벨, 쓰레기투기, 이상 음원 CCTV), 경로추적

■ 운영실적 : 1회
▶ 일시 : 2016. 6. 25.(토) 16:30~17:10
▶ 대상 : 총 10명(청소년 7, 경찰 3)
▶ 견학 후 반응(화성 동부서 협조)
• 신기하였다. 그 정도인 줄 몰랐다. 앞으로는 행동에 조심하여야겠다 등)

■ 청소년 선도를 위한 견학에 대한 의미
– 청소년 선도를 위한 견학 프로그램 운영(전국 최초)
– 순수한 청소년들이 작은 실수라도 하면 안 되겠다는 사후 예방적 교육효과

■ 향후계획
▶ 지속적인 운영을 위한 프로그램 개선사항에 대한 토의 (화성동부경찰서 여성청소년과 및 유시티 센터)

마) 담당 경찰서에 신입/전입 경찰관 대상 업무향상 견학 프로그램 운영

	현장 경찰관 업무향상을 위한 견학 운영	유시티 담당 김영혁(7361) '16. 7. 26

■ 지역경찰 순찰 요원 운영현황

◯ 운영 계획

▶ 기간 : 7.5(화) ~ 7.26(화) 9:30

▶ 대상 : 관내 지구대 경찰관 14팀 (200여 명)

▶ 프로그램 운영 : 유시티 센터

  ─센터 체험(비상벨, 쓰레기 투기, 이상 음원 CCTV), 경로추적, 효율적 공조 필요성 등

■ 운영실적

▶ 운영 일정 : 13회 63명

  ─ 견학팀 : 오산 1, 2, 3, 4팀 / 중앙 1, 2, 3팀 / 세교 1, 3팀 / 월동 1, 2팀

총계	5일	7일	8일	11일	12일	13일	14일	18일	19일	20일	21일	22일	25일
63명	15명	8명	3명	2명	7명	4명	2명	5명	2명	5명	2명	4명	4명

▶ 견학 후 반응

  • 참 잘 왔다. 이렇게까지 되어 있는 줄 몰랐다. 모든 경찰관이 와야겠다 등

■ 향후계획

▶ 지속적인 운영을 위한 프로그램 개선사항에 대한 토의

  (화성동부경찰서 생활안전과 및 유시티 센터)

바) 오산시에 거주하는 외국인 대상 안전체험 프로그램 운영

U-City 통합운영센터
- 외국인 등록 견학 보고 -

유시티 담당
김영혁(7361)
'16.11.10

■ 외국인 등록현황

○ 행정동별 등록 외국인 수(2016.7월 말 기준)

　등록외국인 : 8,005명

■ 등록 외국인 견학 실적(2016년 11월 현재)

○ 다문화 견학 실적 : 8회 109명

▶ 견학대상 : 외국인자율방범대, 결혼이민자, 다문화가정, 재외동포인, 새터민 및 자녀 등

■ 등록 외국인 대상 견학계획

▶ 일　시 : '16. 9월~12월

▶ 협조기관 : 화성 동부서 외사팀, 다문화센터, 각 동 등

▶ 문제점 및 대책

– 다문화센터 : 한글 교육과정 중에 센터견학(11.16 예정)

– 화성 동부서 : 등록외국인 단체 등 모임 시 견학 등 협력

–일과 후 야간 견학 실시 : 다문화가족이 함께 야간견학

–교회 목사님 견학(10.11) 후 외국인 견학 협조 요청

– 이OO 씨(베트남) 견학(3회) : 가족 단위 견학협조 요청

■ 향후 계획: 2017년도 다문화센터 교육과정 신설(견학)

　(다문화센터장과 협의)

사) ASEN 교통공무원 대상 견학(질의와 토론이 많음)

 **'17년도 ASEAN 교통공무원**
-산업 시찰 시 센터 견학-

유시티 담당
김영혁(7361)
'17. 7. 3.

■ 산업 시찰 현황

○ 연 수명 : 2017년도 ASEAN 교통공무원 초청 연수 과정

○ 주관 및 시행 : 국토교통부, 교통안전공단

○ 기간 : 2017. 7. 3~14(11박 12일)

○ 대상 및 인원 : 회원 10개국 등

○ 국가 : 브루나이, 캄보디아, 인도네시아, 라오스, 말레이시아,

　미얀마, 필리핀, 싱가포르, 태국, 베트남

■ 요청사항

○ 추천 : 경기도에 문의하여 추천받음

○ 견학일시 : 2017. 7. 6. 14:30~16:30(120분)

○ 견학내용

– 지속 가능한 도시교통분야의 서비스 운영현황

– 오산시 통합운영센터의 기능 및 역할

– 체험 위주의 견학 등

아) 미리내일학교 직업체험은 센터가 교육기관으로 역할 가능

	미리내일학교 직업체험 결과보고	스마트시티팀장
교육도시 City of Education Osan 오산	- U-City 통합운영센터 -	김영혁(7361) '17. 11. 13

■ 체험 명 : U–City 센터에서 하는 일

○ 체험기간 : 2017년 9월~11월

○ 참여학교 : 8개 중학교

○ 체험내용

– 센터의 직업군 소개 : 행정공무원, 경찰관, 네트워크 전문가, 정보보호 전문가, CCTV 엔지니어, 프로그래머, 버스정보전문가, 신호제어 전문가 등

– 센터시설물 내외 현장 및 CCTV 직접 설치하여 영상보기 등

– 정보화 관련 자격증 소개 (정보처리기사, 유무선 통신기사 등)

■ 견학실적 : 총 20회 181명 ('15:5회 45명, '16:7회 78명, '17:8회 58명)

중학교 명	사진현황1	사진현황2
계		
매홀중		
원일중		
운천중		
운암중		
대호중		
오산중		
문시중		

■ 운영 소감 및 향후 계획

○ 사전에 U–City 센터 공부를 하고 와서, 열띤 토론으로 효율적 체험 가능

○ '18년도 서비스 확대(112, 119, 사회적 약자 등)로 더욱 알차게 운영예정

자) 탐방학교는 저자가 직접 신청하여 현재도 활발하게 운영사례

Smart City 통합운영센터 탐방학교 운영실적 보고	스마트관제팀장 김영혁(7361) '19.12.02

■ 운영현황

○ 기 간 : 2014. 09~2019. 11. 11 학기)

○ 교육대상 : 관내 6학년 초등학생

○ 학기당 운영횟수 : 25~27회

○ 자원봉사선생님 : 4명 및 스마트시티 직원 1명

■ 운영실적 ──────────────────────────── 257회 7,193명

합 계	2014년	2015년	2016년	2017년	2018년	2019년
257회	24회	52회	44회	44회	41회	52회
7, 193명	674명	1,455명	1,260명	1,221명	1, 230명	1,353명

○ 탐방학교 프로그램

– Smart–City란 무엇인가? 교통법규의 중요성, 인공지능형시스템 체험

  비상벨 체험 시 나도 모니터 요원이 되어 직접 친구랑 통화하여 보기 등

– 센터 내 경찰관, 엔지니어(신호제어, 주정차, 정보보호 등)와 대화하기 등

■ 운영 소감

○ 관제센터 하는 일에 대한 이해와 개인정보의 소중함을 배움

■ 향후 운영계획(2020년 탐방학교 지속 운영)–저학년(2학년)추가

○ 평생교육과 및 혁신교육지원센터 관계자와 협의

  – 프로그램 개선 및 5대 연계 서비스 체험의 견학 추가 등

Smart City 통합운영센터
- 2020년도 견학실적 보고 -

■ 견학 현황

구 분 (누계)	2013년		2014년		2015년		2016년		2017년		2018년		2019년		2020년	
	회	명	회	명	회	명	회	명	회	명	회	명	회	명	회	명
1,287회 20,172명	17	152	192	3,043	212	3,733	204	3,608	201	3,317	197	2,761	195	3,192	69	366

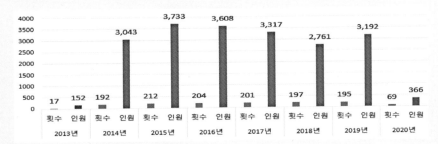

■ 2020년 1월~12월 중 주요견학 현황

○ 사회단체 등 : 147명

　　(일반기업, 여성순찰대, 외국기업인 등)

○ 유아·초·중·고학생·대학생 : 49명

　　(탐방학교 0회, 0명, 직업체험 0회 0명, 초등학교, 어린이집 등 5회 49명)

○ 공공기관 등 : 141명

　　(지방자치단체, 교사, 자매도시, 자율방범대원 등)

○ 일반 시민 등 : 29명

○ 홍보실적 : 보도자료 2회, 방송 6회, 소식지 1회

※코로나 19 예방을 위한 견학 프로그램 중단됨

■ 2021년도 견학계획(코로나 19 상황에 따라 변동 가능)

○ 기 간 : 1월~12월

○ 대 상 : 주요단체, 일반 시민, 탐방학교, 미리내일학교 등

○ 목표 인원 : 3,000명 이상

차) 센터 근무자 가족분 초청 견학 프로그램 운영사례

알려드립니다!

아래와 같이 근무자 가족분에 한하여 아래와 같이 견학을
실시하고자 합니다.

◇ 대상: 오산시 U-City통합운영센터에서 근무하시는 분의 가족

◇ 일시: 14.05. 10(토) 오전 10:30~11:00까지

◇ 견학내용 : 동영상 상영, 비상벨체험, 집근처 CCTV영상보여주기등

◇ 협조사항 : 희망하시는 분은 아래에 희망자, 인원수를 적어주세요.

성 명	인원수(명)	성 명	인원수(명)	성 명	인원수(명)

파) 겨울방학 맞이 시청 가족 대상 견학 프로그램 운영사례

초 대 합 니 다

겨울방학 기간 중 가족이 함께 견학할 수 있도록
아래와 같이 초청하오니 바쁘시더라도 부디 참석하시어
U-City통합운영센터가 무엇을 하며 어떤 역할을 하는지를
체험하고 견학하시는 시간이 되셨으면 합니다.

◇ 견 학 일 시 : 2015 1. 5∼1. 30

◇ 견 학 시 간 : 주중 오전 10:30∼11:00, 오후15:00∼15:30

◇ 견 학 인 원 : 1일 20∼30명(선착순)

◇ 신 청 방 법 : 031-8036-7360

◇ 견 학 장 소 : 오산 U-City 통합운영센터 1층 견학실

　　　　　　　　(교통안내 : 8번 U-City센터 앞 하차)

　　　　※문의처 : 정보통신과 유시티 팀(☎8036-7362∼4)

하) 오산 사회단체 회원 대상 견학 프로그램 운영사례

초 대 장
-U-City 통합운영센터-

시민이 안전하게 살 수 있는 오산 안전문화운동을 위해
노력하시는 사회단체 회원여러분을 아래와 같이 초청하오니
U-City통합운영센터가 무엇을 하며 어떤 역할을 하는지를
체험하고 견학하시는 시간이 되셨으면 합니다.

- 견 학 기 간 : 2015. 2. 9 ~ 2. 27
- 견 학 시 간 : 주중 오전 10:30 ~ 11:00
  오후 15:00 ~ 15:30
- 견 학 인 원 : 1일 20 ~ 30명(선착순)
- 견 학 대 상 : 오산시 사회단체 회원여러분
- 신 청 방 법 : 전화접수 (031-8036-7360)
- 견 학 장 소 : 오산 U-City 통합운영센터 1층 견학실
  (교통안내 : 8번 U-City센터 앞 하차)
- 견학내용 : 오산시 CCTV 영상 체험 및 교통시스템
  체험으로 안전도시 조기 정착 유도

※문의처 : 정보통신과
유시티팀(☎8036-7360)

5. 견학 프로그램을 스마트시티 발전방안으로 추천하는 사유

1) 도시기반 인프라의 중요성을 인식

현재의 도시는 도시기반 인프라를 중심으로, 도시민의 삶의 질을 결정할 수 있을 정도로 중요한 시설임에도 불구하고, 도시기반 인프라가 어떠한 절차와 법으로 구축 및 운영되고 있는지를 잘 인지하지 못하고 있

> 도시기반인프라
> —정보통신시험인증연구소
> (https://test.tta.or.kr)확인 가능하다.

음을 센터를 방문, 토론하고 체험하는 과정에서 알 수 있었다. 교통인프라, 공원 인프라, 방범 인프라, 환경 인프라, 학교 인프라 등의 시설물의 유지관리비는 결국 시민의 혈세로 다시 투자됨을 알려 주면서, 주변의 인프라 시설관리상태에 대한 중요함을 센터의 견학실에 구축된 서비스시스템을 체험하면서 인식하는 기회가 되었다.

2) 통합운영센터의 기능과 역할의 직·간접 체험장

통합운영센터 내의 정보의 수집을 위한 교통, 방범, 환경 등의 다양한 시스템으로 구성된 스마트시티 서비스가 통합 운영되고 있어, 통합운영센터의 기능과 역할에 대하여 직·간접으로, 견학실에서 설치된 예를 들면, 안면인식 카메라, 버스정보 시스템의 교통정보제공, 방범용 CCTV 폴대의 비상벨 누르기, 금연방송, 쓰레기 방송 등을 직접 체험할 수 있도록 구성한다.

3) 개방적 운영과 폐쇄적 운영의 차이

대부분의 통합운영센터 및 유사 관제센터는 소수의 관련된 부서 담당자만을 위한 시설로 운영되고 있어, 외부에서 센터를 보는 관점은 부정적인 부분이 많은 게 사실이다. 무엇을 하고 있는지도 모르고, 왜 센터 유지관리비용이 많은지도 시민은 전혀 모르고 있는 게 사실이다. 저자는 이 부분이 매우 안타깝다고 생각이 든다. 왜냐하면, 부정적인 부분을 개방적 운영으로 전환하여 운영하면, 시민들로부터 자랑과 더욱 고도화된 센터로 운영이 가능하기 때문이다. 시민분들은 내가 낸 세금이 어떻게 운영되고 있는지를 이해하고, 센터가 나의 안전을

지켜주는 곳이라는 인식만이라도 된다고 하면, 내가 낸 세금이 아깝지 않다고 생각을 하고, 또한 1번 방문하고 또 다른 시민 분들에게도 센터 견학을 추천하는 사례를 그 것을 증명하고 있다.

4) 통합운영센터 존재 이유와 활용 방안 교육

센터 주변의 시민분과 센터 주변을 지나가면서 본 센터는 무엇을 하는 건물일까? 그리고 중요시설처럼 보이는데? 혹시나? 하면서 대부분은 그냥 관심 밖의 존재인 것도 사실이다. 그렇지만 센터 견학 프로그램을 운영하고 나면서부터는 센터 주변의 음식점, 공인중개사, 편의점, 카페, 커피의 업주분들께서 "센터 홍보 대사 역할"을 하고 있음을 알 수 있었다. 센터에서는 어떠한 일을 하고 있으며, 경찰관이 24시간 근무하는 곳이란 인식을 하면서, 센터의 존재 이유와 센터를 다녀가지 않으신 시민분들을 어떻게 초청할지 등을 고민하게 되었다.

5) 도시의 범죄 발생률 감소와 검거율 상승효과

통합운영센터 내의 지역 경찰서 경찰관의 영상정보의 효율적 활용으로 검거율 상승효과는 매우 컸으며, 또한 시민분들이 견학 프로그램을 체험하면서, 방범용 CCTV의 화각, 거리 등을 이해하면서, 본인 스스로 나쁜 짓을 하면 안 되겠다는 의식 등으로 인하여 도시 범죄 발생률도 감소하고 있음도 사실이라고 할 수 있다.

6) 자연스럽게 스마트시티 사업 정책 효과 이해

스마트시티 사업을 이해하기는 정말로 어렵다는 것을 누구보다도 잘 알기에, 견학 프로그램의 체험으로 스마트시티 사업의 정책과 효과를 이해하는 방안으로는 최적의 방법임을 증명하는 계기가 되었고, 특히 외국인에게는 맞춤형 질의응답과 체험으로 스마트시티 사업의 계획 설계 구축 운영의 과정을 보여 줄 수 있는 계기가 되었음도 사실이다.

7) 해외 방문객대상으로는 2가지방향

견학대상자가 스마트시티 인프라가 확보된 국가와 부족한 국가로 나눌 수 있다고 생각되며, 확보된 국가에 대하여는 "시민중심의 스마트시티 통합운영센터가 운영되고 있음을 체험위주" 프로그램을 권장하고, 부족한 국가는 인프라 중에도 "통합운영센터의 계획 설계 운영의 관점으로 프로그램 운영"을 권장합니다.

▶ 여러분의 도시를 알고자 견학 신청을 하면 센터는 변화를 시작한다

견학 프로그램을 10년 동안 운영하면서, 견학 소감과 후기에 대한 내용을 정리하면서 내가 사는 도시를 알면 삶의 질 향상이 될 수 밖에 없음을 인지한다. 그러므로 이 책을 읽은 독자분에게 알려주고 싶은 사항은 여러분이 살고 계시는 지자체의 통합운영센터 또는

도시기반시설이란
도시에서 필요한 기초시설로 도로, 전기, 공원, 상하수도, 교통 등 시설물을 말한다.

관제센터 등에 견학 신청을 하실 것을 권장한다.(지자체 홈페이지 또는 교환실 문의)

1. 도시 기반시설의 중요성을 인지하고 보호해야겠다.
2. 내가 낸 세금이 어떻게 사용되고 있는지를 알 수 있었다.
3. 도시의 안전과 교통의 편리성을 체험하면서, 내 주위 분들을 견학을 적극 추천하겠다..
4. 내 집 앞에 설치된 방범용 CCTV 카메라의 화각과 볼 수 있는 거리를 확인한 후, 나쁜 행동을 하면 안 되겠다.
5. 어린이부터 어르신까지 한 번쯤은 꼭 와서 봤으면 한다.
6. 통합운영센터에서 도시의 재난상황 발생 시 조치사항을 경험한 후 신고의식이 향상되었다.
7. 센터의 환경이 변화되며, 센터에서 근무하고 있는 근무자가 큰 변화를 보인다. 즉 견학자를 위한 센터시스템에 대한 공부와 말하는 방법 등을 익히고자 스스로 변화를 한다.
8. 이제는 영상정보의 시대이며, 인공지능시대가 시작되는 시점에서, 도시에

서 발생하는 각종 재난재해 등 사건·사고 등을 신속하게 "인지 전파 조치 완료"하는 과정을 체험하면서, 시민으로서의 역할이 무엇을 하여야 하는지를 알 수 있어, 유익하였으며 시민 모두가 한 번쯤은 방문하실 것을 추천한다고 이구동성으로 말씀을 하신다.

결론 : 맞습니다. 이 책을 읽고 계신 일반독자 여러분! 저는 강력하게 여러분께 살고 계신 지자체 스마트시티통합운영센터 또는 방범용 CCTV 관제센터가 운영되고 있습니다. 여러분께서 방문하시면, 센터는 놀라운 변화가 시작됩니다.

스마트시티 통합운영센터(유사 관제센터 등) 담당자 교육 필요성

▶ 센터 관련 운영자는 의무교육 대상자이어야 한다

1) 통합운영센터 운영 대상자와 교육 필요성

업무별 대상자로 분류하고자 하는 것은, 통합운영센터의 업무분담에 따라 대상자가 명확하게 분류되기 때문이다.

효율적인 통합운영센터를 운영하기 위하여는 통합운영센터 조직 내에서도 상시 운영되고 있는 센터시스템을 운영하는 담당자와 유지관리자 및 상황을 관제하는 관제요원 대상으로 의무교육의 필요성이 있다.

10년 동안 센터를 운영하면서 느낀 것 중 하나가 바로 첫 번째는, 센터시스템은 하루 24시간 365일 동안

> **의무교육 대상자**
> – 상시 근무자 : 경찰관, 관제사, 유지관리자 등(임의 교육)
> – 센터 운영 관리자: 공무원 등
> (단, 공무원만 연 80시간 의무교육 대상자)

무중단으로 운영하여야 한다는 무의식중에는 늘 안정적으로 운영되고 무사고로 가동되려면, 센터시스템을 관리하는 시스템 관리자와, 외부 용역업체의 유지관리자, 상시 관제하고 있는 관제사와 상황 발생 시 신속한 조치가 가능하도록 도움을 준 경찰관 등 상시근무자가 센터현황과 이상 발생 시 조치방안을 인지하고 있어, 즉시 각 상황에 맞게 즉시 조치 또는 관련 부서에 신속히 보고하는 과정에 익숙하여야 한다.

그런데도 문제는, 공무원 특성상 순환보직 등으로 1~2년 후에는, 상시 근로자 또는 센터운영관리자의 변경으로 센터시스템의 지속적인 관리의 허점이 발생한다는 것이다.

센터시스템 관리자에 대한 교육은, 통합운영센터 소속의 교육부서에서 적극적으로 선진교육을 받도록 교육명령으로 지시하여야 하고, 용역발주 시, 상주하는 유지관리자는 용역업체에서 자체적으로 월 1회 또는 반기별 1회 이상 교육을 의무적으로 하도록 하면 되며, 이는 센터가 무중단으로 운영하고, 신규 서비스가 구축될 경우 매우 안정적으로 운영하는 데 도움이 된다.

두 번째는, 방범용 CCTV와 불법 주정차 CCTV 카메라 영상을 모니터링하는 관제요원분들의 교육에 대한 필요성이다. 각 통합운영센터별로, 관제요원에 대한 채용방식이 다양하다 즉 직접 채용, 용역, 기간제, 위탁 등의 방식으로,

문제는 채용방식에 따라, 관제요원의 관제에 대한 근무 인식의 차이가 많다는 것이다.

구분	직접 채용		용역(1년제)	기간제 (10개 월등)	위탁 등 (사업소 등)
	직접 채용	직접 채용			
고용인식	강 안정	약 불안정	강 불안정	강 불안정	강 불안정
관제 근무 인식 정도	적당한 관제	적극 관제	적극 관제	소극적 관제	소극적 관제
사 유	정년보장으로 적극 관제 필요성 인식부족	1년단위 성과 평가 및 인센티브 부여, 재 계약가능	1년단위 계약으로, 인한 성과관리를 적극성	10개월 근무하고 끝난다는 인식이 매우 강함.	적극 관제의 필요성을 인지하지 못함.

○ 관제사 교육관련 규정에 다음과 같다.
〈지방자치단체 영상정보처리기기 통합관제센터 구축 및 운영규정 관련 조항〉

제11조 (인력확보 등) ①지방자치단체의 장은 통합관제센터 운영 등에 필요한 일반직 · 경찰직 공무원과 **전문성을 보유한 관제요원을 확보하여 근무하게 하여야 한다.**

제24조 (교육의무) ①지방자치단체의 장은 통합관제센터의 효율적인 운영을 위하여 **영상정보처리기기의 운영 및 관제요원에 대해 (업무를 위탁받은 자를 포함한다) 제반 교육을 실시하여야 한다.**
②제1항에 따른 **교육은 자체적으로 실시하거나 해당 분야의 전문기관에 위탁하여 실시할 수 있다.**

"오산시 영상정보처리기기 설치 및 운영지침"

제28조(교육의무) ① 시장은 영상정보처리기기의 운영 및 관리 요원에 대한 대해(업무를 위탁받은 자를 포함한다) 영상정보 보호를 위한 제반교육을 실시하여야 한다.
② 제1항에 따른 교육은 자체적으로 실시하거나 해당 분야의 전문기관에 위탁하여 실시할 수 있다.

왜 교육의무가 있음에도 실천을 하지 못하는 걸까?

저자가 본 관점에서 본 제도적 문제점과 해결방안을 제시하여 보고자 한다.

제도적 문제점 및 (해결 방안)	○ 관제요원의 관리 주체인 지자체와 용역기관 등 교육의무에 대한 강제사항이 아닌, 가이드라인 정도로 규정되어 있어, 필요성은 인지하나, 교육을 실시하지 아니하여도 페널티가 거의 없음 ○ 정부에서 제정한(할) 통합관제센터 관련 규정이나 가이드라인의 내용에 추가되어 의무사항으로 추진 **제24조 (교육의무)** ① 영상정보처리기기의 운영 및 관제요원에 대해 (업무를 위탁받은 자를 포함한다) 제반교육을 연 2회 이상 실시하여야 한다. ② 제1항에 따른 **교육은 자체적으로 실시하거나** 해당 분야의 전문기관에 위탁하여 실시할 수 있다.(위탁기관은 연 2회 이상) ③ 교육의무를 준수한 지자체는 정부의 각종 공모사업 참여시 가산점을 주어야 한다(협조사항) – (용역업체 계약수정) 용역업체와 계약 시 용역근무자에 대한 향상 교육을 연 2회 의무적으로 자체교육이 아닌 지자체 지정기관에서 받을 수 있도록 지정

○ 교육사례

- CCTV 관제사 현장체험

■ 현장교육 사진조(조원)

조(조원)	현장교육 사진		비 고
A조 (4명)			골목길
B조 (4명)			어린이보호구역
C조 (4명)			공원 주변
D조 (4명)			등산로

"통합운영센터 담당자" 대상으로 교육 실천이야말로, 지속 가능하고, 발전지향적이며, 시민대상 안전하고 편리한 교통의 중심역할을 실시간으로 할 수 있다는 것이다.

그리고 모니터링 요원의 전문화된 교육을 통하여 보다 안전한 사회 구현에 일조와 날로 변화되는 관제 시스템에 신속한 활용으로 관제 효율화 기대가 될 수 있다.

▶ 시민참여 리빙랩에 센터 담당자도 동참하여야 한다

1) 시민참여 리빙랩에 왜 관련 담당자도 동참하여야 하는가?

○ 리빙랩(living lab)이란?

'살아있는 실험실'이라는 뜻으로, 실제 생활 속에서 새로운 아이디어와 기술을 실험하고 검증하는 공간을 말한다. 스마트시티사업에서 리빙랩이 필요한 이유는 간단하다. 지금까지 스마트시티 사업은 주요 도시개발사업인 택지개발, 도시재생사업등을 추진하는 부서에서 공급자 위주의 서비스를 제공해왔고 그 결과, 불필요한 서비스가 제공됨으로서 사회적 비용이 낭비되고 행정의 비효율성의 문제점이 거듭 발생 되었다.

이러한 문제를 해결하기 위해 유럽의 스마트시티 사업에서 적용하고 있는 리빙랩을 스마트시티 사업에 적용하게 되었다. 특히 주목할 시민참여 리빙랩은 지역의 시민과 이해관계자가 함께 연구하고 토론하면서 새로운 해결책을 제시하고, 지역 문제를 직접 참여하여 이해관계자와 함께 지역 문제를 해결해가는 시민 중심의 스마트시티를 위한 방법론을 말한다.

도시의 다양한 문제 해결을 위한 스마트시티의 지속적으로 발생하는 문제를 해결하기 위한 가장 좋은 방법은 그 지역에 살고 있는 다양한 분야에서 활동하고 있는 분들의 의견을 듣고 그 의견을 정책으로 이끌어내어 예산 확보와 사업을 추진하는 게 제일 중요하다.

리빙랩에 스마트시티 관련 부서 담당자가 동참해야 하는 이유는 다음과 같다:

🔵 **지역의 살아있는 정보 수집:** 리빙랩을 통해 지역에 살고 있는 다양한 분야의 시민들과 지역 현안에 대해 토론하고 대안을 제시하고 공유할 수 있다.

🔵 **정책과 예산 확보:** 스마트시티 사업에 대한 이해와 참여를 통해 정책을 이끌어 내고 시민의견의 명분을 통해 예산을 확보하는 근거를 갖는다. .

🔵 **스마트시티 관제센터 기능과 역할 공유:** 리빙랩에 동참함으로써 센터의 기능과 역할을 명확히 하고, 이를 통해 더 효과적인 스마트시티 사업 추진이 가능하다.

결국, 시민참여 리빙랩은 시민과 이해관계자들이 적극적으로 참여함으로써 스마트시티 사업의 효율성과 효과를 높일 수 있는 중요한 방법론이다.

시민참여형 리빙랩을 저자가 강력하게 주장하는 이유는 다음과 같다.

🔵 **시민 중심의 정책 입안:** 다양한 정책 입안 방법 중에서도, 시민이 정책 결정 과정에 참여하게 되면 예산 확보, 정책 계획, 설계, 구축 및 운영의 지속성에 대한 피드백을 제공함으로써, 지역에 대한 애착심이 고양됨을 알 수 있다.

🔵 **구성원의 변화와 협력:** 리빙랩 추진을 위한 시민중심의 구성원이 결성되고, 초기에는 어색한 분위기가 지속될 수 있지만, 3차 미팅 이후로는 상호 존중, 배려, 열정, 협력, 소통, 공감 등으로 구성원 간의 결속력이 단단해져 정주하고 있는 지역 문제 해결에 대한 적극성이 증가하고, 리빙랩의 중요성이 부각된다.

🔵 **정책 입안자의 참여:** 정책 입안자 관점에서도, 단순히 리빙랩을 구성하고 몇몇 관심 있는 시민 또는 영업 이익을 위해 참여하는 기업이라는 고정관념을 넘어서서, 정책 입안자가 직접 참여하여 구성원 간의 토론 및 논쟁 과정을 통해 정책 입안에 대한 의미를 세밀하게 이해할 수 있다.

○ **시민 참여의 중요성:** 세밀한 지역 현안을 가장 잘 알고 있는 시민들이 함께 함으로써, 정책 사업을 결정하기 전 시민 리빙랩을 통해 결정하고 추진하면, 진정한 스마트시티 사업의 기초가 형성된다고 확신한다.

○ **리빙랩의 생활화와 지속적 발전:** 무엇보다도 리빙랩의 생활화와 지속적인 발전을 위해서는 지역리빙랩 시민연구단을 조성하여 시민들이 주도하는 리빙랩을 생활화 할 수 있는 여건을 마련해야한다. 이를 통해 생활속에서 스마트시티의 안정화와 성장을 기대 할 수 있고 스마트시티 리빙랩이 지속적으로 운영되고 발전될 것으로 본다.

그러나 무엇보다 구성원들이 함께 협력하고, 이를 통해 지속 가능한 해결 방안을 모색하는 것이 중요하다.

○ **리빙랩 운영방식별 차이점……**

그렇다면 참여와 협력을 어떻게 이끌어 낼것인가?

전문가, 행정공무원, 시민 등 참여자가 능동적인지 혹은 수동적인지, 이해관계자 간의 의견 차이, 다양한 방법론의 결정 차이 등을 극복하고 공동으로 정책을 제시해야 한다.

누가 주도적으로 리빙랩을 운영할 것인가에 따라 정책 방향에 큰 차이가 생긴다.

현재는 행정공무원이 주도하는 리빙랩이 주로 운영되고 있다.

이는 단기간에 성과를 목표로 정책을 유도하는 경향이 강하다. 그러나 시민주도형 리빙랩은 이해관계자들이 자기 지역의 문제를 해결하고 지속 가능하게 발전시키려는 경향이 강하기 때문에 스마트시티의 안정화와 성공을 위해선 시민주도형 리빙랩으로의 방향 전환이 의무적으로 시행되어야 한다고 본다.

리빙랩 참여자별 역할은 다음과 같다:

○ **행정공무원:** 회의 주최자이자 정책 개발을 위한 주제 선정, 지자체 수요 및 토론을 이끄는 역할.

○ **시민:** 주제 선정에 대한 의견 제시, 검토 및 피드백 제공

연구자 및 생산자: 해결 분야의 솔루션 기술 개발, 기존 솔루션 검토, 실증 구

축 가능성을 검토

○ **외부 전문가:** 기술적 자문 제공.

    리빙랩의 추진 절차는 국토계획 표준품셈 (2022.01) 61-64페이지를 참조하면 된다. 또한 산업통상자원부에서 발표한 국토계획 표준품셈(2022.01)은 엔지니어링산업 진흥법 제31조에 따라서 발주청은 엔지니어링 사업을 진행할 때 참고할 수 있다.

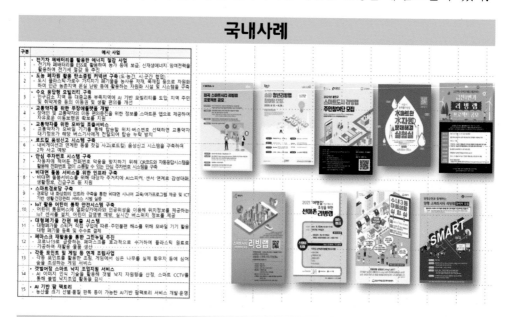

해외사례

구분	네덜란드 암스테르담 스마트시티 리빙랩	핀란드 헬싱키 칼라시마타 리빙랩	덴마크 코펜하겐 DOLL
사업추진 목적	시민들의 필요에 의한 프로젝트 발굴 및 실행	스마트도시 개발구로의 전환을 위한 다양한 실험	조명실증단지를 통한 제품의 표준화 설계
참여자	시민, 기업, 지자체	거주자, 기업, 지자체	기업, 지자체, 대학교, 비영리단체
주요활동	에너지, 모빌리티, 순환경제, 기반시설 & 기술, 시민생활 거버넌스&교육, 6개 부문에서 온라인 플랫폼을 통해 운영	스마트 미터링 등 포트폴리오 설계와 운영, 스마트 기반의 인프라 구축	조명중심의 스마트시티 솔루션 개발
사업화 과정 특성	리빙랩 기반 시민참여형 플랫폼	지구를 선 계획하고 거주자를 모집하여 수요에 맞는 문제를 발굴하고 진행	문제해결을 위한 기술탐색 및 비즈니스 모델 상용화

뉴욕 LINK NYC

사업추진 목적
노후화된 도시기반시설을 활용하여
시민편의와 지속가능한 운영 추구

7500여개 공중전화박스 설치 참여자
시민, 기업, 지자체의 주요활동으로
스마트폰, 디지털기기 충전, 도시정보검색,
통화가능한 생활서비스 제공
대형스크린을 통해 교통정보 확인,
주택가는 스크린 설치 안함

사업화과정 특성
모두 무료로 제공, 거리를 걷는 모든 시민이
디지털 정보에 쉽게 접속.
스크린에 표시되는 광고수입, 협찬을 통해
자체적으로 운영비 절감

※출처 : 성지은 외(2018), "스마트시티 리빙랩 사례 분석과 과제"

○ 해외사례로는 유럽 리빙 랩 네트워크(ENoLL, enoll.org) 홈페이지를 방문하면, 다양한 정보가 있어 방문을 권하고 싶다.

○ 한국사례로는 한국리빙랩 네트워크(KNoLL)로 출연 연구기관, 대학, 기업, 연합단체인, 사회기술혁신 네트워크로 활동하고 있음을 알 수 있다.

○ 리빙랩을 저자가 강력하게 주장하는 이유는 다음과 같다.

◎ 어떤 정책을 입안하는 방법은 다양하지만, 그중에 시민이 중심이 되어, 정책 결정 후 예산확보, 정책계획, 설계, 구축 후 운영의 지속성에 대한 피드백으로, 지역에 대한 애착심이 더 강해짐을 알 수 있다.

◎ 리빙랩 추진을 위한 구성원이 결성되고, 1~2차 미팅까지는 서먹서먹한 분위기가 3차 이후로는, 상호 존중, 배려, 열정, 협력, 소통, 공감 등으로, 구성원 간의 전혀 다른 모습으로 전환되고, 사는 지역의 문제점에 대한 해결방안에 대한 적극성을 보여, 리빙랩의 중요성을 부각할 수 있다.

◎ 정책입안자 관점에서 볼 때도, 단순히 리빙랩구성을 하고, 몇몇 관심 있는 시민분 또는 영업이익을 위하여 참여하는 기업이라고 생각되었던 고정관념이, 제가 직접 참여하여 본 결과, 정책입안자가 반드시 함께 구성원으로 참여하고, 그 구성원 간의 토론 또는 논쟁과정을 통하여, 정책 입안에 대한 의미를 더욱 세밀하게 알 수 있음을 알 수 있다.

◎ 가장 지역현안을 잘 알고 있는 시민분들이 함께함으로써, 정책사업을 결정하기 전에, 참여형 시민리빙랩으로 결정하고, 추진하면, 진정한 스마트시티 사업의 기초가 시작되리라 확신하는 바이다.

◎ 무엇보다도 리빙랩의 생활화와 지속적인 발전을 위해선 한시적으로 모였다가 흩어지는 프로젝트성도 중요하지만 〈지역 리빙랩 시민연구단〉을 조성하여 시민들이 주도하는 리빙랩을 생활화 할 수 있는 여건을 마련한다면 생활 속의 스마트시티의 안정화와 성장을 기대할 수 있고 스마트시티리빙랩이 지속해서 운영되고 발전될 것이라고 본다.

참고로 리빙랩 운영 방식별 차이점은 다음 표과 같다.

구분			관제요원	
장점	– 리빙랩의 전반적인 이해 가능 – 하고자 하는 문제 인식 공유 – 참여자의 의식판단 가능 등	장점	– 방향과 목적에 따른 깊이 있는 토론 가능 – 분임별 상호이해로 합리적인 의사 도출이 가능	
단점	– 깊이 있는 토론이 불가능 – 많은 시간 소요 – 결론 도출의 어려움 우려	단점	– 지역문제로 한정한 결론이 도출된 우려가 존재	

– 결론적으로 전체 회의 방식으로 2~3회 운영 후 분과별로 운영하는 것이 효율적 운영이 될 것이라고 판단된다.

오산 스마트리빙랩 추진사례는 다음과 같다.

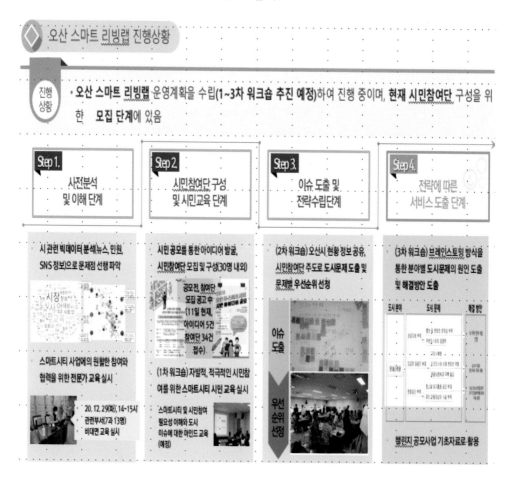

▶ 박람회, 전시회, 세미나 등 행사에 참석해야만 하는 이유

먼저! 나는 2006년 6월부터 한국에서 진행되고 있는 U-City 행사와 관련된 세미나, 전시회, 박람회 등 반사적으로 행사장을 찾아 다녔다. 왜냐하면, 배우고 익히고 행동할 수 있는 정보가 모두 갖추어져 있으며, 또한 전시장에 부수를 설치하고 운영하는 분들의 정신적인 마인드와 부스 설치 형태에 따라 솔루션의 체험공간이 다름을 알 수 있는 종합적인 현장이기 때문이다

행사장에서 하여야 할 사항을 다음과 같이 정리하여 본다
① **최신 트렌드 파악 가능** :적어도 전시장에 참가한 업체 또는 공공기관은 현재의 기술력과 진행된 사업과 향후 추진사업에 대한 정보를 제공하므로, 최적의 정보를 획득할 수 있다.
② **동료 사업자 만남** : 전시장의 부수에서 전시된 기술과 체험에 대한 질의와 토론 등을 하다 보면, 뜻밖의 나와 비슷한 사업자 등을 만날 기회도 생길 수 있다.
③ **행사 관련 정보 확인 필요** :사전에 행사 관련 정보를 홈페이지와 보도자료 등을 검색하고 전시장에 가면 더욱 효율적인 관람이 된다.
④**궁금할 때는 무조건 질문하자** : 전시장에서 처음 방문할 때에는 내가 물어보면 실례일 거야 하는 두려움을 없애야 한다. 그래야만 진정 내가 원하는 정보를 획득할 수 있다.
⑤ **체험 부스는 반드시 체험** : 전시장에서 체험 부수는 반드시 체험을 하여 본다. 이는 간접체험에 따른 기억에 남아있어 향후 사업추진에 도움이 된다.
⑥ **자료수집** :전시장 및 세미나행사장에서 제공 중인 자료집은 반드시 확보 한 후, 다음 사업추진 시 참고자료로 활용한다.

> **행사장의 꿀팁**
> -최신 트렌트파악 가능
> -동료 사업자 발견
> -행사 관련 정보
> -무조건 질문
> -체험 부수 경험이 중요
> -행사정보는 실시간 이메일로

⑦ **행사정보 꿀팁** : 실시간으로 전시회 또는 박람회 등 개최 정보를 저자가 활용하고 있는 사례를 소개하여 본다
사례 : 구글 알리미 사이트(www.google.co.kr/alerts) 접속한 후 입력란에 "전시회, 박람회, 세미나 등" 본인이 알고 싶어 하는 주제를 입력하면, 실시간으로 본인 메일로 정보가 제공된다. 또 하나의 꿀팁은 "무료로 입장"하는 방법

은 사전등록을 하면 된다.

⑧ **저자가 행사 참석 후 센터설계 시 반영**된 시스템에 대한 설명을 하고자 한다.

가) IP wall system : 상황실 정면에 배치된 상황판 활용이 쉽다. 즉 상황실 근무자가 응급상황 발생 시 필요한 모니터를 사전에 프리셋 설정하여 실시간 관제가 가능하고, 또한 모니터를 터치하거나, 마우스로 클릭만으로 관제화면을 공유할 수 있는 장점이 있다.

또한 기존 analoge wall system의 구성 장비의 단순화로 공간활용의 장점이 있다. 즉 기존 케이블(비디오케이블, RGB 케이블 등)의 복잡한 장비구성은 전산실 공간을 최소화 할 수 있다. 만약 보고자 하는 사용자의 화면이 100개라면 그 수만큼 케이블을 연결이 필요로 하고, 비용투자도 높아지는 단점을 보완할 수 있었다.

프리셋(preset) 설정
미리 조정하다. 미리 결정한다는 의미로, 상황판 화면에 원하는 모니터를 사전에 설정을 한다는 뜻이다.

스마트시티 각종 공모사업 적극 참여 필요성

▶ 센터시스템 고도화가 필요하다면 스마트시티 공모사업 추진을

1) 공모사업 추진 필요성 및 사례

○ **필요성과 문제점**

U-City 사업과 Smart city 사업 추진을 하는 데 있어, 계획부터 운영까지 최소 5년 이상 사업기간과 사업비 부담으로 인한, 어려움이 있어 국가에서 주도적으로 공모사업을 추진하였지만, 그 주체는 공사, 연구원, 학교 등으로 한정되어, 큰 효과를 거두지 못하였다.

저자는 각종 토론과 자문회의 때마다, 국가의 공모사업 발주 시에 지자체가 혜택을 받을 수 있도록, 실증지구(역)에 포함하고, 실질적으로 혜택을 받을 수 있도록 의견을 제시하였으며, 그 결과 2020년 이후 공모사업에는 지자체가 실증할 수 있도록 하는 계기가 되어, 그 혜택을 오산시도 받을 수 있게 되었다.

문제는, 국가의 공모사업을 응모하여 선정되더라도, 예산이 없는 지자체는 그림의 떡일 수 밖에 없는 것 또한 사실이다. 그리고, 사업비의 일부를 보조해주는 방식에 있어, 매칭펀드 형식으로 하는데, 50%:50%대이면, 총사업비가 100억 원이라면 지자체가 50억 원을 투자하여야 하는데, 50억 원을 투자하는 지자체가 많지 않은 것이라는 것이다. 즉 부자 지자체만 그 혜택을 받을 수 있어, 저자는 꾸준하게 다양한 방식을 주장하였다. 그 방식을 좀 더 유연하게, 공모사업의 특성을 반영하여, 100% 정부투자로, 그 실증은 지자체로, 80(정부):20(지자체)은 지자체의 특성을 반영하여 국가의 스마트시티사업이 골고루 혜택을 받을 수 있도록 하여야 한다는 것이다.

○ **공모사업이란**, 국가, 공공기관(공공기관의 운영에 관한 법률 제4조에 따른 공공기관을 말한다) 등이 주관하는 사업으로 공개모집 절차를 통해 특정 사업의 수행 또는 참여 기관 등을 선정하고, 사업비의 일부 또는 일부를 보조해 주는 사업을 말한다.

국책 공모사업이란 지역의 특성을 고려하여 지역발전에 기여할 수 있는 사업

을 지원하는 국고보조 사업을 말한다.

　○**주민공모사업이란** 지역 문제를 해결할 수 있는 주민들의 창의적인 아이디어 발굴 및 도시재생활성화지역의 공동체간 네트워크 형성을 통해 주민참여를 확대하고 지역공동체를 활성화하여 주민주도의 지속적인 도시재생사업 추진 기반을 마련하기 위한 사업을 말한다.

　그런데도, 지자체 입장에서는 각 부처 및 산하 공사 공단, 출자 출연 기관 등에서 각각 공모사업을 발주하지만, 그 공모사업이 스마트시티 사업과 관련이 있는지조차 모르는 경우가 다반사다. 왜냐하면, 그 공모사업 발주에 대한 홍보를 기관 홈페이지에 게시하고, 그 공모사업 발주를 지자체에 공문으로 발송하지 않기 때문이다. 그래서 저자는 이러한 폐단을 최소화하기 위하여, 국토부에서 지자체대상으로 발주하는 스마트시티 사업과 관련하여는 "스마트시티 지자체 실무자 간담회 또는 협의회"개최 시 지자체 공무원 및 관련 기업체 대상으로 공개적으로 설명회를 갖도록 추진하였다.

　○ **공모사업의 개선방안 제시**
　① **담당자의 의지와 동기** : 저자는 2013년 12월 2일 오산시 U-City 통합운영센터를 개소하고, 첫 번째로 한 사업이 통합운영센터의 기능과 역할을 시민에게 개방하여야겠다는 생각을 갖고 그 방안을 물색하던 중, 한국의 정서 중 새집을 마련하여, 이사를 하고 나면, 주위 분들에게, 내가 여기 이사를 왔다는 표시로 떡을 돌리고, 주위 분들을 초청하는 행사를 한다는 것이 생각에 센터 주위 100여m에서 자영업을 하시는 시민분들을(중개사, 분식, 커피, 카페, 미용실, 편의점 등) 초청하여, 통합운영센터를 견학하고, 센터에서는 어떤 기능을 하고, 도움을 받을 수 있는지를 설명해 드렸더니, 놀라운 결과를 보게 되었다. 즉 '센터의 홍보대사'의 역할을 하고 계신 것이다. 본인들의 가게에 방문한 손님분들에게, 내가 방문한 유시티 통합운영센터를 나 대신 설명을 하고 계시는 사실을 알고 적잖이 놀랐다. 아 바로 이것이라는 생각을 갖게 된 동기가 된 셈이다.

공모사업 추진 방안
－담당자의 의지와 동기 필요
－분야별 서비스를 단계적으로 센터로 통합하는 방안 고려
－센터의 기본인프라 철저한 분석으로 현안사항 개선점 제시
－컨소시엄 구성 시 각각 장단점공유를 사전에 협의 필요

그럼 다음엔 누구를 초청해볼까? 하는 생각을 갖던 중에 맞다. 오산시는 6개 동 사무소에 초청공문을 보내, 각 동사무소 7개 단체 회원분들을 대상으로 해야겠다는 생각이 들어, 당시 동장님에게 문의한 결과, 좋겠다는 의견을 받고, 바로 공문으로 초청하게 되었다.(공문 참조)

필자가 왜 앞의 두 사례를 이야기하느냐 하면, 큰 교훈을 얻게 된 동기가 되었다는 사실이다. 바로 견학 프로그램을 운영하려면, 유시티 통합운영센터의 대시민 서비스를 단계적으로 개선방안을 찾아야겠다는 생각이 강하게 들기 시작하였다. 2013년 당시 견학 프로그램을 보면(견학 프로그램 첨부)

앞의 표와 같이 단순하기 짝이 없다. 지금도 같은 생각을 표현하지만, 우리가 사업을 하면서, 부가가치세 10% 세금을 내듯이, 센터 서비스 또는 센터 운영시스템을 매년 10% 이상 추가 또는 개선하여야겠다는 결론을 얻게 되었다. 그럼, 어떠한 방안이 좋을 까? 고민을 하면서, 그 결론이 바로, 정부의 공모사업에 도전을 하여야겠다는 것이다. 이 경험이 나를 공모사업에 도전하게 된 크나큰 동기가 되었다.

공모사업에 대한 도전은 지자체 입장에서는 적지 않는 홍보효과와 예산 절감이라는 두 마리 토끼를 잡을 수 있는 기회가 된 셈이다.

국토교통부(공모)	과학기술정보통신부(공모)	과학기술정보통신부(공모)
지능형 방범 실증지구 구축	국가 인프라지능 정보화 사업	정보통신 방송연구개발사업
2017.03.01	2019.01.01	2018.04.16
2017.3~2019.6.30	'19.1.1~12.31	'18.4 ~'20.12.31

국토교통부(공모사업)	과학기술정보통신부 (공모사업)	과학기술정보통신부 (공모사업))	중소기업벤처부 (공모사업)
스마트타운챌린지 사업	AI 학습용 데이터 구축사업 (자율배송 운행데이터 구축)	AI 학습용 데이터 구축사업 (실내공간 3D 종합데이터 구축)	AI 기반 CCTV LED 안내판 시스템구축
2021.4.1	2021.5.11	2021.5.11	2021.7.6
'21.5~'22.4	'21.5~'21.12	'21.5~'21.12	'21.7.~'23.7.(2년)

▶ 하고 싶은 이야기는 많지만, 그 끝이 아니라 이제 시작이다

17년 전에 막연하게나마 나를 소개하라고 하면은, '나는 너의 도시를 만드는, 즉 you의 도시를 만드는, U-City 사업을 하는 김영혁입니다.'라고 했었다.

유비쿼터스도시는 나에게 너무 어려웠고, 또한 설명하기란 더욱 쉽지 않았다. 그래서 당신의 도시, you 도시를 만들려면 무엇을 어떻게 할까 하는 관점에서 소개를 한 기억이 난다. 근데 10년이 지난 시점에 유시티가 스마트시티로 이름을 달리하고, 추진하니 이젠 전국뿐만 아니라 전 세계가 스마트시티를 향하여 나아가는 걸 보니 새삼 감회가 새롭다.

이렇게 시작된 유시티 사업이 나의 공직생활 33년 중 만 17년 이상을 꿈의 세계를 만들어보고자 하였음에도, 그 끝이 아니라 스마트시티사업이 이제 시작한다는 사실이다. 왜냐하면 우리나라 저변에 누구나가 스마트시티를 지향하고, 목표를 설정하고, 정책으로 의지를 표현하며, 스마트한 나라를 만들려고 예산과 행정력을 집중하기 시작하였으며, 또한 외국인이 오산시만 보더라도, 10년 동안 600여 명이 다녀갔다는 사실에서도 알 수 있다.

초반 방문 시에는 유시티를 알려고 하였으며, 후반에는 스마트시티가 어떻게 운영되고, 시민에게 어떠한 서비스제공으로, 시민만족도가 높으며, 통합운영센터의 구축과 운영에 대한 질문을 많아짐으로써, 알 수 있었다.

이제는 공직을 떠나면서, 만17년 이상 고민하였고, 실망도 하였고, 아픔도 겪었고, 업무추진을 위한 부서도 신도시지원과, 도시개발과, 신도시정책과, 도시과, 정보통신과, 마지막으로 나의 바람인 통합운영센터를 "오산시 스마트교통안전과"과로 만들면서 초대 과장으로 승진하는 영광도 함께 누렸다.

붙임에 오산시 유시티 사업에서 스마트시티 사업의 총 과정을 고민 끝에 올려서 정말 이 사업이 얼마나 힘들고 어렵다는 것을 간접적으로나마 알려주고 싶으며, 참고가 되어 이 책에서 강조한 전문가를 양성하기를 간절히 바라는 바이다.

다음은 2006년부터 2023년 12월까지 오산시 유시티 사업 및 스마트시티 사업 추진현황을 월별로 정리한 자료로, 스마트시티 사업의 추진 경과를 분석하는 데 도움이 되기를 바랍니다.

연월일	공무원	비 고
	관제요원	
2006.09.19	오산 U-City 추진방안 설명회(1회)	시 상황실
	2006.10.11	
2006.10.11	오산 U-City관련 업무협의 출장	시 ⇒ 주공
	주공전기통신처 U_City설계팀	
2006.11.15	U-City 추진사항 보고(시장님)	시장님보고
	향후 추진계획 등	

2006.11.01	오산세교 택지개발지구 U-City추진상황 의뢰	시 ⇒ 주공
	현재 추진상황(타당성검토, 시 협조사항 등)	
2006.11.14	오산 U-City 사업 내실추진	시 장
	민선4기 시장지시사항(가형), 구시가지도 함께 검토등	
2007.02.26	오산 U-City 추진방안 보고회 개최(2회)	시 상황실
	간부회의 후 (오산 u-city 필요성 등)KT 발표	
2007.02.28	오산 U-City 사업 추진의뢰	시 ⇔ 주공
	오산시 전지역을 포함한 U_City사업 추진 주민전산과-917	
2007.03.02	U-City(오산) 건설 기본계획 수립	자체수립
2007.03.05	U-City 구현을 위한 공무원 직장교육	자체수립
	전직원대상, 차원용소장	
2007.04.17	오산세교지구 U-City 추진계획 통보	주공⇒시
	세교지구로 제한하여 추진통보 (주공오산신도시사업본부장)	
2007.05.06	U-City 개발방안은 무엇인가? 시정질문	의회
	제136회 오산시 의회 시정질문	
2007.08.10	오산시 조직개편	시
	신도시지원과 U-City정책팀 신설 (모00, 김영혁)	
2007.11.02	U-City 사업 추진을 위한 설문조사 실시	신도시 지원과
	2007.11.12.~11.30, 응답자수 1, 178명, 서비스등	
2007.11.21	시의원 U-City홍보관 견학 추진계획	신도시 지원과
	파주시 유비파크 홍보관 13명	
2007.11.22	지역정보화촉진협의회 개최	정보통신과
	U-City 사업에 대한 토의 실실	
2007.12.18	오산 U-City 사업 추진계획 제출 요청	시 ⇒ 주공
	대상범위(공간적, 시간적) 및 일정별 추진계획등	
2007.12.18	전국 U-City추진현황 조사 의뢰	신도시 지원과
	전국시군구로 의뢰	

2007.12.28	오산세교택지개발사업지구 U-City추진계획통보	주공⇒시
	오산신도시 u-City 추진계획 1부.	
2007.02.28	오산 U-City 사업 추진의뢰	시 ⇔ 주공
	오산시 전지역을 포함한 U_City사업 추진	
	주민전산과-917	
2008.03.18	주공 U-City 주택도시정보센터장 방문보고	주공
	센터장, 오산담당등, 추진일정협의	
2008.04.08	U-City구축 추진방안 검토보고	신도시 지원과
	오산시 전지역을 포함한 구축방안을 자체검토함	
2008.04.18	U-City 구축을 위한 발주방안 의견 회신	시 ⇔ 주공
	명품 오산 U-City건설이 되도록 협조	
2008.05.26	주공 U-City 총괄팀과 업무협의	주공
	제안요청서, 과업내용서, 실무추진단구성 등 협의	
2008.06.10	U-City 실무추진단 구성	신도시 지원과
	(총93명 구성)	
2008.09.09. ~ 2008.09.25	유비쿼터스도시건설사업을 위한 시행사와 협약	주공⇔시
	주공 ⇔ 오산시, 유법 부칙제2조 근거	
2008.11.05	오산 U-City정보화전략계획수립 및 기본설계	주공
	용역 공고	
2008.12.29	기본설계 업체 선정	주공
	포스데이터 컨소시업(대우정보)	
2009.01.20	유비쿼터스도시건설사업 인정서	국토부
	오산시 세교신도시를 유도시건설사업으로 인정	
2009.02.17	기본설계 착수보고회	도시개발과
	사업협의회 위원위촉(18명) 및 착수보고회 개최	
2009.05.21	기본설계 중간보고회	도시개발과
	사업협의회 위원대상으로, 서비스, 위치등 보고	
2009.06.12	기본설계 자문회의(1차)	주공
	외부전문가 대상으로 자문	
2009.08.06	기본설계를 위한 실무협의회	도시개발과
	각부서 실무담당자 대상으로 보고	
2009.09.10	기본설계 자문회의(2차)	주공
	기본설계 수립 완료를 위한 외부전문가 자문	

	기본설계 완료보고회	주공
2009.10.29	추진경과, 개요, 현황분석, 비전, 전략, 서비스선정등	
2009.12.24	U-City 조례제정 방침결정 및 공포	시
	관리운영 및 사업협의회 운영 공포('13.3.18)	
2010.04.14	오산시 유비쿼터스도시계획수립 승인요청	시⇒국토부
	오산시 계획, 비전, 목표, 센터, 서비스 등	
2010.05.26	오산신도시 U-City구축관련 회의	LH⇒시
	서비스 축소(12개⇒2개(방범 및 버스운행정보)	
2010.06.28	세교1지구 택지개발계획 및 실시계획 변경	농림과⇒ 신도시정책
	센터 설치건은 농림과와 충분한 협의 후 처리요	
2010.07.01	오산 세교 신도시 U-City 사업추진 촉구	시⇒LH
	1공구 60%입주예상되어, 조속히 사업추진요함	
2010.07.02	세교 근린6호내 센터 설치관련 회신	농림과⇒ 신도시정책
	건물외관이 공원디자인과 조화 등 설치가능답	
2010.07.08	오산세교 U-City 사업 시행촉구건 회신	LH⇒시
	추진일정 통보(단계별 추진일정 포함)	
2010.07.20	오산세교 1단계공사 설계(안)송부	LH⇒시
	시설물 위치도 및 1단계 서비스 구축제원1부	
2010.07.20	세교 1단계공사 설계(안)구축 협의	LH
	선구축(방범CCTV, 버스정보, 자가망)	
2010.08.02	오산세교 1단계공사 설계(안)의견 회신	교통과⇒ 신도시정책과
	교통과 의견회신	
2010.08.09	오산세교 1단계공사 설계(안) 검토 의견 회신	시⇒LH
	검토의견요약서 등	
2010.08.26	1단계공사 시의견에 대한 검토내용 송부	LH⇒시
	방범CCTV 및 검지카메라 등	
2010.09.02	오산세교 U-City구축 검토내용 송부에 대한	시⇒LH
	재검토 협의요청(미디어보드, 플래카드)	
2010.09.08	세교 U-City도시통합운영센터 건축설계용역공고	LH
	설계가격 : 123백만원	
2010.11.01	세교1지구 U-City 사업추진현황 보고	도시과
	LH공사의 U-City 사업 재검토에 대한 대응보고	

2010.11.02	세교1지구 U_City사업 추진현황 보고	도시과
	우리시의 추진의지 전달 및 협력도모	
2010.11.08	세교1지구 U-City 사업조정에 따른 대응보고	도시과
	세교입주민위한 선서비스 구축 등 강력촉구	
2010.11.10	오산세교 U-City구축사업계획 재협의 요청	LH⇒시
	센터 부담주체 오산시, 서비스분야 축소 등	
2010.11.16	오산세교 U-City 재협의 요청에대한 의견회신	시⇒LH
	3대 인프라(센터, 자가망, 필수서비스)는 꼭 추진	
2010.11.16	U-City란 무엇인가? 시장님께 보고	신도시 정책과
	민선5기에 U-City 사업 어떻게 적용할까?	
2010.11.25	세교1지구 U-City 1단계 서비스 선구축 촉구	시⇒LH
	입주민 7, 000여세대를 위한 서비스 선구축요망	
2010.11.25	오산세교 U-City 구축사업계획세부항목 협의요청	LH⇒시
	별도첨부	
2010.11.30	오산세교 U-City 구축사업계획 세부의견 통지	시⇒LH
	별도첨부	
2010.12.06	세교지구 및 광역교통도로 BIS시행 요청	교통과⇒LH
	세교지구 민원다수 발생 조속히 처리	
2010.12.09	오산세교지구 택지개발사업 개발계획 및 실시	경기도지사
	계획 변경 승인(근린공원6호, 센터승인)	
2010.12.13	오산세교 U-City 추진관련 회의	LH
	통합운영센터 건축협의(면적축소, 서비스축소)등	
2011.03.03	오산세교 신도시 U-City 사업 추진 강력 촉구	시⇒LH
	중단에 따른 조속 추진	
2011.03.22	세교신도시 추진관련 현안사항 검토 회신	LH⇒시
	센터:2지구 추진, 서비스는 별도분리발주 등	
2011.04.06	1단계서비스 실시설계 1회 협의	시
	7월착공을 위한 서비스별 실시설계 사전협의	
2011.04.11	세교3지구 관련 시장님 면담	시장실
	U_City분야 : 센터 조기완료 요구 등	
2011.04.14	세교3택지개발예정지구 취소 관련 시의견보고	도시과
	U_City서비스 조기구축(구축사업비 반영됨)	

2011.05.18	**1단계 서비스 실시설계 2차 협의**	도시과
	1차협의사항 반영 및 추진일정대로 발주토록함	
2011.06.01	**세교신도시 관련 현안사항 협의(LH본사)**	LH
	LH공사 녹색도시사업1처 등	
2011.06.03	**세교U-City 사업 2단계 구축 추진일정 통보요청**	시⇒LH
	2011.6.1. 협의사항 공문으로 요청함	
2011.06.21	**세교 U-City 답답한 주민이 나섰다**	신문
	오산시민신문 보도(국민권익위원회 민원접수)	
2010.06.28	**오산세교 정보화시설사업 추진관련 회신**	LH⇒시
	금월중 발주의뢰 착공예정, 정보화시설 기준마련등	
2011.06.28	**오산세교1도시정보화시설통신공사설계완료통보**	LH⇒시
	수량 및 제원1부, 관련도면1식	
2011.06.29	**세교 U-City 사업 추진일정 재통보 요청**	시⇒LH
	LH 정보화시설 설치기준 및 협의주체는 누구?	
2010.07.08	**오산세교 택지개발사업관련 협조요청**	LH⇒시
	세교지구 관련 모든업무는 오산사업본부장과협의	
2011.07.08	**세교 U-City 사업 2단계 구축 추진 일정통보**	시⇒LH
	요청	
2011.07.14	**오산세교1지구 도시정보화시설 통신공사 공고**	LH
	시공능력평가액에 의한 경쟁입찰, 총액입찰, 전자	
2011.08.04	**개찰결과**	LH
	㈜건우통신 적격	
2011.08.26	**오산세교1지구 도시정보화시설 통신공사**	LH
	착수계 제출(기간:'11.08.26~'12.02.25(6월))	
2011.09.07	**오산세교1지구 통신공사 실무자 회의**	정보화 교육장
	관련부서 실무자 참석, 협의 사항 토의	
2011.09.14	**오산세교1지구 도시통합운영센터 구축추진협조**	시⇒LH
	시 사업지 확보후 2012년센터구축이 가능한지?	
2011.09.20	**제2차 유비쿼터스도시계획(안) 보완요청**	LH
	수정/보완요청	
2011.09.27	**오산세교1지구 도시통합운영센터 구축협조 회신**	도시과
	시 국비지원시 통합운영센터 추진방안 수립예정	

2011.09.29	CCTV 통합관제센터 구축 국비지원자문위원참석	행안부
	오산시국비지원 설명 및 지원	
2011.10.09	세교1지구 도시통합운영센터구축 추진계획통보	시⇒국토부
	요청(국비보조금 398백만원)확보 센터추진요구함	
2011.11.10	오산시 유비쿼터스도시계획 보완자료 제출	시⇒국토부
	파일, 책자 등	
2011.12.26	한전 배전전주사용에 따른 공가 신청	시⇒한전
	27주	
2011.12.28	오산시 유비쿼터스도시계획 승인	국토부⇒시
	국토부	
2011.12.28	세교1지구 도시통합운영센터 구축추진계획통보	LH⇒시
	2단계 구축(교통서비스, 센터)	
2012.01.10	도시통합운영센터 설계를 위한 간담회 개최	정보통신과
	센터건축면적, 공간배치 등 협의	
2012.01.12	오산시 유비쿼터스도시계획 고시	홈페이지
2012.01.17	도시통합운영센터 설계를 위한 견학	정보통신과
	부천시, 안산시, 시흥시	
2012.02.01	오산세교1지구 도시정보화시설통신장비 변경통보	LH⇒시
	서비스 용량변경에 따른 재원변경	
2012.02.02	오산세교1지구 통신공사 네트워크장비현황알림	LH⇒시
	네트워크 장비	
2012.02.06	오산시 유비쿼터스도시계획 제출	시⇒국토부
	책자, CD	
2012.02.06	세겨1지구 도시정보화시설 통신장비용량변경회신	시⇒LH
	수용불가 통보	
2012.02.10	용량변경에 관련 의견에 대한 회신	국토부⇒시
	변경불가피함을 주장, 향후 시와 재검토함	
2012.02.14	U-City 통합운영센터 평면 계획(안) 의견 회신	시⇒LH (녹색경관)
	평면도, 건물규모, 면적 등	
2012.02.16	통합운영센터 설계에 따른 업무협조	시⇒경찰서
	화성동부경찰서 관련 장비현황 등 조사협조	

2012.02.20	수원 광교 U-City통합운영센터 견학	수원시
	정보통신과장외 3명	
2012.02.20	화성 동탄 U_City 정보센터 견학	화성시
	자치행정국장외 4명	
2012.02.28	세교1지구 도시정보화시설통신공사 공기연장알림	정보화 교육장
	'11.08.26~'12.3.30(증) 34일	
2012.03.05	자가전기통신설비 설치신고 수리	시⇒서울전파관리소
	자가망 실치신고내역서 등	
2012.03.13	제1회 추경	정보통신과
	시예산 확보 504, 000천원 센터구축비로	
2012.04.03	오산세교1지구 U_City 실시설계용역착수알림	LH⇒시
	기간 4.1~6.30, 대우정보시스템(주)	
2012.04.10	U_City실시설계용역 사전회의	정보통신과
	실시 설계방향 등 토의	
2012.04.20	통합운영센터 설계관련 자료 회신	경찰서⇒시
	경찰행정망, 무선망, 데이터망 등	
2012.05.21	건축허가 처리 알림	시⇒LH
	2012.5.21. 대지면적(14, 615), 건축91, 097.67), 1동/지상1층 관광휴게시설/철골철근콘크리트조	
2012.05.25	U-서비스 및 설계에 대한 회의 개최	정보통신과
	교통관련 서비스 위치조정 및 예산지원 역할조정	
2012.06.04	오산세교 도시정보화구축 관련 교통부분협의요청	LH⇒시
	시설물의 수량 확정하고자 함	
2012.06.04	도시통합운영센터구축관련 지원사업범위 등협의	LH
	(12억 부분에 대한 LH공사와 협의)	
2012.06.05	교통관련 서비스 의견 제출(교통과)	교통과
	vms 1개 추가요구함	
2012.09.17	U-City통합운영센터 신축공사 전자입찰공고	LH
2012.10.11	U-City통합운영센터 신축전기공사 전자입찰공고	LH
2012.10.11	U-City 통합운영센터 정보통신공사 전자입찰공고	LH

2012.10.17	U-City통합운영센터 신축공사 업체 선정	LH
	소사벌종합건설(주), 계약일시 : 2012.10.22	
2012.10.19	오산시 분담분 설계도서 송부	LH⇒시
	오산시 시행 도시정보화시설 설계도서 1부	
2012.10.19	정보통신공사 업체 선정	LH
	대윤통신주식회사,	
2012.10.19	전기공사 업체 선정	LH
	두리전력(주),	
2012.11.20	오산세교1지구 U-City구축 입찰공고	LH
2012.12.12	오산시 CCTV 통합관제센터 시스템구매 공고	정보통신과
2012.12.26	오산시 CCTV 통합관제센터 시스템구매 업체선정	정보통신과
2013.01.09	오산시 U-City통합운영센터 운영계획에 따른	정보통신과
	추가설계 검토사항	
2013.01.16	오산 세교1택지개발지구 방범CCTV에 관한 협의	시⇒LH
	CCTV필수 운영지침서 요구	
2013.1.16	오산 세교2 택지개발사업 추진방향 자료 제출	시⇒LH
	3대 인프라 요구 및 통합플랫폼 구축 요구	
2013.01.24	인천 청라 U-City센터 견학	정보통신과
	정보통신과장외2	
2013.02.06	센터 구축관련 시공사 통합 회의	LH공사
	총17명, 참석자 및 주요사업 소개 등	
2013.02.19	화상서 CCTV 관제센터 견학	정보통신과
	건축감독 및 건축소장의 센터에 인식제공위함	
2013.02.27	대전 도안 U_City 및 세종시 센터 견학	정보통신과
	센터 시설물 견학	
2013.03.4.~15	센터건축과 관련하여 주간 업무일지 작성	정보통신과
	센터 현장에서 건축감독과 협의 등	
2013.04.01	LH공사 본사 방문	LH
	세교2지구 및 41만화소 성능개선토록 요구	

2013.04.04	수원 광교 U-City통합센터 견학	수원시
	유시티 팀 신설 및 신임팀장 발령에 따른 견학	
2013.04.09	광명시 U_City통합관제센터 견학	광명시
	모니터요원관리철저, 건물관리 철저 등	
2013.04.17	공사기간 조정 알림	LH⇒시
	4.22에서 5.31일까지(센터건축공사 기간)	
2013.04.01. ~17	센터 건축공사 관련 월간업무 일지 등록	정보통신과
2013.04.17	오산세교1지구 U-City구축 감리용역 공고	LH
2013.04.25	장애인편의시설 사전점검 협조요청	장애인편의시설기술 지원센터장
	센터내장애인 편이시설 구축전 협의사항 논의	
2013.04.18. ~06.28	센터 건축관련 주간 업무 일지 등록	정보통신과
2013.06.07	오산시 유시티 건축관련 건의사항 반영요청	시⇒LH
	실내 인테리어 반영요구	
2013.06.15	오산시 유시티 통합운영센터 LH공사 자체준공	LH
	전기/통신 : 6.12, 건축 6.15	
2013.07.09	유시티 통합운영센터 전산실내 전기공사 추가	시⇒LH
	전산실내 전기공사 요구	
2013.07.17	유시티 센터사무실 이전에 따른 업무 협조	정보통신과 ⇒자치행정과
	유시티 팀 일숙직 제외	
2013.07.23	오산세교지구 U_City통합운영센터 인수인계	LH⇒시
	사전점검 요청	
2013.07.24	건축 준공에 따른 업무 협조	시⇒LH
	인수인계 일정 및 센터내 출입사항 등 논의	
2013.08.05	오산시 유시티 통합운영센터 사용승인 처리	건축과
	허가번호 : 2012, 신축허가-97, 수청동624-1 관광휴게시설, 건축면적 1, 097.67㎡	
2013.08.14	오산시 유시티 통합운영센터 사전점검계획	정보통신과
	일시 : 08.22, 점검반 편성 등	
2013.08.19	오산시 유시티 통합운영센터 건축 결과보고	시장
	2007년부텅 2013년까지 경위 등 보고	

2013.08.22	유시티 통합운영센터 사전 점검 결과 보고	정보통신과
	주요지적사항 : 총 33건	
2013.08.28	유시티 통합운영센터 지적사항 통보	시⇒LH
	총33건	
2013.10.24	지적사항 처리완료 및 인수인계 요청	LH⇒시
	총33건	
2013.10.28	준공에 따른 인수인계 필요사항 제출	시⇒LH
	필요사항 요구(준공도서 등)	
2013.11.01	오산세교 통합운영센터 인수인계 관련 자료 송부	LH⇒시
	인수인계 서류 1부. 인수인계 완료	
2013.11.01	인수인계 요청	LH⇒시
	특고인입 및 가로등 전기요금	
2013.11.22	2013년도 제4회 보안심사위원회 심의결과 통지	자치행정과 ⇒정보통신
	제2013-05호, 세교1지구 U-City 사업 구축	
2013.12.06	오산시 U-City통합운영센터 홍보를 위한	정보통신과
	시민대상 견학 추진계획 수립	
2013.12.02	오산시 유시티 통합운영센터 개소식 행사	정보통신과
	시연, 방송촬영 등	
2013.12.12	2014년도 건물시설물 재해복구 공제 신청서제출	정보통신과 ⇒회계과
	대상 ; 센터 건축물 및 시스템	
2013.12.30	오산 U_City 시스템 합동점검 일정 통보	담당자별로 통보
	'14.01.06~.	
2014.01.07	오산 U-City시스템 인수인계에 따른 회의통보	시⇒LH
	합동점검시 협조사항 등 논의	
2014.01.22	2013년도 공유재산 증가 현황 제출	정보통신과 ⇒민원
	통합운영센터 공유재산 통보	
2014.04.03	U-City통합운영센터 홍보용 리후렛 제작	정보통신과
2014.05.08	합동점검시 미비점 보완요구 사항	시⇒LH
	CCTV분야, 센터시스템 분야	
2014.05.16	U-City구축 합동점검 보완사항에 대한 회의	유시티 사무실
	불법주정차분야 등	

2014.06.11	CCTV모니터링 요원 업무역량 향상을 위한	유시티
	현장시설물 체험 계획	
2014.07.15	여름휴가기간 시 공무원 가족대상 견학계획	정보통신과
	공무원 가족 : 1가족	
2014.08.28	U-City통합운영센터 상반기 성과분석 및	정보통신과
	민선6기 센터 연도별 운영계획(안) 수립	
2014.08.28	CCTV추가설치로 사회적약자예방을 위한	정보통신과
	민선6기 공약사항 방범용 CCTV설치계획 수립	
2014.09.29	궐동지구 공원의 안전지대 조성을 위한	정보통신과
	홍보포스터 부착 50매	
2014.11.25	2014 U-City서비스 경진대회 공모(안) 제출	정보통신과
	시민이 피부로 느끼는 안전교육장으로 U-City센터 견학실 효율적 운영방안	
2014.12.22	겨울방학 기간 견학 프로그램 운영	정보통신과
	초중고 학생 대상으로 1월 한달간 견학실시	
2014.12.31	2015년 U-City통합운영센터 시민대상 견학계획	정보통신과
	2015년 1월-12월동안 센터견학에 대한 계획	
2015.01.08	경기방송 라디오 인터뷰	정보통신과
	겨울방학 특집(김영혁)	
2015.01.29	빅데이터 분석 활용(이수권)	정보통신과
	빅데이터 프로그램 활용하여 CCTV 위치 선정	
2015.01.27	오산소방서 종합상황실과 연계	정보통신과
	교통CCTV 3개 영상정보 119 상황실과 연계	
2015.02.02	사회단체 회원 견학 프로그램 운영계획	정보통신과
	시민단체 등 견학 프로그램 운영	
2015.02.07	외국인 U-City센터 견학	정보통신과
	재외동포(중국) 15명	
2015.03.23	매홀고등학교 1학년 견학 실시	정보통신과
	신입생 10개반 1학년 전학생 대상	
2015.03.10	주요정보통신 기반시설 신규지정 정보통신기반 보호법 행정자치부고시 제2015-12호	행정자치부
2015.03.24	세교2지구 개발에 따른 U-City 사업 협조요청	정보통신과
	오산사업단에 공문발송	

2015.05.06	세교지구 U-City시설물 인계인수 요청	정보통신과
	방범CCTV 시스템 연동완료에 따른 조치	
2015.05.11	센터 모니터요원들의 현장 1일 투어(자발적)	정보통신과
	모니터요원 16명이 CCTV취약지역 집중 투어실시	
2015.05.18	세교지구 합동점검 결과보고	정보통신과
	부시장님께 보고완료	
2015.05.26	오산세교지구 U-City시설물인계인수 서류송부	정보통신과
	(LH공사에서 시로)	
2015.06.01	세교지구 U-City 시설물 인수인계 완료	정보통신과
	센터시스템 및 방범CCTV 시스템	
2015.07.16	U-City통합운영센터 홍보 리플릿 배부 안내	정보통신과
	노, 도, 로	
2015.09.04	미리내일학교 직업체험 일정 알림	매홀중
	매홀중학교	
2015.09.11	오산시 유시티 통합운영센터 견학 신청	연세대
	연세대학교 산학협력단장	
2015.10.16	세교2지구 택지개발계획 추진에 따른 일정 요청	정보통신과 →)LH
	2016년도 유시티 사업 추진계획 요청	
2015.11.09	U-City 사업추진일정에 따른 회신	LH→) 정보통신과
	설계용역 발주, 관로공사 등	
2015.11.02	u-city통합운영센터 합동 소방훈련 결과	정보통신과
	합동 소방훈련 실시	
2015.12.01	u-city센터 견학안내 협조 요청	정보통신과
	남촌동 경로당 회장 및 공무원 등	
2015.12.16	공간정조 기반 지능형 방범 실증지구 최종선정 평가 결과 알림	건기연→) 오산시
	2위로 선정되어 제외됨	
2016.01.05	2016년도 u-city통합운영센터 견학계획 수립	정보통신과
	1년 계획 수립	
2016.03.14	CCTV 통합관제센터 추진을 위한 구축기관 방문	정보통신과
	목포시	
2016.04.30	2016년 신규발령교사 오산바로알기 연수 견학	정보통신과
	선생님 80여명	

2016.05.16	u-city통합관제센터 벤치마킹	정보통신과
	안성시 4명	
2016.07.15	지역경찰 CCTV 관제센터 견학	정보통신과
	화성동부경찰서	
2016.06.02	오산세교2지구 도시정보화(u-city) 정보통신 설계용역 착수보고회	정보통신과
2016.07.13	유시티 모니터관제요원 삼천리도시가스 견학	정보통신과
	삼천리도시가스 오산지부 방문	
2016.09.28	진주 LH공사 본사 출장복명서	정보통신과
	스마트도시 추진사업단 신설에 따른 업무협의	
2016.10.19	통합플랫폼 설치관련 협조자료 회신	정보통신과
	통합플랫폼 기반구축에 필요한 소요장비	
2016.10.31	스마트시티 경진대회 우수상 시상 출장복명서	정보통신과
	경진대회 우수상 시상	
2016.11.29	시민안전망 연계시스템 구축을 위한 업무협약식 체결 (LH공사에서 12억 원)	정보통신과
	5개기관(시, 동부서, 오산서, lh, skt) (5대 서비스(112(출동, 영상), 119, 재난, 사회적약자)	
2016.11.24	세교2지구 설계관련 회의	정보통신과
	통신관로, 통플사업 등	
2017.01.26	오색시장 내 CCTV와 센터간 영상연계 계획	정보통신과
	시장내 42CCTV 카메라 연계	
2017.02.27	지능형 CCTV관제서비스 도입을 위한 현장방문	정보통신과
	행정자치부 외 2명	
2017.02.23	세교2지구 설계관련 회의	정보통신과
	통플사업, 토목공사 및 관로공사 진행 등 토의	
2017.03.10	지능형 방범 실증지구 구축관련 업무회의요청	정보통신과
	연구단 참여연구진과 회의 진행	
2017.04.04	2017 권선청소년수련관 청소년 견학	정보통신과
	수원시 청소년육성재단	
2017.05.02	지능형 방범 실증지구 업무회의	정보통신과
	설계용역 관련 회의	
2017.06.05	2017년 시민감사관 현장투어 협조요청	정보통신과
	시민감사관 29명	

2017.06.05	2017년 시민감사관 현장투어 협조요청	정보통신과
	시민감사관 29명	
2017.06.08	베트남 꽝남성 디엔반타운 대표단 견학	정보통신과
	남촌동 자매도시	
2017.06.09	지능형 방범 실증지구 업무회의	정보통신과
	실증지구 실시설계 등	
2017.06.08	얼굴인식 시스템 CCTV설치 위치 선정회신	화성서
	2개소	
2017.08.01	궐동 안전마을조성사업 추진관련업무협조요청	건축과
	CCTV비상벨	
2017.09.04	지능형 방범 실증지구 구축관련 업무회의결과보고	정보통신과
	CCTV설치위치 4개소	
2017.11.14	지능형 방범 실증지구 구축 협약체결 요청	건기연
	궐동지구 대상	
2017.12.29	u-City센터 4년간 성과분석 및 향후 운영계획	정보통신과
	성과분석 향후계획 기대효과	
2018.01.04	시민 안전망 연계시스템 구축 보안성 검토 결과	정보통신과
	보안성 검토결과	
2018.01.16	유시티 센터 방문객 대상 기념품 제공 선거법회신	정보통신과
	질의회답	
2018.03.14	국가 인프라 지능정보화 공모과제 자료제출요청	정보통신과
	사업수행계획서 등	
2018.03.16	국가 인프라 지능정보화 공모관제 자료 제출	정보통신과
	사업 수행계획서 1부	
2018.03.28	국가 인프라 지능정보화 공모 과제조정위원회 결과 통보	정보통신과
	과제조정 검토결과	
2018.03.16	국가인프라 지능정보화사업 컨소시엄구성결과	정보통신과
	공모사업을 위한 구성	
2018.04.12	유시티 조례 일부 개정	정보통신과
	법령 개정에 따른 조정	
2018.04.24	지능형 방범 실증지구 회의	정보통신과
	망연계 및 구성도 등	

2018.05.14	공모사업 선정에 따른 성립전 예산 편성계획	정보통신과
2018.05.08	공모사업 착수보고회 개최 13명	정보통신과
2018.05.16	국가인프라 지능정보화 사업관련 회의 결과 빅데이터와 딥러닝을 이용한 스마트	정보통신과
2018.05.16	오산시 스마트시티 통합운영센터 명칭변경 안내 명칭 변경	화성서
2018.11.20	안전산업박람회 홍보부스 운영결과 킨텍스 제1전시장	건축과
2018.12.20	국가인프라 지능화사업 최종감리보고회 출장복명 회의실	정보통신과
2019.01.07	2019년 smart city통합운영센터 견학계획 2, 700명 이상	건기연
2019.01.15	2019년 정보보안 세부업무 계획 국가정보보안 기본지침 제6조	정보통신과
2019.01.15	2019년도 스마트시티 챌린지사업공모 알림 오산시 접수	정보통신과
2019.01.16	지능형 방범 실증지구 보안성검토 결과 조치계획 제출(건기연→)시)	정보통신과
2019.02.18	스마트시티 사업설명회 참석요청 kt 미래융합컨설팀부장	정보통신과
2019.01.31	국가인프라 지능 정보화사업회의 센터	정보통신과
2019.02.21	방문 및 참관 위치추적중앙관제센터	정보통신과
2019.02.27	2019년도 nia안전사회구축 개발사업계획서 제출 2019년도 사업계획서	정보통신과 =)nia
2019.03.12	국제보안기기 전시회 참가계획(안) 미국 라스베이거스	정보통신과
2019.04.03	YTN Science촬영 제4의 물결 초연결시대	YTN

2019.04.05	첼린지사업 공모사업 자료제출	국토부
	직접방문 접수(도시경제과)	
2019.04.24	지능형 영상보안시스템 개발 1차회의	정보통신과
	iitp개발사업(서울역)	
2019.04.29	감사원 기관운영감사 관련 모범사례 제출	정보통신과
	수범사례	
2019.05.01	2019년 국가인프라 착수보고회	정보통신과
	대구 물산업 클러스터 회의실	
2019.05.15	스마트도시 시범 인증 제안서 제출	국토연구원
	서류제출	
2019.05.23	치안현장 맞춤형 연구 공모사업 발표	경찰청
	컨소시엄 대표 발표(탈락함)	
2019.06.05	시설물 안전대피 관리기술 개발을 위한 출장	시립대
	시립대 등	
2019.08.20	스마트시티 투어프로그램 선정	국토부
	통합운영분야	
2019.08.26	오산시 스마트시티 통합플랫폼 등 인수인계서송부	lh⇒시
	통합플랫폼 인수인계서 1부	
2019.08.09	스마트시티 시민안전망 5대연계서비스 구축	시
	결과보고(통합플랫폼)	
2019.8.12.	스마트시티 모니터요원 정규직 채용관련 제1차	시
	노사협의회 결과보고	
2019.09.23	국가인프라 지능정보화사업 중간 보고회	nia
	한국정보화진흥원 강당(15분 발표, 30분 질의응답	
2019.10.21	오산세교2지구 사업회의	시
	스마트시티 설계 및 서비스 내용 협의	
2019.10.30	오산세교2지구 스마트도시서비스 추진계획송부	lh⇒시
	스마트도시개발처	
2019.11.27	국가인프라 체납차량 시범실시	시
	오산경찰서, 징수팀, 차량등록사업소 등	
2019.12.27.	오산 오산지구 합동점검 결과 제출	정보통신과 ⇒미래도시개발과
	CCTV 및 통신관로	

2019.12.06	국가인프라사업 감리 최종보고회	nia
	사무실내	
2019.12.17	지능형 방범 실증지구 시민협의체 운영	건기연
	남촌동 통장협의회 일원	
2019.12.17	대한민국 4차 산업혁명 페스티벌 2020 참가	nia
	코엑스(12.17~19)	
2020.01.14	국가인프라 지능정보화사업 최종보고 및 평가	nia
	nia 강의실(83.2)	
2020.02.	LH공사 세교2지구 정보통신공사 업체 선정	LH공사
2020.03.05	세교2지구 감독, 감리, 시공사 관계자 방문	센터사무실
	설계업체 선정에 따른 향후 추진일정 논의	
2020.03.12	세교2지구 관련부서 사전회의	견학실
	정보통신과, 교통과, 시공사, 감리 등	
2020.03.17	세교2지구 공원내 통합폴 사전협의	사무실
	감리, 시공사, 공원녹지과, 정보통신과	
2020.03.18.	119작전지휘시스템과 119긴급출동지원서비스 간	재난종합지휘센터 ⇒시
	연계작업 협조 요청	
2020.03.19	운암뜰 복합단지 조성사업 스마트시티 인프라 구	미래도시개발 ⇒과
	축을 위한 수요조사 협조 요청	
2020.03.27	세교2지구 공사현장 방문	현장
	CCTV 정보통신 위치 선정	
2020.04.02	오산세교2지구 스마트도시 정보통신구축사업	내부결재
	보안성 검토	
2020.04.06	사회문제해결형 영상보안 핵심기술개발 선정협약	iitp
	시, 인텔리빅스, 광운대, skt, 전자부품연구원	
2020.04.10	직업방송 10주년 특집(일상의 혁명4차 산업)	
	직업방송 tv	
2020.4.7	오산세교2지구 사업회의 결과보고	센터
	세교2지구 스마트시티 정보통신 회의	
2020.4.8	오산세교2지구 스마트도시 정보통신공사 관련	시⇒lh
	변경요청(정보통신공사 사업변경 내역)	

2020.4.8	오산세교2지구 사업회의 결과보고	센터
	세교2지구 스마트시티 정보통신 네트워크 관련	
2020.04.21	kbs1 〈과학하는 인간, 호모사이언스〉	kbs1
	추격자를 넘어, 퍼스트 무브 코리아	
2020.05.07	스마트시티 통합플랫폼 운영실적 제출	시⇒국토부
	오산시 자료 송부	
2020.05.12	오산세교2지구 스마트도시 관련 CCTV디자인	시⇒lh
	반영 협조 요청(cad파일)	
2020.5.28.	정보통신 방송연구개발 공모사업 kick-off	센터
2020.5.29	세교2지구 정보통신공사중 vms, vds 통합폴 반영	교통과⇒lh
	통신서버 조기납품 요청	
2020.6.12	오산세교2지구 사업회의 결과보고	센터
	교통제어 정보, 대중교통 정보서비스망 등	
2020.6.18	오산세교2지구 사업회의 결과보고	센터
	서비스별 물리적 코어분리 및 보안강화 등	
2020.7.1.	ytn science 〈다큐 s 프라임〉	ytn science
	추적의 기술	
2020.7.2.	오산세교2지구 사업회의 결과보고	센터
	네트워크망 보안성 검토 등	
2020.7.9.	오산세교2지구 스마트도시 정보통신 공사 관련	시⇒lh
	변경 요청(네트워크 구성도 등)	
2020.7.13.	보안성검토 수정 자료제출	시⇒도
	세교2지구 네트워크 구성도 등	
2020.7.14.	부시장님 및 광운학원 이사장외 2명	센터
2020.7.14	오산오산지구 공공시설물 인계인수 완료 알림	lh⇒시
2020.8.27	스마트시티 통합운영센터 마스크 착용권고	내부결재
	음원송출 계획(자체)	
2020.10.14	스마트도시 정보통신시설물의 사전협의 결과	lh⇒시
	반영 알림(세교2지구)	

날짜	내용	기관
2020.10.4. ~11.08.	kbs 1 〈재난안전프로젝트 알아야 산다〉 3부작(김숙, 이광용, 최영재, 정시아 등)	kbs1
2020.10.20	sk 브로드밴드 수원방송 취재 ai 기반 스마트선별 시스템 등	
2020.11.27	세교2지구 조성에 따른 경관 및 공공디자인 관련사항 협조 요청	건축⇒과
2020.12.11.	감사원 실지감사 실시 통지 스마트시티 조성사업 추진실태	감사원
2020.12.14	오산세교2지구 추진계획 회신 요청 과 신설에 따른 요청	시⇒lh
2020.12.21.	2021년 오산세교2 스마트도시 정보통신공사 추진계획 송부	LH⇒시
21.1.20	jtbc 드라마 괴물 촬영 	jtbs
21.2.23	2021년 스마트타운 챌린지 공모사업보고 시민과 자연이 공생하는 스마트에코 오산천 조성	국토부
21.4.13	ai 학습용 데이터 구축사업 공모에 따른 접수보고 과기부, 92개 과제중 2개 과제 참가	과기부
21.4.21	오산시 스마트도시계획에 따른 부서 협조사항 오산시 스마트도시계획 수립 용역	사업자
21.6.15	CCTV영상분석(걸음걸이 패턴) 연구공모사업 추진 최종 탈락	과기부
21.6.19	sbs 드라마 원더우먼 촬영 6.19	sbs
21.7.6	ai 기반 CCTV led 안내판 연구공모사업 선정 	중소기업벤처부
21.7.12	오산시 스마트도시계획 수립용역 업체 선정 	시
21.6.30	스마트타운 팰린지사업 실시설계용역 업체선정 	시
21.7.22	상주경찰관 인력 변동 3명에서 1명	시

21.7.28	ai공모사업 자율배송 운행로봇 시연	시
	1층 로비	
21.9.6	sbs 모닝와이드 촬영	sbs
	도로 위 무법자, 화물차	
21.12.14	2021년 오산시 스마트도시 사업협의회 개최	시
	12.15일	
21.12.29	2021년 스마트타운 챌린지사업 제안서 평가위원회	시
	개최결과보고	
22.1.13	스마트타운 챌린지사업 착수보고	센터
22.02.09	착수계, 비상주 감리용역	내부결재
22.03.28	스마트타운 챌린지사업 벤치마킹 추진계획	내부결재
22.04.13	스마트도시계획 수립용역 회의 결과보고	내부결재
22.05.04	하천점용허가 및 하천공사허가 신청	한강유역환경청장
22.05.09	수질측정소 설치 건축허가 대상여부 검토요청	건축과
22.06.22	스마트도시계획 수립용역 회의결과 보고	내부결재
22.08.01	하천점용허가 및 실시계획인가 신청	한강유역환경청장
22.08.18	오산시 스마트타운 챌린지사업 리빙랩 추진계획	내부결재
22.09.27	하천수 사용허가 신청	한강홍수통제소
22.07.07	2022년 스마트도시 인증 공모 추진계획 보고	내부결재
22.09.20	2022년 스마트도시 인증 지자체 공지	국토부

22.06.02	스마트타운 챌린지 사업 시연회 개최	현장
22.10.13	스마트타운 챌린지사업 홍보 및 활용 결과	내부결재
22.11.07	2022년 스마트도시 인증 현판식 개최 (22.9.29 인증에 따른 동판 제막식)	시청
22.11.17	스마트타운 챌린지 사업 현장점검실시 국토부, lh	현장
22.12.29	오산시 스마트도시계획 수립 준공신고서	사업자→시
23.02.03	세교2지구 스마트도시 정보통신분야 사전점검 계획보고	시
23.02.15	오산시 지능형교통체계 기본계획 및 교통체계 개선 실행계획 수립 계획(안)	시
23.03.23	오산시 스마트도시계획 승인 신청	시-국토부
23.03.27	2023년 시민참여 스마트도시 리빙랩 용영추진	시
23.02.15	행안부 안전정책실장외 관계자 7명 방문	행안부
23.05.18	행안부 재난안전관리본부장 센터 현장 방문 안전2차관, 생활안전정책관외 30명	
23.12.01	오산 스마트시티 통합운영센터 10주년 기념행사 1 00여명 참석	시

1. U-City 사업 추진 관련 부서

- ■ 2006년 02월 ~ 2007년 08월 : 정보통신과(통신팀)
- ■ 2007년 08월 ~ 2008년 06월 : 도시개발과(유시티 팀)
- ■ 2008년 07월 ~ 2009년 02월 : 신도시정책과(유시티 팀)
- ■ 2009년 03월 ~ 2011년 11월 : 도시과(신도시팀)
- ■ 2011년 12월 ~ 2022년12월 :정보통신과(스마트시티팀)
- ■ 2021년 01월 ~ 2024. 06월 : 스마트교통안전과

변화의 중심 기회의 경기 | 디지털 전환 대응 우수사례

시민의 삶의 질 UP! AI 활용 스마트시티

I 추진배경

급속한 도시화에 따른 방범·교통·환경 등 다양한 분야에서 시민들의 요구사항 및 스마트시티 시설물은 지속해서 늘어나고 있어 필요한 관리 인력과 비용이 증가하고 있음

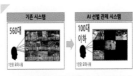

※AI 기술 미적용 시 CCTV 관제 등 도시 운영이 불가한 시대도래

✽ CCTV의 경우 1인당 560대 관제 중임. 행정안전부 권장 (1인 50대) 11배 초과

✽ 교통 또한 무선신호제어 및 AI 기반 교통안전 솔루션 등 수요 증가

일부 지역에 신기술 나열식의 사업은 실질적 운영이 어려워 선택과 집중이 필요

✽ 시민 및 전문가 리빙랩과 견학을 통한 정확한 시민 요구 파악으로 한정된 예산을 필요한 스마트시티 솔루션에 집중 필요

1. 시민 참여를 통한 사용자 중심의 스마트도시 운영

☑ 시민 리빙랩을 통한 지속적인 시민 의견
수렴으로 사용자 중심 스마트도시 운영
- 2021~2023년 스마트도시 시민 리빙랩
10회 실시

☑ 스마트서비스 견학을 통한 시민의 안전
체험장 활용 및 스마트시티에 대한 이해
도 향상

스마트도시리빙랩 발대식

- 대상 : 시민, 공무원, 외국인, 기업, 시민단체 등
- 내용 : 학생을 대상 안전교육 및 스마트시티 기술 체험의 장으로 활용

2. 인공지능 활용 효율적이고 실효성 있는 스마트도시 서비스

☑ 오산시 전체 CCTV에 지능형 영상 추적 및 선별 관제 시스템 구축 운영
(579개소 2, 301대)
- 과기부 연구 공모사업 추진(2018년), AI·선별 관제 솔루션 추가 구축
(2022년 3억), AI·선별 관제 적용 CCTV 구축(2023년 4억)
- 이벤트 발생 집중 관제를 통해 효과적이고 실질적인 감시 시스템 운영

연구 공모사업을 통한 AI·선별 관제 구축

AI·선별 관제 적용 CCTV 개념도

3. 방범·교통·재난·환경 CCTV 연계 통합관제 운영

☑ 통합플랫폼을 통해 범죄 및 재난, 재해 등을 통합 관리하여 여러 기관이 신속한 공동 대응을 통해 시민의 안전을 지키고 있음. (경찰서, 소방서, 재난 안전상황실 등을 연결)

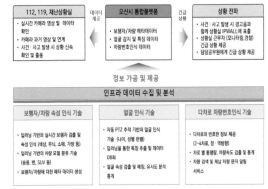

☑ 무선신호제어, 버스정보, 주정차, 스마트횡단보도, 스마트정류장 등의 교통정보 통합관제 운영

☑ 국토부 공모사업을 통한 미세먼지, 악취, 하천 수질 등의 환경 분야로 확장하여 통합서비스 제공

  – (환경 분야로 통합플랫폼 확장) 미세먼지, 악취, 수질, 수위, 오산천 AI-생태 CCTV, 환경 알림 LED 등 연계

  – (환경 분야 시민참여 및 통합예약 플랫폼 개발) 환경교육 XR, 공영자전거, 자원회수로봇, 에너지 체험 등

스마트시티 기술 선도적 적용과 시민 참여로 시민의 삶의 질 UP!

- 스마트도시 리빙랩 결과 시민요구사항 반영 스마트도시 공모사업, 계획활용 **도민참여**

※ 2021~2022년 국토부 스마트타운 챌린지 공모사업 선정(30억)

스마트도시인증 동판제막식

- 2018년 부터 과기부 공모사업으로 AI기반 CCTV 관제 시스템을 오산시 전 지역에 도입 **전국최초**

  - 2019년 미국에서 개최한 CES 국제박람회에 AI 관제 우수사례 전시

  - 한정된 예산안에서 실질적으로 시민에게 필요한 AI·선별 관제를 장기간에 걸쳐 전 지역에 설치·통합에 집중

  - 2022년 AI 선별 관제 솔루션 일부 미도입지역까지 구축하여 모든 지역 구축 완료(3억)

  - 2023년 10개소 44대 CCTV 설치 시 AI·선별 관제 적용 중

※ 2022년 국토부 스마트도시 인증 획득(우수한 AI·선별 관제, 시민리빙랩 등 평가 반영)

경찰서장 표창–범죄 등 사건협조

※ 모든 지역을 AI·선별 관제로 통합하고 관제사들이 활용하여 다수의 범죄 사건해결로 공로 인정 경찰서장 표창

- AI–CCTV 기반 LED·방송 안내 시스템 개발 **신규추진**

  - 영상정보를 AI로 분석하여 상황에 맞는 LED 및 안내 방송을 할 수 있는 시스템 공모사업에 선정되어 개발 중

- 국토부 스마트타운챌린지 공모(30억)를 통한 환경분야 통합플랫폼 연계구축

  - 환경교육 RX(5개월 6,084명), 공영자전거예약(5개월 3,903명), 자원회수로봇(5개월 재활용 22,238개)

  - 국토부 스마트시티 솔루션 마켓에 등록, 스마트시티 지자체 간담회 시 사례 발표

  - (자원회수로봇) 2023년 국토부 스마트솔루션 공모사업 확산 대상 솔루션 지정

스마트시티 기술의 선택과 집중으로 효과성 UP! `전국최고`

- 스마트시티사업의 선택과 집중으로 전국 최고의 AI·선별 관제 시스템 구축
  - 전 지역을 AI로 선별 관제하여 방범, 화재 예방 및 대응에서 실질적으로 운영 성과를 내고 있음
  - 관제사 16명으로(3명 4조 3교대) 관제 불가능한 2, 301대의 CCTV를 인공지능기술로 선별 관제 함으로써 범죄 및 재난·재해 사전예방

스마트도시인증 동판제막식

  - ※ 2023년 행안부 재난 안전관리본부장 및 안전 정책실에서 오산시 사례를 전국에 확산하기 위해 오산시를 방문하여 견학 및 회의 개최
  - ※ 방송 : (2023년)SBS, (2022년)MBN, OBS, TBS, (2021년)SBS / 영화 : (2022년)범죄도시 4, 무빙(드라마)

- 교통분야 스마트시티 시스템 및 시설물 연계로 효율적인 통합관제 운영

SBS 방송

  - 무선신호제어, 버스정보, 주정차, 체납 차량, 스마트횡단보도, 스마트정류장 등 CCTV와 연계 통합관제
    - 불법 주정차 문자 알림 통합서비스(서비스 도입한 모든 지역에서 불법 주정차 단속 알림서비스 통합제공)
    - 교차로 신호체계 개선(교통량 분석으로 교통 혼잡 등 교통문제 해결)
    - 버스정보시스템 고도화로 지하철 도착 정보 동시 안내 `신규추진`

효과성

스마트시티 기술로 시민의 안전을 책임집니다!

• 시민 안전 5대 연계서비스(통합플랫폼)를 통해 유관기관이 신속 공동 대응

  – CCTV 영상을 경찰서, 소방서, 재난 안전상황 실 등 관계기관과 공유함으로써 범죄, 재난·재 해 신속 대응

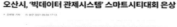

스마트도시 경진대회 수상

기간 (전수)	경찰		계도 방송							기타
	신고	협조	자체 방송	쓰레기 무단투기	금연 주취자 등	불법 소각	공원 내 반려견	마스크 착용	초등 등·하교 안내 방송	
'22.1~'23.5	850	669	422	7,486	18,214	91	1,883	2,194	13,191	13,093

※ 스마트시티 서비스 경진대회 은상 수상 (스마 트도시협회–국토교통부, 2021. 6)

오산시 스마트시티 통합운영센터 홍보 리후렛

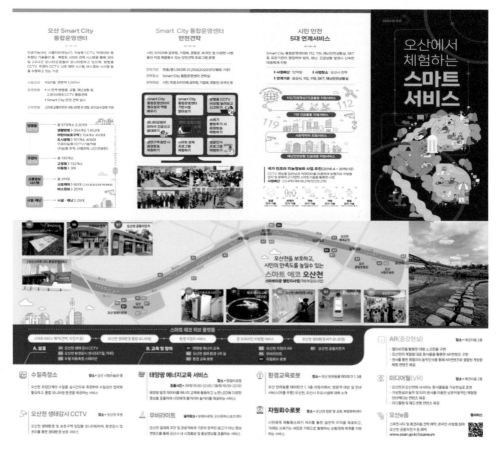

오산시 미리내일학교 체험 후 감사편지 중……

"솔루션의 오산시 실증사례 연구" 내용은 다음과 같다.
한국통신학회 학회지 기고
–정보와 통신 2020년 5월호(주제명: 스마트시티)

편집위원 : 방준성(ETRI), 김재호(KETI)

딥러닝 기반 스마트시티 영상관제 솔루션의 오산시 실증사례 연구

김영혁

오산시청

요 약

본 고에서는 CCTV 영상을 이용한 딥러닝 기반 보행자/차량 속성 검출 및 분류 기술, 딥러닝 기반 보행자 얼굴 및 전신 인식/검색 기술, GIS 기반 통합영상 선별 관제 기술 등을 포함하는 스마트시티(Smart City) 영상관제 솔루션을 살펴보고 해당 솔루션으로 오산시에 적용한 실증사례 결과를 알아본다.

I. 서 론

한국 정부에서는 국가 차원에서의 스마트시티(Smart City) 조성 및 확산을 위해 2018년 1월에 "스마트시티 추진전략"을 수립하였고, 스마트시티 중장기 발전 로드맵 아래에 스마트시티 국가시범단지 조성사업, 스마트시티 특화단지 조성사업, 스마트시티 챌린지 사업 등을 적극적으로 추진해오고 있다[1]. 한국의 스마트시티는 유비쿼터스 시티(U-City) 사업에 의한 영상관제 시스템, 도시업무포탈 시스템 등을 빅데이터, 인공지능(AI), 사물인터넷(IoT) 등의 기술 등을 활용하여 도시 서비스를 지능화하기 위한 전략이다[2]. 이전에 기계학습(Machine Learning) 기반의 관제 기술은 사람이 정한 규칙 범위 내에서 동작하여 그 운용범위가 제한적이었으나, 최근에는 딥러닝 기술에 의해 영상 내 특징을 자동으로 추출하고 학습하여 특정 사물을 인식하고 이상상황을 탐지할 수 있게 되었다[3]. 정부 또는 지자체는 방범, 방재, 교통, 환경, 시설물 관리 등 다양한 도시상황을 통합관리하고 각종 정보시스템을 연계 운영함으로써 국민 생명 및 재산 보호를 위한 골든타임을 확보하고자 한다. 이러한 목적에서 영상 데이터를 이용하여 현장 상황 이벤트를 실시간으로 전달 받아 신속한 대응 처리를 할 수 있는 통합플랫폼/솔루션이 요구된다. 본 고에서는 스마트시티 실현을 위한 딥러닝 기반 영상관제 솔루션과 오산시 실증사례에 집중하여 설명한다.

오산시는 2018년부터 국가정보화진흥원(NIA)에서 발주한 '국가 인프라 지능정보화 사업'을 수행하며 영상정보 속성을 분석

해 이상징후 등을 찾아 실시간 대응이 가능한 시스템을 구축했다. 오산시 U-City 통합운영센터를 스마트시티 통합운영센터로 탈바꿈시키며 빅데이터와 딥러닝 기술을 이용하여 영상관제 시스템을 지능화하였다.

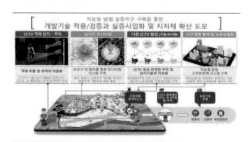

그림 1. 빅데이터와 딥러닝을 이용한 스마트 안전사회 구축을 통한 제공 서비스 목표

해당 사업은 현장에서 실천되는 체감형 안전서비스를 바탕으로 스마트 오산시 안전사회 구축을 목표로, 지능형 플랫폼의 성공적 모델 구현, 지속 가능한 방법 연계 서비스 모델 확보, 시민 체감형 서비스를 통한 시너지 창출, 안전문화운동 전개를 통한 안전문화 확산 정착을 그 실현 방안으로 삼았다. 해당 사업의 추진 범위는 구축된 CCTV 영상을 이용한 딥러닝 기반의 보행자/차량속성 검출 및 분류, GIS맵 기반의 통합 영상선별관제, 얼굴 및 전신기반 보행자 재인식 기술을 구현하고, 다양한 필터기반 영상 검색 솔루션을 이용한 검색 시스템 및 특이차량 이벤트 처리시스템 개발 및 적용하고, 이를 빅데이터 분석을 활용하여 보다 정밀한 이상징후 판단 솔루션 구현으로 정밀도 향상 및 고도화를 구현하는데 있다.

2018년도에는 딥러닝 기술 적용을 통한 정확한 보행자 및 차량 메타데이터를 확보하고, 딥러닝 기반의 보행자/차량 감지를 통한 오감지 최소화 실현 및 자동 PTZ추적 기술의 활용 극대화, 차량번호 인식, 얼굴분석(인식), 보행자/차량 속성 추출과, 수집된 영상 내 정보(메타 데이터)를 이용하여 실시간 이상징후를 판별하는 시스템 구축 및 각종 시나리오 확립, 이상징후 및 이벤트 감지에 따른 선별적인 영상 관제시스템 실현, 인프라 시설물의 고장 예측 및 예방 정비를 위한 스마트 전기안전시스템 구축

과 실증시스템을 통한 구축방안, 설정방안, 이상징후 시나리오, 관제방안 등에 대한 가이드마련을 하는데 중점을 두고 추진하였다. 2018년도 최종평가에서 90.4(우수)점을 받아, 2019년도 2차년도 사업은 1차년도에 사업결과 미흡한 부분을 보완하고 구축된 CCTV 영상을 이용한 딥러닝 기반의 보행자/차량 속성 검출 및 분류, GIS맵 기반의 통상 영상관제, 얼굴정보를 이용한 유사도 표출을 구현하고, 또한 다양한 필터기반 영상 검색 솔루션을 이용한 검색시스템 및 특이차량 이벤트처리 시스템 개발 및 적용하고, 빅데이터를 이용한 보행자/차량 감지 추가 속성에 대한 이상징후 판단 솔루션 구현으로 정밀도 향상 및 고도화를 구현하고자, 2019년 12월까지 추진하였으며, 상기 과제에 대한 평가를 83.2점으로 마무리하였다.

Ⅱ장에서는 오산시의 스마트시티 영상관제 솔루션 개발을 위한 운영, Ⅲ장에서는 딥러닝 기반 보행자/차량 인식 및 추적 기술, Ⅳ장에서는 딥러닝 기반 영상관제 기술이 적용된 오산시 실증사례에 대해 서술한다.

Ⅱ. 스마트시티 영상관제 솔루션 개발을 위한 운영

2013년부터 오산시에서는 CCTV 카메라 제품 중 자동추적시스템이 가능한 제품을 신규 및 저화소 교체시 적극 도입하여, 영상관제의 지능화를 위한 준비를 매년 하여 왔으며 현재 총506개소 2,018대를 운영하고 있다.

1. 영상데이터 수집

2018년도 주요추진 사업내용은 개인정보보호법 제18조 목적 외 이용·제공은 원칙적으로 금지, 다만 정보주체 또는 제3자의 이익을 부당하게 침해할 우려가 없는 경우 예외적 허용, 그 중 4항 통계작성 및 학술연구 목적에 필요한 경우로 특정개인을 알

아볼 수 없는 형태로 제공하면, 상기 과제를 수행할 수가 없는 제약조건이 발생하게 된다. 따라서, 빅데이터와 딥러닝을 위한 영상자료를 확보하기 위해 〈그림 2〉와 같이 장비를 선구입하여 운영하였다. 2019년도에도 관련 장비를 선 구축하였으며, 또한 오산시 자체예산 1억원을 편성하여 과제의 범위를 확대하였다.

2. 센터시스템 활용방안

2018년 1단계사업은 오산시 스마트시티 통합운영센터를 통해 수집된 CCTV 영상 데이터를 이용하여 딥러닝 및 빅데이터 기반의 이상징후 판별시스템을 구축하는 것이었다. 기존 오산시에 운영 중인 현장 CCTV와 센터 내 전산실과 상황실 시설물 활용하고, 최신 딥러닝 기술을 적용하여 오감지 최소화, 좋은 품질의 메타데이터를 확보하여 이상 징후 판별의 정확도 향상도모와 자동 PTZ추적을 적용하여 줌인 된 영상에 대한 차량번호 인식, 얼굴인식, 보행자 분석수행으로 이상징후 및 룰셋 이벤트 감지 시 선별적으로 관제하는 시스템 구축과 다차로 차량번호 인식을 통한 차량번호 수집 및 특이차량 발견하여 추적하고, 시설물들에 대한 전기적인 상황을 파악하여 유지보수 수행 등을 목표로 하였다.

2019년 2단계사업은 2018년 1단계 사업의 연장으로 1단계 개발에 따른 아쉬운 부분에 대한 보충과 확대를 위한 계획을 세웠다. 딥러닝 기반 보행자/차량 속성 검출 기능 고도화, 보행자 인식을 위한 얼굴인식 시스템 고도화 및 RE-ID기술 적용, 스마트관제 표출 이벤트 GIS 맵 기반 통합 관제시스템에 연계, CCTV를 통해 취득한 다양한 데이터 분석 및 대시보드를 통한 표출, 고속영상 분석 시스템의 오프라인 형태의 비디오 파일까지 확장, 이상징후 판별 시스템 효율화 및 고도화, 등록인 출연 공간 이상징후 시스템 적용, 인프라 시설물 전기안전관리 시스템 및 대도로 차량번호인식시스템 고도화, 특이차량 이벤트 처리 시스템 적용을 적용하고자 하였다. 상기에서 제일 중요한 부분은. 24시간 근무를 하고 있는 관제요원을 활용하여, 상기 시스템의 문제점 및 개선사항을 매일매일 피드백을 받아 연구에 반영한 점이다.

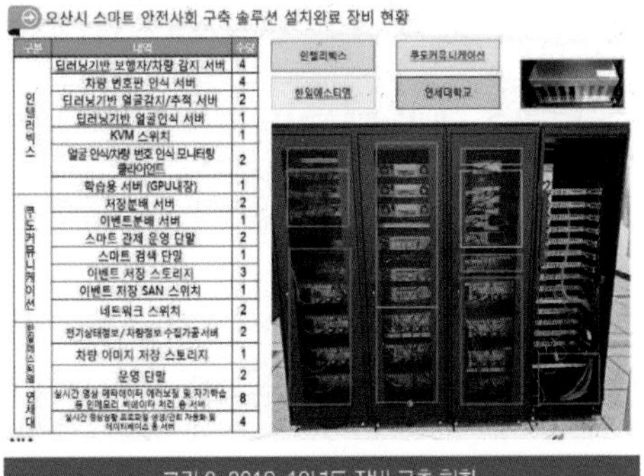

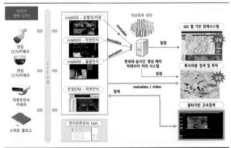

그림 2. 2018~19년도 장비 구축 현황

그림 3. 빅데이터와 딥러닝을 이용한 스마트 안전사회 구축 서비스 구성도

III. 딥러닝 기반 보행자/차량 인식 및 추적기술

현재 딥러닝 기반 보행자/차량 인식기술에 치매노인대상으로 모니터링 서비스 시범운영을 오산시 보건소와 협의하여, 오산시 치매노인 37인에 대한 사진 확보, 얼굴인식 시스템에 등록하고 해당 사진의 얼굴인식 시스템 활용하여 실시간 모니터링 운영하고자 하였으나 운영 결과만으로 보면, 야외환경(역광, 그늘등)과 카메라 구축환경(사거리에서 어느 위치에서 카메라방향을 보는가)에 따른 얼굴 인식률 정확도 저하발생과 야외 다양한 환경에 따른 오인식 발생(역광, 헤드라이트), 1장의 정면-일반사진을 통해 인식 시 정확도 감소 발생, PTZ로 이루어지는 얼굴인식 기능상 미탐이 발생하는 한계사항 존재, 일정 수준의 픽셀이 확보되지 않은 영상으로 인식 진행 시 검출 오류가 발생하는 등 정식 서비스 운영을 위한 모니터링 뿐 아니라 인물의 다양한 사진을 확보하는 것이 필요함을 인식할 수 있었다. 즉, 아래와 같은 개선사항이 필요함을 도출할 수 있었다.

- 카메라 각도를 반영한 3~4장의 사진 확보 필요
- 얼굴인식을 위한 카메라 성능 고도화 필요
- 얼굴인식이 가능한 최소한의 영상 확보를 위해 기존 카메라 성능의 개선 또는 고도화 필요
- PTZ의 이동으로 인한 미탐이 발생하는 한계사항 해결을 위해 얼굴인식 전용 카메라 구축 필요

유관기관 중 오산경찰서의 센터 출입하는 경찰관대상으로 공모사업에 대한 활용도를 높이기 위하여 오산경찰서 자체계획수립과 수사활용 방법 등을 교육하고 나서, 영상 고속 검색, 얼굴/차번인식 및 보행자 속성 기반 검색 기능을 수사에 활용, 얼굴 및 보행자 속성의 경우 실종인 등 소재 수사에 활용, 차번인식의 경우 수배차량의 세부적인 수사에 활용(2019.08. ~2019.11. 사이에 차번인식 6건과 얼굴 및 보행자 속성인식 4건으로 실제 수사에 총 10건 활용)하였다. 또한, 특이차량 검색 및 알림 서비스 운영은 오산시 컨소시엄, 오산시 징수과, 오산시 교통과의 협의를 통해 체납 및 운행 정지차량, 수배차량 등 특이차량 위치를 실시간으로 파악 가능한 서비스를 구현하였고, 오산시 징수과와의 협의를 통해 체납 및 운행정지 차량 데이터 14만건을 확보하였다. 그 세부 사항은 아래와 같다.

- 지방세 체납차량 3,639건 (오산시)
- 과태료 체납차량 3,586건 (오산시)
- 불법명의차량 46,443건 (전국)
- 운행정지명령차량 86,884건 (전국)

운행정지명령차량 데이터에서, 수배차량의 경우 담당 경찰관이 실시간 갱신하는 데이터(시스템에 특이차량 정보 등록)와 시스템에 의해 등록되는 데이터(다차로 번호인식 카메라, 방범용 카메라의 번호인식을 통한 특이차량 판별)를 추가 활용하였다.

오산시 교통과와 징수과에 특이차량 위치 정보 SMS 전송하는 시스템도 구성하였다. 시스템 운영 과정에서 특이차량 이동 일평균 500건, 체납차량 일평균 480건, 운행 정지 차량 일평균 20건에 해당하는 SMS〈그림 4 참고〉를 발송하였다. 그러나, 향후에는 선별적인 문자발송으로 우선순위가 높은 사항에 대해 SMS를 발송하도록 시스템을 개선하려고 한다.

> **[Web발신]**
> 16:04:37 [체납] 58   003 청학로 원텍 정방향
>
> **[Web발신]**
> 16:06:11 [체납] 75   509 수목원로 베네치아타운 정방향

그림 4. 특이차량 SMS 전송 예시

스마트 관제는 이벤트가 발생한 채널을 중심으로 이벤트 중요도에 따라 모니터링 우선순위를 선정하고 선별적 모니터링을 통해 분야별 즉, 학교는 배회 및 경계선 통과(도로 주변), 공원은 경계선 통과, 주택은 배회, 상가는 쓰러짐 및 배회를 설정하여 딥러닝 영상분석 시스템 및 이상징후 판별시스템과 연계하여 모니터링하도록 되어있다〈그림 5 참고〉.

그림 5. 스마트 관제 모니터링 화면

룰 셋 기반 이벤트 감지로〈그림 6 참고〉 252채널 지역 특징을 반영하여 경계선 통과나 배회 등으로 이벤트 종류를 정의하고 이를 통하여 2018년 11월22일 법원로 주변 거주자였던 차량털이범을 감지('배회'행위 표출)하고 관제요원이 이를 인지하고 지원하였다.

그림 6. 모니터링 시 이벤트 발생 화면

그림 8. 딥러닝 기반 얼굴인식

영상 고속검색 시스템은 영상분석 서버에서 추출된 메타데이터를 기반으로 보행자의 성별, 상/하의 스타일, 색상, 가방 착용 여부 등으로 복합검색을 수행하고, 차량은 차량 번호, 차량 속성(색상, 종류(승용차, 트럭, SUV, 승합차) 등을 활용하여 검색하고 재생하는 기능을 제공한다〈그림 7 참고〉. 이 영상 고속검색 시스템을 활용하여 2018년 11월 19일 궐동 소재 청수산 산불 방화범 검거에 결정적 역할을 하였다.

차량번호 인식(차량번호 인식 18채널 적용)은 영상 내 차량을 인식하고 추적하는 기능을 구현하였고 PTZ 카메라를 통해 추적된 차량의 번호인식률 테스트 결과 92% 인식률 성능을 보였다〈그림 9 참고〉.

그림 9. 딥러닝 기반 차량번호 인식

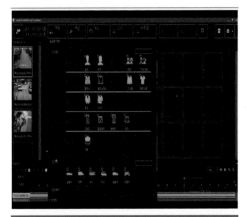

그림 7. 영상 고속검색 시스템 운용 화면

다차로 차량번호 인식 시스템(신궐동 지역 5개 개소 설치)은 대도로 주행차량의 번호인식 정보를 수집하여 특이차량 검색 및 알람 기능을 수행하거나, 차량 메타데이터를 생성하여 이상징후 판별 시스템과 연동하여 차량 이상징후 알람 기능을 수행하는데, 다차로 차번인식 카메라를 통한 통행차량 차번 인식률 테스트 결과 92% 인식률을 보였다〈그림 10 참고〉.

딥러닝 기반 사람/차량 속성 검출 시스템(사람 차량 속성 218채널 적용)은 성별 및 의상 착의 정보(머리/몸 구분, 남/녀, 착용 의상 정보, 가방 등)에 대한 인물별 속성을 감지하고 차량 종류 구분도 세단, SUV, 벤, 트럭, 버스, 이륜차 등 6개 차량 속성을 감지하는 것이 가능하다(감지 테스트 결과 100% 구분).

딥러닝 기반의 얼굴인식(얼굴인식 16채널 적용)은 나이 예측, 성별 판별, 등록 얼굴 매칭 기능을 구현하였고 PTZ 카메라를 통해 기 등록 보행자 얼굴인식 테스트 결과 90% 성능을 보여주었다〈그림 8 참고〉.

그림 10. 다차로 차량번호 인식

정상상황 프로파일 학습(고정 카메라 153채널 감시 공간 전체 및 경로 탐색 완료)은 Intellivix의 실시간 영상 객체 인식 시스템과 연동하고 데이터 스트림 실시간 분석 엔진을 이용하였다. 전체 화면 정상 프로파일을 공간 및 시간 특성에 따라 자기학습을 수행하고 정상상황 및 경로에 대한 프로파일 학습 완료하여 아래와 같이 감지공간 경로 탐색 정확도 테스트 결과 90%의 인식률을 보였다〈그림 11 참고〉.

그림 11. 정상상황 프로파일 자기학습

이상징후 판별 시스템(고정 카메라 153채널과 연동)은 실시간 CCTV 영상 메타와 정상 프로필 간 차이에 대한 이상 징후 판별 시스템의 탐지 즉, 비정상 주의, 비정상 탐지, 비정상 상황 3가지 판단 결과 실시간 제공하고, 이상징후 알람 연동하며, 비정상 상황 탐지율 테스트 결과는 95%이상이었다〈그림 12 참고〉.

그림 12. 경로별 자기학습

GIS 웹 기반 모니터링 기술은 딥러닝 기술을 활용하여 인식한 대상 정보와 연계하여 발생 이벤트(얼굴, 차량번호 등)를 GIS 지도 위에 궤적관제, 대시보드를 통한 메모(이벤트/요일별 발생이벤트 수 등) 등을 통해 발생지역에 대한 정보를 제공하는 기술이다〈그림 13, 그림 14 참고〉.

그림 13. GIS 웹 기반 모니터링 화면

그림 14. GIS 웹 기반 인물 관제 화면

Ⅳ. 오산시 실증사례

1. 실증 결과/효과

비록 오산시 전체지역은 아닐지라도, 오산시 범죄사각지대를 대상으로 실증한 결과는 수요자 (관제요원/경찰관) 및 공급자 (컨소시엄)측면에서는 모두 긍정적인 반응을 보였으며, 상기 시스템을 벤치마킹하고자 유선 및 직접방문사례가 지속적으로 문의가 오고 있으며, 또한 세교2지구 택지개발지구에도 상기 시스템 도입에 10 억원, 경기도 지자체에 선별관제솔루션 모델로 사례발표 및 2020년 예산반영 등 그 효과가 날로 증가하고 있음을 알 수 있다.

2. 발전 방향 및 정책적 제언

관제요원이 직접 영상을 통한 이상징후 파악은 CCTV 대수가 작을 때에는 가능하였지만 오산시 사례에서 보듯이 4조 3교대 3명이 2,000대 이상을 관제하는 방식은 실효성 있는 영상 관제

운용을 어렵게 하며, 스마트시티 영상관제 솔루션 도입은 비록 초기 투자 예산은 많이 들지만 단계적으로 더욱 효과적인 CCTV 관제센터의 기능과 역할을 수행할 수 있을 것이라 기대된다고 할 수 있다.

V. 결 론

본 고에서는 스마트시티 영상관제 솔루션 개발 과제를 2년 동안 추진하는 과정에 각종 간담회, 강연, 발표, 자문시에 영상에 대한 빅데이터를 어떻게 저장하고 활용하는지와 왜 필요한가를 지속적으로 홍보한 결과, 구축 솔루션 견학과 경기도청, 국토부 등 유관 기관에 해당 기술 및 홍보 진행으로 오산시의 경우 국토부 스마트시티 투어프로그램 대상지로 선정되는 등 지능형 선별관제 선진/우수 모델로 선정되었으며, 지능형 CCTV를 도입한 스마트시티 홍보를 기반으로 오산 내 신규 개발될 오산 세교 2지구 개발 건에 해당 솔루션 도입 확정하여 현재 세교2지구에 반영되고 있다.

스마트 관제를 활용한 관제요원의 인건비를 효율화 및 범죄를 통한 사회적 비용 절감은 고속 영상분석 시스템 활용시 1명 1시간 시 소요 599시간 단축 및 수사인력 절감 가능성을 보았다. 스마트 관제시스템 구축으로 관제 공백 최소화와 통합관제센터의 공공안전 기여도 제고 및 효율적 검색시스템 구축으로 경찰의 CCTV 분석 수사를 지원함으로써 통합관제센터와 수사기관 사이 긴밀한 업무 협조 가능성을 보았으면, CCTV 기반 안전서비스 제공으로 일상생활에서 국민의 체감 안전도를 향상하고 범죄 발생을 예방하는 효과가 있음을 증명하였다.

Acknowledgement

본 고에서는 2017년 하반기에 오산시 스마트시티통합운영센터에는 그동안 단순하게 자동추적CCTV카메라만 구축하던중 4채널에 안면인식이 가능한 소프트웨어를 구축하고 시험운영하면서, 오산시에서 발생하는 1일 1건이상 실종사건이 접수됨을 인지하고 실종시 도움을 주고자, 한국정보화 진흥원에서 추진한 국가인프라 지능 정보화사업중 사회문제해결형 과제를 해결하고자 도전하여, 국비 총23억원으로 2018년부터 2019년까지 과제를 수행하면서, 인텔리빅스, 쿠도커뮤니케이션,한일에스티엠, 연세대학교산학협단에게 감사의 뜻을 전한다.

참고문헌

[1] 빅데이터와 딥러닝을 이용한 스마트 안전사회 구축 솔루션 개발 실증(2018~2019) 결과보고서

[2] 조재희, "국내 스마트시티 플랫폼과 서비스," 한국정보통신기술협회, Special Report - 스마트시티, pp. 46-50, 2018년 3월.

[3] 이철우, "스마트시티 플랫폼," 한국IR협의회, 산업테마보고서, 2019년 10월.

[4] 김태형, 최정민, 이호, 소재현, 김미정, "스마트시티 교통체계 구축전략 및 실행방안 연구," 한국교통연구원, 연구보고서-기본-RR-18-10, 2018년 11월.

[5] 박영석, 박연섭.에지 검출과 체인코드를 이용한 차량 번호판의 문자분리 알고리즘.

[6] 변상철.다차로(3,4차로) 상의 차량 번호 인식률 개선을 위한 단일 카메라 기반 ANPR 시스템에 관한 연구. 한국ITS학회 춘계학술대회, pp472-482, 2016.

[7] 강성인, 변창철, 윤여한, 박연섭. A Study on Single Camera Based ANPR System for Improvement of Vehicle Number Plate Recognition on Multi-lane Roads Invention Journal of Research Technology in Engineering &Management

[8] 김종식, 이우식, 변상철.Efficient Dynamic Communication Method According to Vehicle Density in Smart Traffic Environment International Journal of Applied Engineering Research

[9] 박연섭, 구자열. 단일카메라를 이용한 다차로상의 차량검지 및 차량번호인식 시스템 및 방법

[10] 김단희, 이원석등.교통 CCTV 영상 로그 분석을 통한 정상 프로파일 자기 학습 및 실시간 이상 징후 판별, 컴퓨터정보학회 논문지 2019년,

[11] 김지호, 이원석, 김단희.교통 CCTV 영상 로그 분석을 통한 실시간 차량 속도 및 교통량 측정 정확도 향상 연구, 2018 하계공동학술대회, 한국정보기술학회,

[12] 장정훈, 이형주, 최준호.객체 이동 시간 기반 관심 영역 이벤트 발생 감지 방법

[13] 고현준.이벤트감지장치 및 그 장치의 구동방법

약 력

1991년 명지대학교 공학사
2007년~현재 오산시 U-City 및 Smart city사업 추진 담당자
관심분야 스마트도시 계획 설계 구축 운영

김영혁

〉〉〉〉 부록

스마트시티 통합운영센터 관련 사이트

스마트시티 통합운영센터 관련 사이트 소개

- 스마트시티 종합포털(www.smartcity.go.kr)
  추천사유 : 스마트시티 국가정책, 공모사업, 인증, 기업 솔루션 소개 등을
참고할 수 있어 방문하기를 추천합니다.
- 감사원(www.bai.go.kr) : 검색(스마트도시 조성사업 추진실태)!
  추천사유 : u-city 및 smartcity 사업 추진을 이해할 수 있어 꼭 추천합
  니다.
- 스마트시티 통합플랫폼 기반구축 설명자료(2020.5).

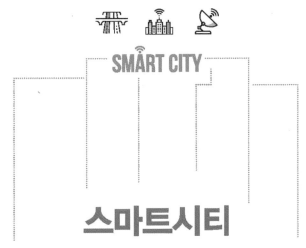

스마트시티

통합플랫폼 기반구축

2020. 5.

국토교통부

스마트시티 통합플랫폼
Smart City Integration Platform

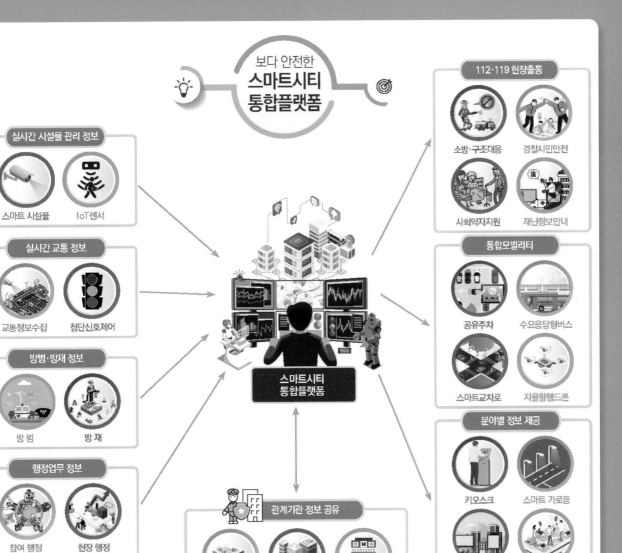

보다 안전한 스마트시티 통합플랫폼

실시간 시설물 관리 정보
- 스마트 시설물
- IoT센서

실시간 교통 정보
- 교통정보수집
- 첨단신호제어

방범·방재 정보
- 방범
- 방재

행정업무 정보
- 참여 행정
- 현장 행정

스마트시티 통합플랫폼

관계기관 정보 공유
- 시·군·구
- 중앙부처
- 연관기관

112·119 현장출동
- 소방·구조대응
- 경찰시민안전
- 사회약자지원
- 재난정보안내

통합모빌리티
- 공유주차
- 수요응답형버스
- 스마트교차로
- 자율항행드론

분야별 정보 제공
- 키오스크
- 스마트 가로등
- 미디어보드
- 휴대단말기

스마트도시 안전망 서비스

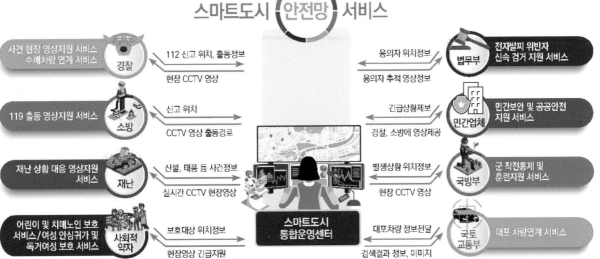

경찰
- 사건 현장 영상지원 서비스 / 수배차량 연계 서비스
  - 112 신고 위치, 출동정보 →
  - ← 현장 CCTV 영상

소방
- 119 출동 영상지원 서비스
  - 신고 위치 →
  - ← CCTV 영상 출동경로

재난
- 재난 상황 대응 영상지원 서비스
  - 산불, 태풍 등 사건정보 →
  - ← 실시간 CCTV 현장영상

사회적 약자
- 어린이 및 치매노인 보호 서비스 / 여성 안심귀가 및 독거여성 보호 서비스
  - 보호대상 위치정보 →
  - ← 현장영상 긴급지원

스마트도시 통합운영센터

법무부
- 전자발찌 위반자 신속 검거 지원 서비스
  - ← 용의자 위치정보
  - 용의자 추적 영상정보 →

민간업체
- 민간보안 및 공공안전 지원 서비스
  - ← 긴급상황제보
  - 경찰, 소방에 영상제공 →

국방부
- 군 작전통제 및 훈련지원 서비스
  - ← 발생상황 위치정보
  - 현장 CCTV 영상 →

국토교통부
- 대포 차량연계 서비스
  - ← 대포차량 정보전달
  - 검색결과 정보, 이미지 →

CONTENTS

스마트시티 통합플랫폼
기반구축

05

신규 연계서비스
개발 및 보급
—
25

06

유관기관
연계시스템
구성 및 운영
—
31

I 스마트시티 통합플랫폼 기반구축 사업 개요

■ 지자체는 도시문제 해결을 위하여 각종 정보시스템을 운영중이나, 서로 연계되지 않고 개별 운영되어 비효율 및 예산 중복투자 등이 발생

• 이에, 고가의 외국기업(IBM, BEA) 통합플랫폼 수입 대체, 개발비용 절감, 지자체간 시스템 연계 및 호환성을 고려,

스마트시티(U-City) 통합플랫폼 국산화 및 지자체 기반구축을 위하여 행정안전부, 지식경제부, 국토해양부 간 업무협약[※] 체결('08.8)

※ (협약내용) ① 스마트시티 관련 정보연계 및 표준화, ② 스마트시티 통합플랫폼 개발 및 시범사업 추진, ③ 스마트시티 관련 응용 및 요소기술 연구개발 및 활용 등

■ 스마트시티 통합플랫폼은 다양한 도시상황 관리 및 스마트도시 통합운영센터 운영을 위한 핵심기술(기반 S/W)로

• 방범·방재, 교통 등 異種 정보시스템을 연계·활용하기 위하여 정부 R&D('09~'13, 100억 원)로 개발, 지자체 보급에 착수('15~)

※ 제3차 스마트도시 종합계획('19~'23)

합계	'15	'16	'17	'18	'19	'19추경	'20~'22	'23~
108개	2개	2개	6개	12개	15개	12개	59개	20만이하 확대

• 세월호 사고('14.4) 이후에는 재난안전상황에 신속 대응하기 위해 지자체와 112·119·재난 등 국가 재난안전체계 연계[※]를 추진('17~)

※ (5대 연계서비스) ①112센터 긴급영상 지원, ②112 긴급출동 지원, ③119 긴급 출동 지원, ④재난상황 지원, ⑤사회적 약자(어린이·치매인 등) 지원 등

■ '18년부터는 국가 R&D 개발 통합플랫폼 외에 민간 기업의 인증 받은 통합플랫폼도 지자체 보급 사업에 참여할 수 있도록 인증제도 실시('18.4~)

※ '20. 4월 현재 24개사 제품이 TTA 인증을 획득(http://test.tta.or.kr/research/result/)

■ 기초 지자체(229개소)와 112·119센터 등을 중간에서 연계하여 허브 역할을 수행할 광역 센터(17개 시·도) 구축 및 플랫폼 고도화도 병행 추진

그간의 사업추진 경과

- 통합플랫폼 국산기술 개발을 범정부 과제로 확정('07.6. 과기장관회의)

- '스마트시티 핵심기술 국산화'를 국정과제로 선정('08.2)

- 통합플랫폼 개발 관계부처(국토부·행안부·지경부) MOU 체결('08.8)

- 정부 스마트시티 R&D로 통합플랫폼 개발('09~'13, 100억 원)
  ※ (개발 참여사) KT · SK C&C · LG CNS · 대우정보시스템 컨소시엄

- '유비쿼터스형 국민중심 안전망 구축[※]'을 국정과제(86-4)로 선정('13.4)
  ※ 안전 · 재난관련 각종 정보시스템을 연계하여 총체적인 국가재난 관리 체계 강화

- 스마트시티 통합플랫폼 기반구축 시범사업(인천청라, 세종) 실시('13~'14)

- 스마트시티 통합플랫폼 신규 예산 반영 및 지자체 보급 착수('15~)

- 스마트도시 통합운영센터 – 112센터 연계시스템 구축 협약 체결
  ('15.7. 국토부 – 경찰청)

- 스마트도시 통합운영센터 – 119센터 연계 협약 체결('15.9. 국토부 – 안전처)

- 스마트도시 통합운영센터 – 민간통신사(SKT) 간 사회적 약자(어린이, 치매노인 등) 보호를 위한 시스템 연계 협약 체결('16.7. 국토부 – SKT)

- 스마트시티 통합플랫폼과 5대 연계서비스 패키지 보급 실시('17~)
  ※1개 지자체 당 구축 사업비 12억 원 중 국고보조 6억 원, 지자체 6억 원 매칭

- 클라우드 기반 스마트도시 안전망 구축 협약 체결
  ('17.11. 국토부 – 과기정통부 – 서울시)

- 민간보안 – 공공안전 연계시스템 구축 협약 체결
  ('18.3. 국토부 – 한국경비협회 – 에스원 – ADT캡스 – KT텔레캅 – NSOK)

- 스마트시티 통합플랫폼 인증체계 구축 및 인증실시('18.4.~)

- 스마트도시 통합운영센터 – 법무부 위치추적센터 연계시스템 구축 협약 체결
  ('19.1. 국토부 – 법무부 – 서울시 – 광주시 – 대전시)

- 스마트시티 통합플랫폼–수배차량검색시스템 연계 MOU 체결
  ('19.9. 국토부 – 경찰청 – 서울시 – 광주시 – 강원도 – 은평구 – 서초구)

스마트시티 통합플랫폼 기반구축

지자체 정보시스템 운영 효율화

개요

■ 지자체의 방범·방재, 교통 등 분야별 정보시스템을 기반 S/W인 스마트시티 통합플랫폼으로 연계하여 지능화 된 도시기반 조성

- 이를 통해 개별 운영되고 있는 지자체의 각종 스마트시티 서비스와 정보시스템, 센터 등을 연계하여 운영할 수 있도록 지원

주요 기능 및 구성 모듈

■ (주요 기능) 도시에서 발생하는 다양한 상황 이벤트를 스마트시티 통합플랫폼을 활용하여 실시간 처리 및 융·복합서비스를 단일 사용자 화면에서 처리할 수 있도록 지원

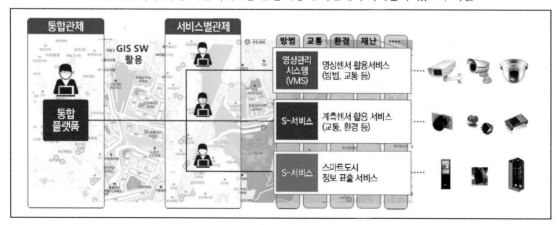

246 · 스마트도시 통합운영센터! 효율적 운영? 나도 할 수 있다!(I can do it)

- (이벤트 처리) 스마트시티 통합플랫폼은 CCTV 영상, 교통소통정보, 기상정보, 시설물 정보 등의 상시 상황 모니터링과 함께 S-안전 분야 이벤트 등 전체적으로 26개 이벤트 처리를 지원하며, S-서비스 추가에 따라 도시 상황관리 분야(이벤트)가 계속 확대※ 될 수 있음

※ 예) 자율주행차, 드론 등 활용 S-서비스, 양방향 이벤트 교환 등

S-안전	비상벨, 안전주의, 112신고, 사회적약자 안전계도, 정기모의훈련	CCTV 영상
S-방재	119신고, 홍수, 긴급구조/구급, 화재, 태풍, 지하차도 침수, 수위경보	CCTV 영상
S-교통	교통사고, 차량고장, 도로통제, 교통혼잡, 버스이탈/지체	교통소통정보
S-환경	환경정보, 대기오염, 수질오염	대기센서정보
S-에너지	빌딩 에너지 경보, 상가 에너지	에너지사용량
S-시설물	CCTV 상태/고장, 시설물 고장, 시설물 파손, 상수도 누수	시설물상태

- (구성 모듈) 센터·정보시스템 연계 처리, 도시 상황정보 수집·표출, 관제업무 지원 및 데이터 관리를 담당하는 4개의 핵심모듈로 구성

구 분	내 용	비 고
통합 관제	· 상황판 구성, S-서비스별 상황이벤트 표출 및 관제 지원 · 투망감시, 확대감시, 구역감시 기능 · 시설물 관리, 이벤트 발생 신고 기능 · 주소검색, 즐겨찾기, 거리/면적 측정 도구	
통합 운영	· 실적 및 통계 기능 · 공통코드, 시설물코드, 이벤트코드, 그룹코드, 유저 관리, 연계시스템관리 기능 · 유저그룹별 게시판 · NDMS정보 제공 · 업무일지, 휴가관리	
통합 연계	· 외부시스템(관계기관 시스템) 연계, 내부 모듈 간 정보교환 · 설정관리 · S-서비스 연계 · 스마트도시 안전망 서비스를 위한 시설물 동기화	다양한 외부 시스템 연계지원
통합 DB	· 스마트시티 통합플랫폼 고유의 공통 DB	S-서비스 데이터 통합 지속 확대

※인증플랫폼 별로 구성 모듈이 상이할 수 있음

☞ 사물인터넷, 빅데이터, GIS 연계 등 새로운 ICT 기술환경 변화에 맞추어 스마트시티 통합플랫폼의 기능 및 성능을 개선하고, 기 구축 지자체의 통합플랫폼과 연계서비스는 지속적인 업그레이드를 지원

※ '19년부터 통합플랫폼 관리 업무를 스마트도시협회에서 위탁 수행(영 제60조제1항)

Ⅲ 스마트도시 안전망 구축

IoT, AI, 빅데이터 등 스마트시티 기술을 활용하여 재난구호 · 범죄예방 · 사회적 약자 지원 등
국민 안전 서비스 구축

개요

■ 국민의 생명 · 재산 보호 관련 긴급상황 발생 시 골든타임 확보를 위하여 112, 119, 재난, 아동
보호 등 안전체계의 연계 운용 필요

> 예) 상황발생시 핵심수단인 CCTV는 대부분 지자체가 보유하고 있음에도 경찰·소방 당국과 협업 체계 부재로
> 활용되지 못함

■ 이를 위해 지자체와 112·119 등 공공안전 분야를 스마트시티 통합플랫폼으로 연계하는
"스마트 도시 안전망" 구축을 추진('15~)

> (예시) 공공 보유 CCTV 103만 대를 112 · 119 · 재난망 연계시 약 21조 원(CCTV 대당 설치비 2천만 원 ×
> 103만 대)의 안전자산 취득 효과 기대

부처 · 기관 간 스마트 도시 안전망 구축 협력(MOU)

('15.7. 국토부 – 경찰청 업무협약)
납치·강도·폭행 등으로 인한 112 신고 및 긴급 출동 시 스마트도시 통합운영센터가 CCTV 현장 영상, 범인
도주 경로 등을 제공

('15.9. 국토부 – 안전처 업무협약)
화재·구조·구급 등 상황 시, 소방관에게 실시간 화재현장 영상, 교통소통 정보 등을 제공하여 골든타임 확보

('16.7. 국토부 – 지자체 · 통신사 업무협약)
아동·치매환자 등이 위급상황 시, 통신사에서 사진, 위치정보 등을 제공받아 CCTV로 현장 상황 파악 후
신속한 도움 제공

('17.11. 국토부 – 과기부 – 서울시 업무협약)
25개 구청의 CCTV · 정보망 등을 서울시 클라우드 센터로 연계하여 클라우드 기반 스마트 도시 안전망
구축 협력

('18.3. 국토부 – 에스원 · ADT캡스 · KT텔레캅 · NSOK 간 MOU)
민간보안 – 공공안전 간 연계시스템을 구축하여 범죄, 화재 등 긴급상황시 상호 협력

('19.1. 국토부 – 법무부 간 MOU)
전자발찌 범죄로부터 미성년자 · 여성 등을 보호하기 위해 금지사항 위반 시 법무부 위치추적센터에 실시간
CCTV 영상 제공

('19.9. 국토부 – 경찰청 간 MOU)
강력사건 피의자 검거 등을 위해 스마트도시 통합운영센터와 수배차량검색시스템(WASS)를 연계하여
CCTV로 수배차량을 실시간 검색·적발

■ 이러한 지자체와 112·119·재난망(NDMS), 사회적 약자(어린이, 치매노인 등) 보호를 위한
정보시스템 연계로 재난구호·범죄예방 등 국민안전서비스가 크게 업그레이드

- 여기에 범죄·화재 상황 인지가 뛰어난 민간 보안과 범인 검거 등 공권력을 행사하는 공공 보안을 연계하여 시너지효과 창출
- 범죄, 화재 등 긴급 상황 시 상호 협력, 분산된 민간과 공공의 안전자산 연계 활용* 등 도시 안전망을 강화

※ 공공부문 103만 대, 민간부문 200만 대의 CCTV 연계활용 가능('18.12 기준)

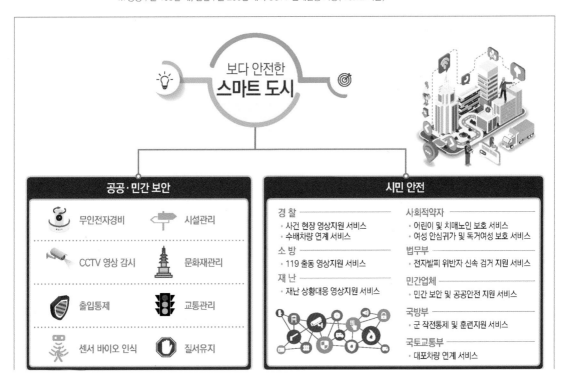

1 > 112 출동 및 현장 영상 지원서비스(경찰)

서비스 개요

납치·강도·폭행 등 긴박한 사건 신고를 받은 경찰관(112센터, 현장)이 신속한 현장상황 파악 및 조치할 수 있도록 스마트도시 통합운영센터에서 CCTV 영상을 제공

기대효과

AS-IS	TO-BE
• 상황파악을 신고자 진술에 의존 → 납치·폭행 등 급박한 사건의 경우 신고자 구조에 한계	• 스마트도시 통합운영센터에서 제공한 신고자 주변 CCTV 영상을 보고 상황 파악 → 정확한 상황판단 및 신속 조치

서비스 시나리오

① 112 종합상황실에서 현장정보 요청

② 광역 통합운영센터에서 스마트도시 통합운영센터로 요청 내역 전달

③ 스마트도시 통합운영센터에서 현장 영상과 사진을 광역 통합운영센터를 통하여 112 종합 상황실에 제공

④ 이를 기반으로 현장 상황파악 및 세부적인 출동지령 하달

⑤ 경찰 본청을 경유하여 LTE 망으로 순찰차에 영상 제공

⑥ 현장 출동 경찰관의 신속한 대처

2 **수배 차량 검색 지원서비스(경찰)**

서비스 개요

강력사건 피의자 검거 등을 위해 스마트도시 통합운영센터와 수배차량검색시스템(WASS)를 연계하여 CCTV로 수배차량을 실시간 검색·적발

기대효과

AS-IS	TO-BE
• 경찰청 수배차량검색시스템(WASS) 연계 주요 간선도로 CCTV(1.2만 대)만 활용되어 도심지에선 사각지대 발생 • 지역 단위 검색으로 타 관내로 진입시 추적에 한계	• 전국에 산재된 지자체 CCTV(방범용 51만 대 등) 활용으로 촘촘한 검색망 구축 • 전국 단위 검색으로 끊김없이 수배 차량 실시간 적발 및 추적 가능

서비스 시나리오

① 수배 등록된 차량 정보를 경찰청에서 광역 통합운영센터로 전송

② 광역 통합운영센터에 수배차량정보 저장 후 하위 지자체로 정보 전파

③ 지자체 CCTV를 통하여 수배 차량 발견 시 기초지자체에서 광역 통합운영센터를 통하여 경찰청으로 실시간 정보 전달

④ 광역 CCTV를 통하여 수배 차량 발견 시 경찰청으로 실시간 정보 전달

⑤ 경찰청은 제공된 영상으로 문제 차량의 위치, 이동 방향 등 파악

⑥ 경찰청은 검거를 위하여 인근 순찰차에 출동 지령

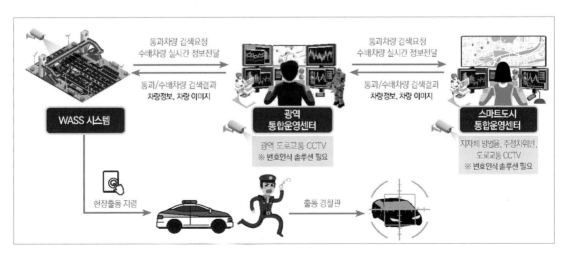

3 | 119 출동 및 현장영상 지원서비스(소방)

서비스 개요

화재 발생 시, 스마트도시 통합운영센터에서 화재지점의 실시간 CCTV 영상, 교통소통 정보 등을 제공받아 화재 진압 및 인명 구조를 위한 골든타임 확보

기대효과

AS-IS	TO-BE
• 외부 도움 없이 현장 출동 → 이면도로 주차 차량, 화재현장 정보 부족 등으로 신속한 현장진입에 애로	• CCTV 현장영상 등을 통해 119 출동 차량 진입로 확보, 화재 진압 지휘 → 정보시스템 연계로 지자체, 경찰서 등과 협업 가능

※ 이외에도 이면도로 폭, 주차차량 연락처, 위험시설물 설치현황 등 정보 활용 가능

서비스 시나리오

① 119 종합상황실에서 신고 접수

② 119 긴급구조 표준시스템을 통한 광역 통합운영센터로 화재발생 알림 및 지원요청 전송

③ 광역 통합운영센터에서 스마트도시 통합운영센터로 요청내역 전달

④ 스마트도시 통합운영센터에서 현장 주변 영상을 광역 통합운영센터를 통하여 119 종합상황실에 제공

⑤ 현장 상황 파악 및 세부적인 출동지령 하달을 통해 신속한 대처

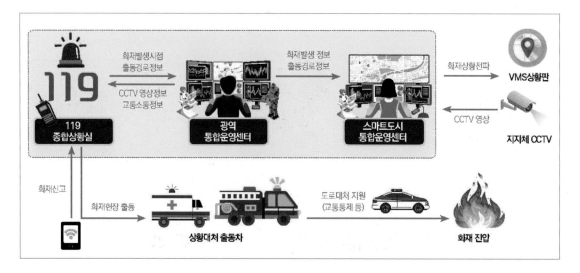

4 ▶ 재난상황 대응 영상 지원서비스(지자체)

서비스 개요

대형 재난·재해 발생 시 스마트도시 통합운영센터에서 재난상황실에 실시간 현장 CCTV 영상 등을 제공하여 신속한 상황파악 및 상황전파, 피해복구

- NDMS(국가재난관리시스템)에 수집된 재난·사고·질병 등 정보※를 스마트도시 통합 운영 센터에 제공하여 VMS, 안내방송으로 시민들에게 알려 사고피해 최소화

  ※ NDMS(국가재난관리시스템)에 보건소 등 62개 기관에서 376종의 사건·사고 등을 입력 중

기대효과

AS-IS	TO-BE
• 재난·재해 시 일부 CCTV 영상(8천대) 활용, 구두·서면보고 의존 • NDMS에 수집된 정보 지자체 비활용	• 전국 곳곳의 CCTV를 활용하여 신속한 상황파악 및 조치 가능 • 신속한 상황전파 및 조치 가능

서비스 시나리오

① 대형 재난에 의한 동시다발적 피해상황 발생

② 재난상황실은 재난 상황에 따라 스마트도시 통합운영센터에 CCTV 영상 요청

③ 스마트도시 통합운영센터는 주요 피해지역의 실시간 영상을 제공

④ 신속히 상황파악 및 구급·구조·복구

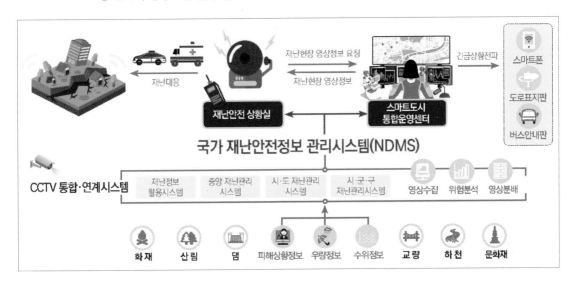

5 어린이 및 치매노인 보호서비스(통신사, 민간)

서비스 개요

아동·치매환자 등 긴급 상황 발생 시, 스마트도시 통합운영센터가 통신사로부터 위치 정보를 제공받아 신속히 소재를 확인하여 긴급구조 등 골든타임 확보
- 치매, 중증장애인 등은 사전 신상정보 확보 등 비상대응체계 구축

기대효과

AS-IS	TO-BE
위급상황 알람 시 보호자가 휴대폰 등으로 위급상황 인지 후 경찰서·소방서에 신고	알람 시 통합운영센터가 통신사에서 신고자 위치정보, 사진 등을 실시간 제공받아 CCTV로 상황파악 후 경찰서·소방서에 신고 또는 상황정보 제공

서비스 시나리오

① 위급상황 시(실종, 범죄 등) 통합위치분배시스템(가칭)에서 광역 통합운영센터로 알람과 함께 보호 대상자의 신상정보(사진, 보호자연락처 등), 위치정보를 전송

② 광역 통합운영센터에서 스마트도시 통합운영센터로 요청내역 전달

③ 스마트도시 통합운영센터는 본인 통화 및 인근 CCTV 영상을 확인하여 상황파악

④ 112상황실, 119상황실 등에 긴급출동 요청

⑤ 현장 상황을 지속 추적하여 출동 경찰관 등에 상황정보 전달, 구조

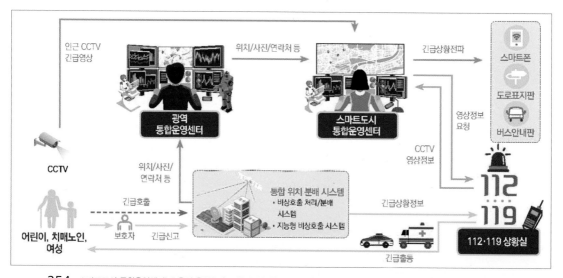

6 〉여성 안심귀가 및 독거여성 보호서비스(여성가족부)

서비스 개요

귀가 중이거나 홀로 사는 여성에게 긴급 상황 발생 시, 스마트도시 통합운영센터가 통신사로부터 위치 정보를 제공받아 신속히 소재를 확인하여 상황파악 및 긴급구조 등 골든타임 확보

기대효과

AS-IS	TO-BE
• 위급상황 발생시 당사자가 휴대폰 앱 및 전용 단말기 등으로 경찰서에 신고	• 알람(신고 수신) 시 스마트도시 통합운영센터가 통신사에서 신고자 위치정보를 실시간 제공받아 CCTV로 상황파악 후 경찰서에 신고 또는 상황정보 제공

서비스 시나리오

① 위급상황 발생 시 앱이나 전용 단말기를 통해 도움 요청

② 스마트도시협회의 위치분배시스템를 통해 센터로 알람, 위치정보를 전송

③ 스마트도시 통합운영센터는 본인 통화·인근 CCTV 영상을 확인하여 상황파악

④ 112센터, 119센터 등에 긴급출동 요청 및 현장 상황을 지속 추적하여 출동 경찰관 등에 상황정보 전달, 구조

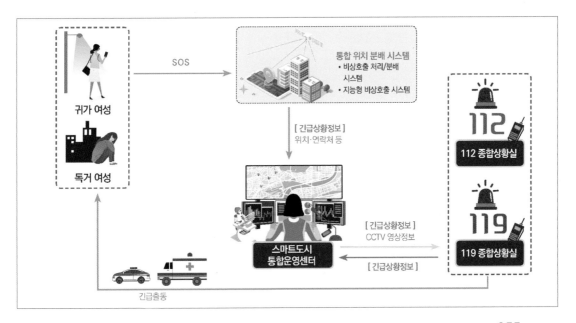

7 전자발찌 위반자 신속 검거 지원서비스(법무부)

서비스 개요

전자발찌 훼손, 금지행위 발생 시 위치추적중앙관제센터가 신속히 상황 파악 및 조치할 수 있도록 스마트도시 통합운영센터의 CCTV 영상을 제공

기대효과

AS-IS	TO-BE
전자발찌 이상징후 알람 시 관할 보호관찰소 직원이 GPS 신호추적 신병확보 → 관리인력 과다(1인 331명), GPS오차, 전자발찌 훼손, 출동시간 등으로 소재 확인 및 검거에 애로 (필요시 경찰 지원 요청)	스마트도시 통합운영센터에서 인근 CCTV 영상, 도주 경로 등을 지원받아 신속 검거 → 전자발찌 부착자 관리 효율화 등으로 신속한 현장 확인과 검거 등 상황대처에 효과 (지자체, 경찰, 소방 등 상시 지원)

서비스 시나리오

① 전자발찌 착용자가 위반 행위 시 위치추적센터에 알람 발생

② 광역 통합운영센터에서 스마트도시 통합운영센터로 요청내역 전달

③ 즉시 스마트도시 통합운영센터에 GPS 위치의 실시한 CCTV 영상을 요청·확보

④ 위치추적센터는 현장상황 파악 후 관할 보호관찰소에 출동 명령

⑤ 스마트도시 통합운영센터는 현장 상황을 지속 추적하여 출동 보호관찰관 지원

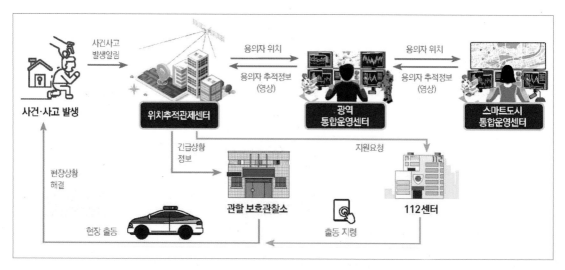

8 ⟩ 민간보안 및 공공안전 지원서비스(민간보안업체)

서비스 개요

민간보안과 공공안전 간 연계시스템을 구축하여 범죄, 화재 등 긴급 상황 발생 시 신속히 협력하여 안전조치 강구

기대효과

AS-IS	TO-BE
강도, 화재, 응급환자 등 상황발생 시 민간 보안 업체가 단독 대응 → 공권력, 장비 등 외부지원 없이 도주범인 검거, 화재진압 등에 한계	민간 – 공공 협력채널 구축으로 신속한 상황전달 및 외부기관 지원 가능 → CCTV로 도시 전체를 24시간 관제하는 스마트도시 통합운영센터가 신속한 상황파악 및 112·119 출동을 지원

서비스 시나리오

① 민간 보안업체가 강·절도 등 외부인의 침입 상황인지

② 민간 보안업체는 스마트도시 통합운영센터에 사건 발생 사실을 알리고 사건 시간, 위치정보, 사건 내용 등을 제공

③ 스마트도시 통합운영센터는 인근의 CCTV 영상을 통해 건물 밖으로 나오는 범인을 확인·추적하고 실시간 영상(도주경로)을 112 상황실에 제공

④ 긴급 출동하는 경찰관은 스마트도시 통합운영센터에서 알려주는 위치로 출동하여 범인 확인 및 검거

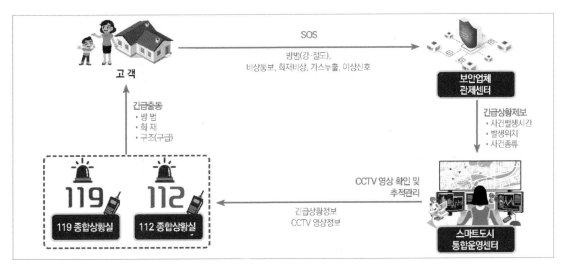

9 ▷ 군 작전통제 및 훈련 지원서비스(국방부)

서비스 개요

탈북 · 작전 · 훈련 등 상황 발생 시 스마트도시 통합운영센터에서 군부대 상황실에 실시간 현장 CCTV 영상을 제공하여 신속한 현장 상황파악 및 현장 대처, 주 진입로 감시 대응

기대효과

AS-IS	TO-BE
상황 발생시 스마트도시 통합운영 센터에 방문하여 군부대 상황실과 유선상으로 통화 및 대응	스마트도시 통합운영센터에서 인근 CCTV 영상을 지원받아 신속한 현장상황 파악 및 군 작전·훈련 수행

서비스 시나리오

① 상황 발생시 군부대 상황실로 상황 전파

② 광역 통합운영센터에서 스마트도시 통합운영센터로 요청내역 전달

③ 즉시 스마트도시 통합운영센터에 상황 발생 인근의 CCTV 영상 요청

④ 스마트도시 통합운영센터는 인근 CCTV 실시간 영상을 제공

⑤ 군부대 상황실은 제공받은 CCTV 영상을 통해 현장 상황파악 및 작전·훈련 수행

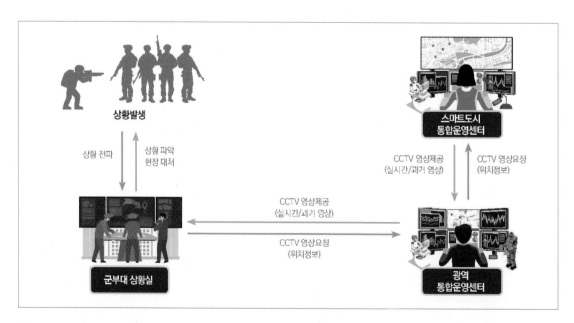

참고 : 군부대 연계 계획(안)

■ 단 기 : ~'21년 (관제PC 설치)

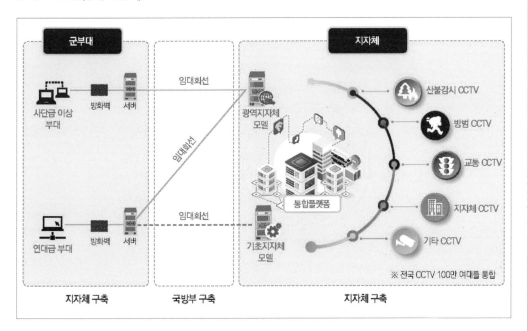

■ 중 기 : ~'23년 (국방 연계서버 구축)

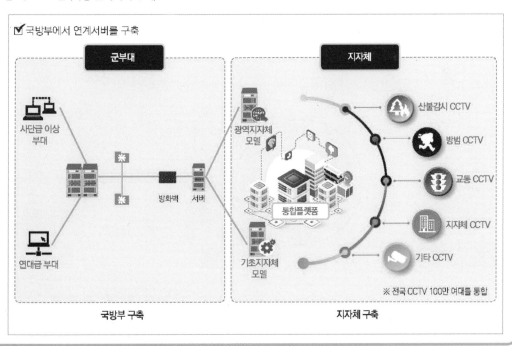

10 › 대포차량 검색 지원서비스(한국교통안전공단)

서비스 개요

운행정지명령이 내려진 불법명의자동차의 적발·단속 등을 위해 지자체의 스마트도시 통합운영센터와 자동차관리정보시스템(VMIS)*을 연계하여 대포차**량을 실시간 검색·적발 지원

※ VMIS* : Vehicle Management Information System

※ 대포차** : 전국 81,038대(국토교통부. 2019. 9월말), 자동차관리법 제 24조의 2에 따라 운행정지 명령 차량

기대효과

AS-IS	TO-BE
고속도로 입·출입 기록 활용으로 도심지에서 사각지대 발생 → 고속도로를 이용하지 않을 경우 단속에 한계	곳곳에 산재된 지자체 CCTV(방범용 51만 대) 활용으로 촘촘한 검색망 구축 → 전국 단위 검색으로 끊김없이 대포차량 실시간 적발 및 추적 가능

서비스 시나리오

① 대포차량 관리 시스템은 대포차량 정보(DB)를 광역 통합운영센터로 전송

② 광역 통합운영센터에 대포차량정보 저장 후 하위 지자체로 정보 전파

③ 스마트도시 통합운영센터는 CCTV를 통해 대포 차량 발견 시 대포차량 통과 시간·위치, 차량 및 번호판 사진 등을 담당 부서에 실시간 전달

④ 담당부서에서는 해당 차량 직권 말소 조치 후 경찰에 단속요청

⑤ 이후 단속되는 대포차량 정보는 112 센터에 전달

⑥ 112센터 대포차량 추적 및 인근 순찰차 등에 상황 전파

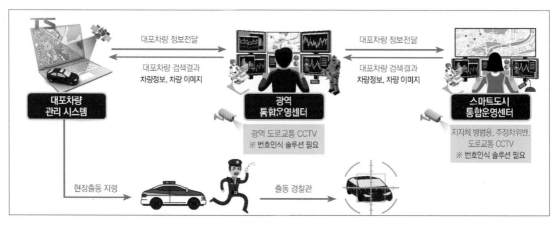

개인정보 보호 및 보안

법적 근거

「스마트도시의 건설 등에 관한 법률」에서는 스마트도시서비스 제공을 위하여 필요한 경우 관련 비용의 일부를 예산의 범위 내에서 지원할 수 있도록 규정(법 제19조의3)하고 있으며

- 「개인정보보호법」에서는 급박한 생명, 신체, 재산의 이익을 위하여 필요하다고 인정되는 경우, 범죄의 수사를 위하여 필요한 경우 제3자에게 개인정보 제공이 가능하도록 규정(법 제18조제2항)

    ※기타 「재난 및 안전관리 기본법」, 「위치정보의 보호 및 이용 등에 관한 법률」 반영

법률 자문

정보시스템 연계에 따른 개인정보 침해 및 해킹 등 방지를 위해

- 법무법인의 법률 자문('15.4)을 통해 영상정보 제공 기록, 인증, 망 분리 등을 시스템 설계에 반영·설계하였으며

- 해당 연계시스템 개발 후('16.10)에는 2차 자문을 통하여 추가 보완하는 등 개인정보 보호에 만전을 기하고 있음

참고사항

현재 구축하고 있는 112·119·재난 등 연계서비스는 납치·폭력 등 7대 강력범죄[※]사건으로 112신고가 된 경우, 화재·재난·구조·구급 등으로 119신고가 된 경우, 치매·어린이 등 사회적 약자가 비상단말기를 누른 경우, 전자발찌 부착자가 금지사항을 위반하여 시민의 안전이 위급한 경우에 작동되는 긴급서비스에 한함
※ (7대 강력범죄) 살인, 강도, 치기, 절도, 납치감금, 성폭력, 가정폭력 등

주요 검토·반영 사항

가능요건

범죄 또는 화재의 발생, 긴급구조 또는 구급 등 명백히 정보주체 또는 제3자의 급박한 생명, 신체, 재산의 이익을 위하여 필요하다고 인정되는 경우(개인정보보호법 제18조 제2항)

112·119센터에서 CCTV를 직접 제어

112센터·119센터가 단순히 개인정보를 제공받는 것이 아니라 수집하는 것이므로 불가

☞ 112센터 등이 파악한 신고자의 위치정보(xy좌표값)를 센터에 통보하면 스마트도시 통합운영센터에서 즉시 신고자 주변의 CCTV 영상 제공

기록보존

스마트도시 통합운영센터가 112센터 등에 CCTV 실시간 영상을 제공하면 그 영상 제공에 관한 기록을 보존해야(시행령 제30조) 하고, 제공된 영상은 제공받은 목적을 다한 경우에 파기

안전성 확보

스마트도시 통합운영센터가 112센터 등에 CCTV 영상을 제공할 때는 지자체 확인 절차를 거치는 방식 등 안전성 확보 필요(법 제25조 제6항)

영상정보 제공 시점 및 종점

시점은 112센터 등이 화재, 재난, 구조, 구급 및 범죄 발생 등의 상황 발생을 알았을 때이며, 종점은 그 상황이 종료되었을 때

위치정보 활용

긴급 구조기관의 구조요청, 경찰관서의 요청이 있으면 위치정보를 수집·이용·제공 가능(위치정보법 제15조 제1항)

보안

각 센터간 정보 연계는 망연계 솔루션 등을 활용(국정원 권고 반영)하여 외부의 침입을 원천 차단

※ 기반구축 사업 지자체는 스마트도시 안전망 서비스에 대한 국정원 보안심사 실시

정보시스템 연계에 따른 개인정보 침해 및 해킹 등 방지를 위해 개인 정보보호 원칙 준수, 영상정보 제공 기록 보존, 인증, 망 분리 등을 시스템 설계에 반영하여 구축

신규 연계서비스 개발 및 보급

※ 신규 서비스는 개발 및 실증사업을 거쳐 순차적으로 지자체 보급할 계획

1 ▶ 해안 레저·안전 지원서비스

서비스 개요

연안해역 안전사고, 해양재난, 레저사고 등 긴박한 사건 신고를 받은 해양경찰이 신속한 현장 상황 파악 및 조치를 할 수 있도록 스마트도시 통합운영 센터에서 CCTV 영상 제공

기대효과

AS-IS	TO-BE
현장 상황을 볼 수 없어 해양재난, 레저사고 등 신속한 상황파악에 한계 → 신속한 구조에 제약	스마트도시 통합운영센터에서 제공한 신고자 주변 CCTV 영상을 보고 상황 파악 → 정확한 상황판단 및 신속 조치

서비스 시나리오

① 해양 경찰관이 사건·사고 신고접수(사건·사고 위치정보 생성)

② 즉시 스마트도시 통합운영센터에 사건·사고현장 인근의 CCTV 영상 요청

③ 스마트도시 통합운영센터는 신고자 주변의 CCTV 실시간 영상을 제공

④ 해양 경찰관은 제공된 CCTV영상을 통해 사건 현장상황 파악

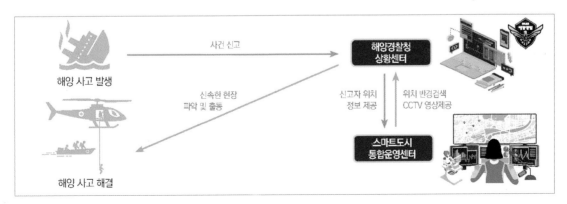

2 > 가스 등 위험시설물 보호 지원서비스

서비스 개요

화재 발생 시 가스·독극물 등 위험시설물 관리자에게 신속히 상황을 전파하여 긴급 대피, 보호
조치 강구(밸브잠금 등)로 2차 사고 예방

기대효과

AS-IS	TO-BE
회사에서 개별 운영하는 순찰차 또는 종합상황실에 의존 → 화재 등 사고정보 입수 지연으로 신속한 초등대처에 한계	GIS기반 위험시설물 DB·비상연락망 구축, 화재발생 신속 알림 → 연락받은 관리회사는 밸브잠금 등 신속한 안전 조치로 2차사고 예방

※ 스마트도시 통합운영센터는 GIS 기반 가스, 폭발물 등 위험시설물 DB, 비상연락망을 사전 구축

서비스 시나리오

① 스마트도시 통합운영센터는 위험시설물 및 비상연락망 DB를 사전 구축

② 119센터는 화재발생 신고 접수 후 통합운영센터에 위치정보를 제공하고 현장 CCTV 영상,
위험시설물 정보 등 지원을 요청

③ 스마트도시 통합운영센터는 119센터에 관련 정보 제공과 동시에, 화재 현장 인근의 위험시설물
관리기관에 화재발생 사실 통보

④ 가스회사 등은 신속히 대피, 화재지점의 가스밸브 잠금 등 안전 조치

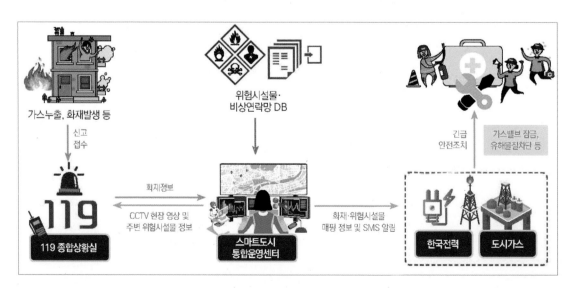

서비스 개요

오·폐수, 악취 등을 위해 설치한 IoT 기반 감지센서를 스마트도시 통합운영센터와 연계하여 환경오염 사고 발생 시 신속한 상황인지 및 대응

기대효과

AS-IS	TO-BE
오염상황 발생 시 조사반을 구성하여 오염원인 조사 및 피해 복구 → 임기응변식 대처로 오염 원인조사, 복구 등에 장시간 소요	IoT기반 첨단센서와 스마트도시 통합운영센터 연계로 상시 감시체제 운영 → 실시간 오염상황 감지와 신속한 오염원 제거로 피해 최소화

서비스 시나리오

① 악취, 소음 등 오염 취약지역에 IoT 기반 감지센서를 설치하여 스마트도시 통합운영센터를 통해 환경 등 유관부서와 연계

② 오염상황 발생 시 스마트도시 통합운영센터는 오염원, 발생지점, 오염 정도 등을 실시간 파악

③ 스마트도시 통합운영센터는 환경부서에 환경 오염상황 전달 및 전파

④ 관계기관이 협력하여 환경 오염상황 대응 및 제거

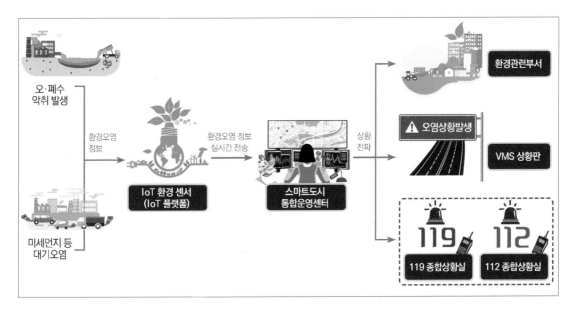

4 > AI·구제역 등 방역 지원서비스

서비스 개요

구제역, 조류인플루엔자(AI) 등 동물 전염병 발생 시 가축방역 비상대책 상황실과 인근 지자체 스마트도시 통합운영센터를 연계하여 신속한 상황 전파, 예방 및 피해복구 지원

기대효과

AS-IS	TO-BE
동물 전염병 발생 시 확산 경로 파악, 격리 및 예방 조치, 피해복구 등을 방역조직에 의존	방역조직과 스마트시티 인프라(센터, CCTV, 통신망, VMS 등)를 유기적으로 연계하여 오염지역 통제, 방역, 차량 이동상황, 상황전파 등을 지원

서비스 시나리오

① 콜레라, 구제역, AI 등 동물 전염병 발생

② 방역 상황실은 신속한 상황전파 및 스마트도시 통합운영센터에 지원 요청

③ 통합운영센터는 CCTV, 통신망, VMS 등을 활용하여 전염병 발생지역의 차량 이동 상황, 오염지역 통제, 상황전파 등을 실시간 지원

④ 발생지역 확산 시 인근 스마트도시 통합운영센터 간 연계망 구축하여 공동 대응

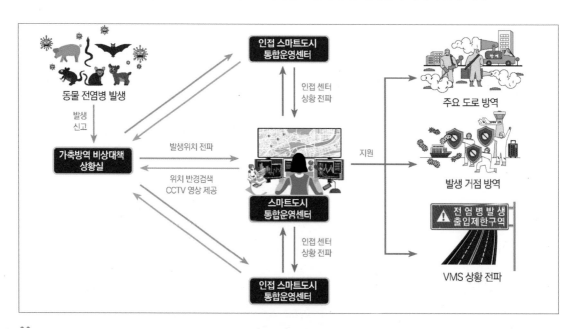

5 ᐳ 지방세 등 체납관리 지원서비스

서비스 개요

지방세와 각종 과태료 등 체납액 징수부서에 체납차량의 소재정보를 실시간 제공하여 효율적인 체납관리 지원

기대효과

AS-IS	TO-BE
체납차량 적발을 위해 인력이나 순찰차량 활용 → 모든 차량을 한 대씩 조회하므로 비용과 시간이 과다 소요	별도 인력이나 시설이 필요없이 旣 설치된 CCTV를 활용 → 통합플랫폼 기반으로 실시간 체납차량 위치, 체납액 등 자동검색 가능

서비스 시나리오

① 지방세 등 체납/미납차량 DB를 스마트도시 통합운영센터 통합플랫폼과 연계

② 스마트도시 통합운영센터는 체납/미납차량 발견 시 GIS 화면에 표출된 차량 번호, 위치, 체납/미납액 등을 체납 징수부서에 실시간 제공

③ 체납액 징수부서는 긴급 출동하여 체납액 징수를 위한 조치 시행

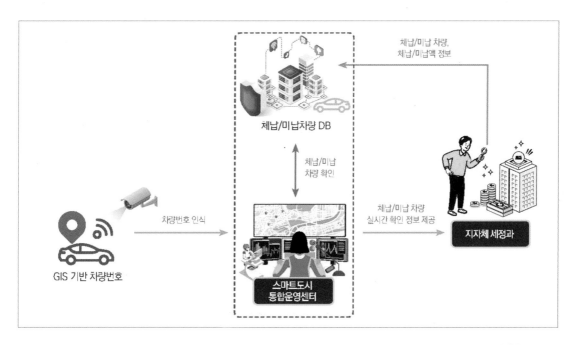

6 기타 통합플랫폼 기반 연계서비스

서비스명	개념도	서비스 개요
피해자 (탈북자·여성등) 신변보호		탈북자·여성 등이 스마트워치 응급호출 버튼을 누르면 스마트도시 통합운영센터에 긴급알람과 함께 위치정보, 인적사항 등이 자동송부되어 인근 CCTV로 즉시 상황 파악 후 신속한 도움 제공 ※ 법무부 협력사업
외국인 관광객 안전 도우미		외국인이 길을 잃거나 위급상황 시 스마트폰 App의 응급호출 버튼을 누르면 인근의 스마트도시 통합운영센터에서 신속한 상황인지 후 필요한 도움 제공 ※ 문체부, 한국관광공사 협력사업
1인 점포 범죄예방 안심 알람 서비스		네일샵, 미용실, 금은방 등 심야 취약 영세 사업자 등에게 위급상황 발생 시 신속한 도움을 받을 수 있도록 112 및 스마트도시 통합운영센터와 연계되는 사회 안전망 구축
독거노인 돌보미		움직임 감지센서 등에서 수집된 정보를 스마트도시 통합운영센터와 연계하여 독거 노인들의 응급상황을 파악하여 119 및 담당 생활 관리사에게 상황 전파 ※ 복지부 협력사업
공공자전거 원격관리		공공자전거에 센서를 부착하여 통합플랫폼과 연계하여 공공 자전거의 위치·상태 정보를 스마트도시 통합운영센터가 실시간 파악하고 시민과 관리업체 등에게 이용 및 관리 편의 제공
쓰레기 수거관리		IoT센서가 부착된 쓰레기통을 실시간 모니터링하여 스마트도시 통합운영센터가 수거 우선순위 정보 등을 청소담당자에게 자동 제공하고 CCTV 등을 통해 불법 쓰레기 투기 감시 ※ 환경부 협력사업

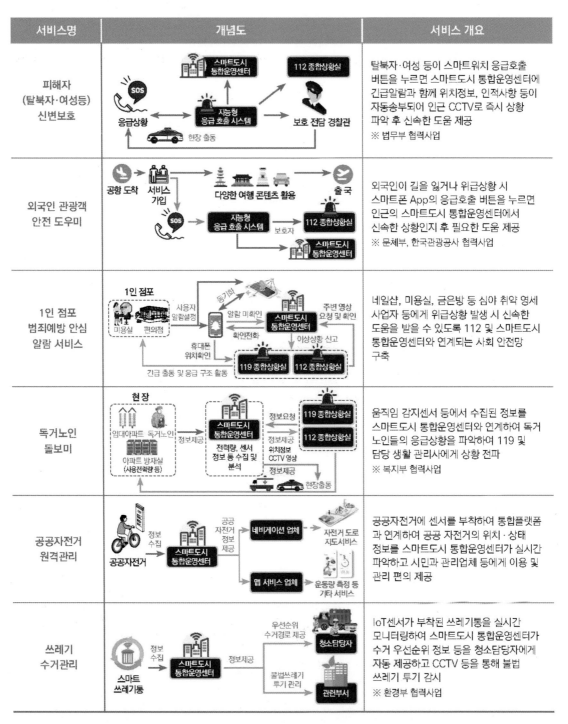

VI 유관기관 연계시스템 구성 및 운영

■ 통합플랫폼 기반 유관기관 연계시스템 구성

- 스마트시티 통합플랫폼과 스마트도시 안전망 서비스는 지자체의 기존 스마트도시 통합 운영센터 (CCTV통합관제센터 포함) 운영 장비※를 활용하며,

  ※ CCTV 저장분배서버, 영상관리시스템(VMS) 등

  - 통합플랫폼 및 스마트도시 안전망 서비스용 장비는 본 사업을 통하여 조달

  ※ 스마트도시 통합운영센터의 영상변환 RTSP 제공서버와 112센터의 스트리밍 장비는 지자체에 따라서 기존 장비 재활용(라이선스 추가 등) 가능

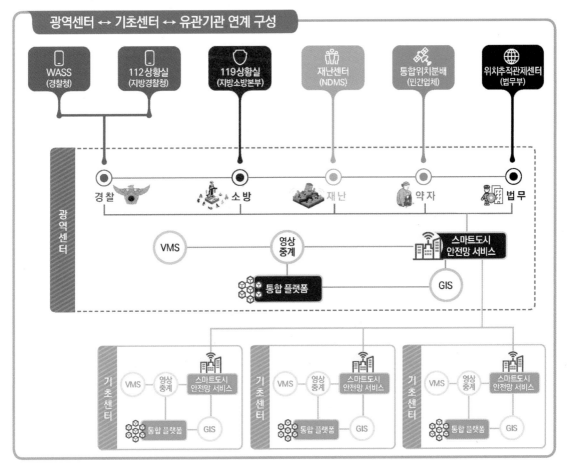

※ 사회적약자 서비스 중 법무부 위치추적센터 연계는 광역 시·도만 적용

■ 스마트도시 안전망 서비스 구성

• 스마트 도시 안전망 서비스는 스마트시티 통합플랫폼을 기반구축 사업※에서 구축/운영되며, 연계기관과는 망 연계 장비를 통하여 CCTV 영상 등 정보를 공유

※ 스마트도시 안전망 서비스는 사용자 정보, CCTV 등 시설물 정보, GIS 지도 정보 등을 스마트시티 통합플랫폼과 공유 활용함

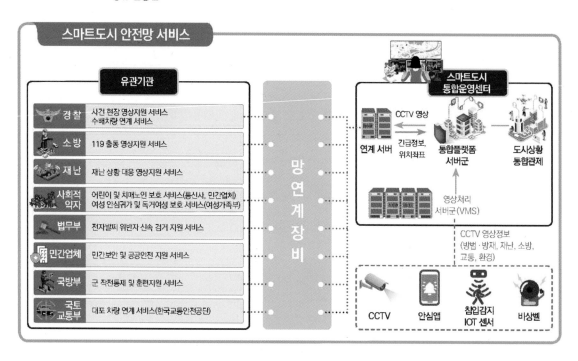

■ 스마트도시 안전망 서비스 연계방식

구 분	기존 방식	개선 방식
연계기관	- 경찰서, 소방서	- 지방경찰청 112상황실, 소방본부 119 상황실
방 식	- 스마트도시 통합운영센터 CCTV 조회 단말을 관할 경찰서·소방서에 제공하여 필요 시 조회	- 화재·범죄 등 사건·사고 등 긴급 상황 시관계기관 상황실 요청에 따라 사건·사고 지점 인근 CCTV 영상을 자동으로 세팅하여 제공(영상뷰어)
경찰·소방 측면	- 경찰·소방에서 필요시 영상을 조회 할 수 있으나, 신속히 필요 영상 확인 곤란 - 활용도 낮음	- 경찰·소방 필요 영상 즉시 활용 가능 - 필요영상 확인시간 단축(골든타임 단축) - 활용도 높음
스마트도시 통합운영 센터 측면	- 스마트도시 통합운영센터의 경찰·소방 업무 기여 미미	- 스마트도시 통합운영센터가 경찰·소방업무에 필요한 영상의 신속 제공 - 개인정보보호법 준수

참고 1 » 스마트시티 통합플랫폼 구축 계획 및 실적

■ 통합플랫폼 구축 계획

- (혁신·기업도시, 주민 20만 명 이상) '22년까지 108개 지자체
  - → 4,205만 명/5,182만 명×100 = 전국민의 81.1% 수혜

구 분		합계	'16까지	'17	'18	'19	'19추경	'20 ~ '22			'23 ~
당 초		108개	4개	6개	12개	15개	–	18개	18개	18개	17개
변 경		108개	4개	6개	12개	15개	12개	59개			20만이하 확대
	예산(억)	12	36	72	93	72	354			검토중

※ 제3차 스마트도시 종합계획(2019 ~ 2023)에 반영

■ 지자체 통합플랫폼 구축 실적(현황)

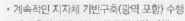

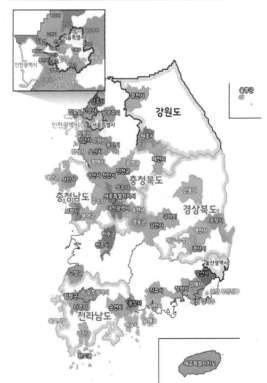

- 계속적인 지자체 기반구축(광역 포함) 수행
- 기 구축된 지자체의 수준유지사업 병행

2020 기반구축사업 선정 – 30개
도봉구, 서대문구, 동작구, 강남구, 부산진구, 대구 수성구, 인천광역시, 안양시, 평택시, 과천시, 군포시, 의왕시, 하남시, 화성시, 충청북도, 옥천군, 음성군, 충청남도, 공주시, 부여군, 태안군, 전라남도, 목포시, 여수시, 강진군, 경상북도, 안동시, 영천시, 사천시, 남해군

2019 기반구축사업 – 27개
성동구, 은평구, 양천구, 구로구, 인천계양구, 울산광역시, 강원도, 춘천시, 광명시, 안산시, 고양시, 구리시, 부천시, 파주시, 진천군, 제천시, 천안시, 아산시, 전주시, 순천시, 완도군, 함평군, 구미시, 김천시, 울릉군, 창원시, 진주시

2018 기반구축사업 – 12개
서울특별시, 마포구, 서초구, 남양주시, 용인시, 청주시, 서산시, 고창군, 나주시, 경산시, 포항시, 제주특별자치도

2017 기반구축사업 – 6개
시흥시, 수원시, 영동군, 광주광역시, 김해시, 부산 강서구

2016 기반구축사업 – 2개
원주시, 완주군

2015 기반구축사업 – 2개
광양시, 양산시

LH 신도시사업 – 6개
세종특별자치시, 대전광역시, 오산시, 양주시, 김포시, 보령시

■ 시·도 광역센터 구축현황

(단위 : 개수)

구 분	2019	2020	2021 ~
	7	5	5
시·도	서울, 광주, 강원, 제주, 울산, 대전, 세종 ※ 대전, 세종은 LH 구축	인천, 충북, 충남, 전남, 경북	경기, 부산, 대구, 경남, 전북

■ 센터 구축현황(CCTV센터 포함)

(단위 : 시군구, 개수)

구 분	2010	2011	2012	2013	2014	2015	2016	2017	2018	2019
광역 (17)	-	2	-	-	2	-	-	-	1	2
기초 (228)	26	34	27	33	28	22	19	18	16	5
누계 (245)	26	62	89	122	152	174	193	211	228	235

※ 행정안전부 지역정보지원과(2019.6.11.) / 출처 : e-나라지표

■ 공공기관 CCTV 설치 및 운영현황

구 분	2010	2011	2012	2013	2014	2015	2016	2017	2018
CCTV설치 (대)	309,302	364,302	461,746	565,723	655,030	739,232	845,136	954,261	1,032,879
전년대비 증감(대)	67,812	55,075	97,444	103,977	89,307	84,202	105,904	109,125	78,618
전년대비 증감비(%)	28.1	17.8	26.7	22.5	15.8	12.9	14.3	12.9	8.2

※ 행정안전부 지역정보지원과(2019.6.11.) / 출처 : e-나라지표

■ 분야별 공공기관 CCTV 설치 및 운영현황

구 분	2010	2011	2012	2013	2014	2015	2016	2017	2018
CCTV설치 (대)	309,302	364,302	461,746	565,723	655,030	739,232	845,136	954,261	1,032,879
범죄예방	107,258	141,791	188,168	260,098	291,438	340,758	409,028	459,435	510,245
시설관리 및 화재예방	192,662	207,343	249,947	278,002	332,581	363,331	396,590	443,542	469,742
교통단속	6,288	11,636	15,046	17,111	18,927	21,243	23,620	29,690	30,345
교통정보 수집·분석 및 제공	3,019	3,532	8,585	10,512	12,084	13,900	15,898	21,594	22,547

※ 행정안전부 지역정보지원과(2019.6.11.) / 출처 : e-나라지표

참고 2 >> 스마트시티 통합플랫폼 기반구축사업 개념도

개별 서비스 제공

방범 센서	방재 센서	교통 센서	환경 센서
↓	↓	↓	↓
방범 서비스	방재 서비스	교통 서비스	환경 서비스

• 정보간 연계 없이, 각 분야별 필요에 따른 "단일 센서 – 단일 서비스" 형태로 서비스가 제공됨에 따라 효과적인 도시문제 대응이 어려움

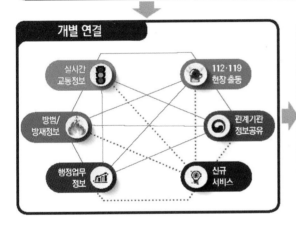

개별 연결

통합플랫폼 활용

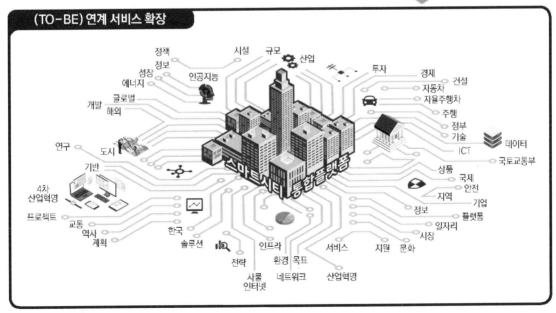

(TO-BE) 연계 서비스 확장

참고 3 ≫ 스마트시티 기초·광역 통합플랫폼 구축

구 분	개 념 도	비 고

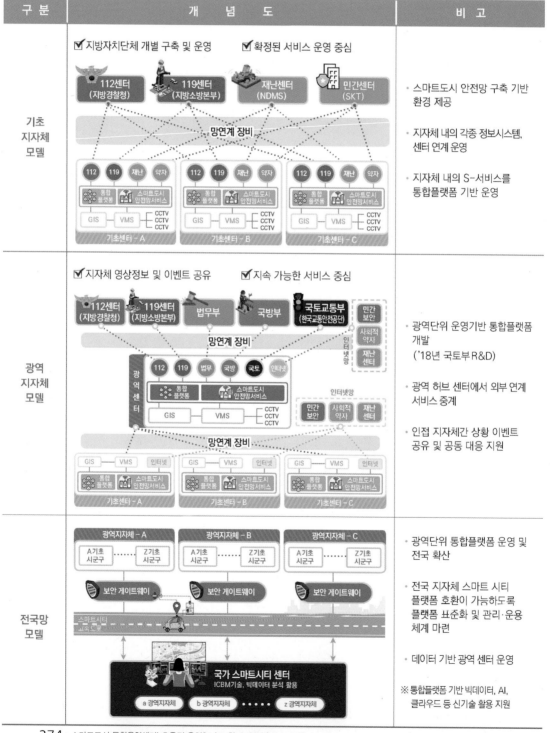

기초 지자체 모델

☑ 지방자치단체 개별 구축 및 운영　　☑ 확정된 서비스 운영 중심

112센터 (지방경찰청)　119센터 (지방소방본부)　재난센터 (NDMS)　민간센터 (SKT)

망연계 장비

- 스마트도시 안전망 구축 기반 환경 제공
- 지자체 내의 각종 정보시스템, 센터 연계 운영
- 지자체 내의 S-서비스를 통합플랫폼 기반 운영

광역 지자체 모델

☑ 지자체 영상정보 및 이벤트 공유　　☑ 지속 가능한 서비스 중심

112센터 (지방경찰청)　119센터 (지방소방본부)　법무부　국방부　국토교통부 (한국교통안전공단)

망연계 장비

- 광역단위 운영기반 통합플랫폼 개발 ('18년 국토부 R&D)
- 광역 허브 센터에서 외부 연계 서비스 중계
- 인접 지자체간 상황 이벤트 공유 및 공동 대응 지원

전국망 모델

광역지자체 – A　광역지자체 – B　광역지자체 – C

보안 게이트웨이

국가 스마트시티 센터 ICBM기술, 빅데이터 분석 활용

a 광역지자체　b 광역지자체　……　z 광역지자체

- 광역단위 통합플랫폼 운영 및 전국 확산
- 전국 지자체 스마트 시티 플랫폼 호환이 가능하도록 플랫폼 표준화 및 관리·운용 체계 마련
- 데이터 기반 광역 센터 운영

※ 통합플랫폼 기반 빅데이터, AI, 클라우드 등 신기술 활용 지원

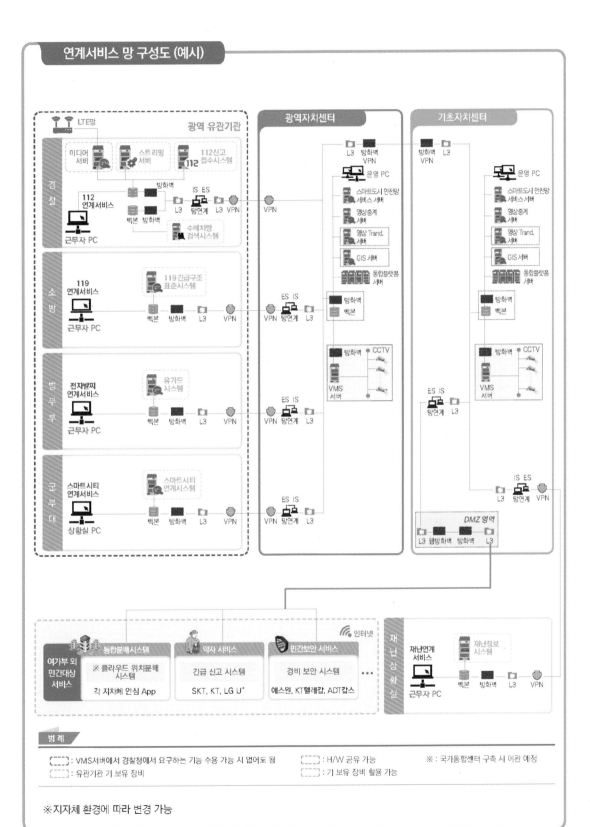

참고 4 » 스마트시티 통합플랫폼 TTA 인증 현황

연번	인증일자	인증번호	제 품 명	기 업 명
1	2018.06.29	TTA-C-18-021	통합 스마트시티 플랫폼(rino)	이에스이(주)
2	2018.06.29	TTA-C-18-022	Smartcity IOC Platform	(주)스마트시티코리아
3	2018.06.29	TTA-C-18-023	LG CNS 스마트시티 플랫폼	(주)엘지씨엔에스
4	2018.06.29	TTA-C-18-024	XEUS PLATFORM	(주)지오멕스소프트
5	2018.06.29	TTA-C-18-025	MI 스마트시티 통합플랫폼	메타빌드(주)
6	2018.06.29	TTA-C-18-026	CUBIC	(주)오픈잇
7	2018.06.29	TTA-C-18-027	KS 에코플랫폼	사단법인 스마트도시협회
8	2018.08.14	TTA-C-18-036	Guardian HuB	(주)다누시스
9	2018.08.14	TTA-C-18-037	MI 스마트시티 통합플랫폼	인천광역시 경제자유구역청
10	2018.09.19	TTA-C-18-040	KT 스마트시티 통합플랫폼	KT
11	2018.09.19	TTA-C-18-041	한컴 스마트시티 통합플랫폼	(주)한컴엔플럭스
12	2018.09.19	TTA-C-18-042	Smart City Wide Platform	(주)와이드큐브
13	2018.11.26	TTA-C-18-053	세이퍼스 (SAFUS) 스마트시티 통합플랫폼	(주)위니텍
14	2018.12.21	TTA-C-18-056	Smart-I 통합플랫폼	(주)인콘
15	2019.02.14	TTA-C-19-009	XIDE for Enterprise	(주)리얼허브
16	2019.03.28	TTA-C-19-016	VURIX-DMS Platform	이노뎁(주)
17	2019.05.16	TTA-C-19-025	WIZEYE	엔쓰리엔(주)
18	2019.05.16	TTA-C-19-026	Smart-KAP	건아정보기술(주)
19	2019.05.31	TTA-C-19-028	Midas 스마트시티 통합플랫폼	(주)모코엠시스
20	2019.05.31	TTA-C-19-029	NE-PLATFORM 스마트시티 통합플랫폼	(주)새눈
21	2019.07.26	TTA-C-19-036	Starthing Smart-city Platform	(주)네오넥스소프트
22	2019.07.26	TTA-C-19-037	SEO Smart City Platform	주식회사 세오
23	2019.07.26	TTA-C-19-038	N-City 스마트시티 통합플랫폼	(주)엔텔스
24	2019.08.30	TTA-C-19-047	SCTD-Platform	(주)두원전자통신

※ 인증제품은 한국정보통신기술협회 인증제품 목록 사이트에서 확인
(http://test.tta.or.kr/research/result/)

참고 5 ≫ 스마트시티 통합플랫폼 사업 고려사항

■ 기반구축사업 구축요건

구 분	내 용	비 고
사업관리	- 지방비 조기 매칭, 사업 이월 제한	
통합플랫폼 구축	- VMS, GIS 엔진의 통합플랫폼 연계 요건 준수	필요시 지자체 주관 개선보완
스마트도시 안전망 서비스 구축	- 경찰/소방 등 상황실과 스마트시티 상황실 구간 네트워크 구축 및 운영비는 해당 기관 부담 - 재난, 사회적 약자 서비스의 네트워크 구축 및 운영비는 지자체 부담	사업초기 보안적합성 심사 우선
S-서비스 연계 구축	- 연계 대상 S-서비스 식별 및 연계 업무는 해당 운영 조직 협력 필수	
공통 요건	- 통합플랫폼 연계 표준 기반 스마트시티 통합플랫폼 인증 제품 적용 - 통합플랫폼 및 스마트도시 안전망 서비스 구축은 패키지 커스터마이징 방법론 적용	

■ 기반구축사업 고려사항

- 통합플랫폼 및 스마트도시 안전망 서비스 표준기능 활용, 커스터마이징 최소화
- 행정안전부의 권고사항인 플러그인 제거 가이드라인을 준수하여 ActiveX 등 플러그인을 사용하지 않고 기능이 구현 및 적용되어야 함
- 국정원 보안적합성 심사, 개인정보보호관련 법·규정 준수
- 지자체별 통합플랫폼 연계 대상 서비스의 다양화, 명확화 필요
  ※ CCTV 활용 서비스 이외 IoT 활용 환경, 복지 등 다양한 서비스 연계 권고
- 지자체 보유 VMS, Web GIS SW 활용(지자체 주관)
  ※ 통합플랫폼 연계 적합성 사전 점검 및 필요시 보완
  ※ CCTV 방위각 세팅, Preset 조정 등
- 상황실 운영 조직/인원, 프로세스 정립, 관계기관 협력 등

■ 기반구축사업 관계기관별 역할

구 분	담당 업무	비 고
국토 교통부	• 기반구축사업 관련 정책 수립 • 기반구축사업 예산 확보 및 출연 • 사업 대상지(지자체) 선정 • 지자체 사업계획 검토 및 확정 • 스마트시티 R&D 개발 우수기술의 지자체 보급	
지자체	• 스마트시티 사업계획 수립 및 사업자 선정 • 경찰, 소방 등 스마트도시 안전망 서비스 최적 운영 환경 조성 • VMS, GIS 등 기존시스템 유지보수 업체의 사업협력 관리 • 통합플랫폼 기반 상황실 통합운영 수행 조직·인원 마련 • 스마트도시 통합운영센터 운영 프로세스 조정 및 정립 • 국가 보안 규정에 따른 보안적합성 심사 • 지방비 매칭, 사업 진도관리, 홍보 • 기타 관계 기관 협력업무 및 행정지원	

지방경찰청
및 지방
소방본부 등
연계 대상
기관
	• 국가 보안 규정에 따른 보안적합성 심사 업무
	• 연계서비스 적용 관련 네트워크 구성 등 구축 업무 지원
	• 상황실 관제원의 연계서비스 활용을 위한 Client표준 환경 마련
	  ※ OS, CPU, Memory, Browser, JAVA 버전 등
	• 112/119 센터와 지자체 통합운영센터 상황실간 네트워크 구축 및 운영
	  (100M이상)
	• 112/119 연계서비스 운영관리 담당자 배정
		네트워크
		구축 및
		회선료는
		연계대상기관
		부담 원칙

사업
수행자
	• 스마트시티 통합플랫폼 기반구축사업 수행
	  - 지자체 기반구축사업 특성을 반영한 사업 실행계획 수립
	  - 기반구축사업 운영 환경 마련(장비, 네트워크)
	  - 소방 및 경찰 등 스마트도시 안전망 서비스 대상 기관 실행 협의
	  - 통합플랫폼 및 스마트도시 안전망 서비스 설치/구축, 시험, 교육
	• 구축 시스템 시운전, 초기 운영지원, 하자보수	

스마트 도시협회	• 기반구축사업 스마트도시 안전망 서비스 라이선스 공급과 설치 • 기반구축사업 추진 이슈사항 협의 조정 및 자문 • 기반구축사업 관리(국토부 위탁사업)	

■ 기반구축사업 수행절차

단 계	활 동	작업 항목	작업 내용
연계기관 협의	연계시스템 구축 협의	담당자 교류	• 시스템 연계 운영 필요성 및 내용 공감, 지방경찰청, 소방본부 및 필요시 관할 경찰서, 소방서 포함

▼

단 계	활 동	작업 항목	작업 내용
사전환경 조사	지자체 센터 인프라 환경 조사	네트워크 조사	• 통합플랫폼을 운용하기 위한 네트워크 용량, 활용 가능한 장비 및 여유 Port 등을 조사하여 추가 소요 장비 수량 산출 • 네트워크 및 전원 추가 물량 산출
		보안장비 조사	• 외부단과 내부단간, 내부단 서버와 단말간, DMZ단의 보안장비 용량, 활용 가능한 장비 및 여유 Port 등을 조사하여 추가 소요 장비 수량 산출
		서버 등 조사	• 여유 서버 및 상용 SW를 조사하여 추가 소요 수량 산출
	지자체 연계시스템 환경 조사	CCTV, VMS 등 영상환경 조사	• 통합플랫폼에서 필요로 하는 표준기능 제공 여부 확인 - VMS의 경우 HTML5 웹 표준 방식의 영상재생 및 조작을 할 수 있어야 　하며 불가능할 경우 웹 표준방식을 지원하는 영상중계 시스템이 도입 　되어야 함 - 다중 영상 해상도 동시 제공 - 실시간 연상 및 과거영상 제공 • 통합플랫폼 연동용 추가 라이선스 소요 수량 산출 • 영상중계SW 연동 및 RTSP 제공 SW 연동 추가 개발 소요 공수 산출 • 통합플랫폼 연동을 위한 CCTV VMS 제공사의 기술지원 협조 환경 마련 (지자체)
		GIS환경 조사	• 활용 가능한 Web GIS의 Openlayers2.x.x 지원여부 및 처리 용량 제약사항 확인 • 제공하는 GIS지도 종류(2D, 항공영상) 및 국가ITS 노드-링크 레이어 제공 여부(필요시) • 통합플랫폼 연동을 위한 GIS 제공사의 기술지원 환경 마련(지자체)
		SMS 문자발송서버 환경조사	• 통합플랫폼에서 활용할 수 있는 문자발송서버 선정 및 문자발송 요금 처리 방법 결정
		S-서비스 환경조사	• 연동 가능한 S-서비스 대상 조사 및 연동 인프라 환경 조사 • 통합플랫폼 연동을 위한 S-서비스 제공사의 기술지원 협조 환경 마련 (지자체)

단 계	활 동	작업 항목	작업 내용
사전환경 조사 (계속)	연계기관 환경조사	관할지방 경찰청 환경조사	· 관할 경찰서에 설치할 수 없는 VPN 및 망연계장비와 경찰청 스트리밍 서버를 설치할 수 있는 Rack공간, 네트워크 및 전원 추가 공사 필요 여부, UPS 및 항온항습 상태 등을 조사 · 전송장비(MSPP)와 112신고처리시스템 인입단의 방화벽을 연결할 수 있는 L3스위치 활용가능 상태 및 추가 네트워크 공사 필요 여부 조사 · 112시스템과 연계시 협조가 필요한 담당자 연락처 확보
		관할 경찰서 환경조사	· 통합운영센터와 관할경찰서 간의 네트워크 연결 방법(자가망, 임대망) 및 추가 공사(임대망 활용시 비용 부담 주체는 경찰을 원칙으로 함) 필요시 주체 결정 · 신규 설치하여야 하는 VPN 및 망연계장비를 설치할 수 있는 Rack공간, 네트워크 및 전원 추가 공사 필요 여부, UPS 및 항온항습 상태 등을 조사 · 경찰서 연계시 협조가 필요한 담당자 연락처 확보
		관할 소방본부 환경조사	· 119시스템과의 연계시 협조가 필요한 담당자 연락처 확보
		관할 소방서 환경조사	· 통합운영센터와 관할소방서 간의 네트워크 연결 방법(자가망, 임대망) 및 추가 공사(임대망 활용시 비용 부담 주체는 소방을 원칙으로 함) 필요시 주체 결정 · 신규 설치하여야 하는 VPN 장비 등을 설치할 수 있는 Rack공간, 네트워크 및 전원 추가 공사 필요 여부, UPS 및 항온항습 상태 등을 조사 · 소방서 연계시 협조가 필요한 담당자 연락처 확보
		재난 상황실 환경조사	· 행정망 이외 별도의 재난망 존재 여부 및 CCTV연동 여부 조사 · 재난망 연계시 협조가 필요한 담당자 연락처 확보
		사회적 약자 연계 환경조사	· 인터넷 망 DMZ 구성, FTP 송신 및 연계가능여부 확인 · 통신사의 지방경찰청 자동 신고 연계 기능 확인 · 사회적 약자 연계기관(교육청 등) 담당자 연락처 확보
		교통 CCTV 환경조사	· 별도의 교통CCTV망 존재여부 및 CCTV연동 여부 조사 · 교통CCTV 연계시 협조가 필요한 담당자 연락처 확보

단 계	활 동	작업 항목	작업 내용
보안적합성 검토	보안적합성 검토/조치	사업단위보안 적합성	· 보안적합성 검토를 위한 보안 계획 자료 작성 · 관할 시도 및 국정원 보안적합성 검토 수행 · 보안성검토 제한사항 조치 및 조치 결과서 작성
	보안성 검토 자료 제공	경찰청 자료제공	· 관할 지방 경찰청에서 경찰청용 보안적합성 검토 승인을 받을 수 있는 기초 자료 제공
제안요청서 작성	제안요청서 작성	제안요청서 작성	· 국토부의 지자체 공모 내용을 참조하여 지자체의 상황 및 여건에 맞는 제안 요청서 작성 ※ 기반구축 사업 목적과 무관한 장비 도입 및 서비스 개발 반영은 국토부 승인 사항임 ※ 다양한 사업 내용 조정과 연계서비스 통합 구축 등의 원활한 수행을 위해 장비· SW의 통합발주 권고
제안요청서 공고 및 수행사 선정	제안요청서 공고	제안요청서 공고	· 예산이 확보된 지자체는 상반기 공고 · 추경예산을 받아야 하는 지자체는 8월 이전 공고
	수행사 선정	수행사 선정	· 기반구축사업(통합플랫폼 및 스마트도시 안전망 서비스 구축)을 성공적으로 수행 할 수 있는 수행사 선정 ※ 공개경정입찰
사업 수행	사업 수행	사업 수행	· 월 1회 이상 기반구축사업 계획 대 실적 보고 · 장비도입/설치, 통합플랫폼 패키지 적용, 스마트도시 안전망 서비스 적용 등 사업내용 통합관리
사업 준공	사업 준공	사업결과 평가	· 사업비 정산 및 국토부 보고

※ 절차별 세부내용은 지자체별 상황에 따라 일부 변경될 수 있음

참고 6 ›› 통합플랫폼 연계서비스 운영 성과 (예시)

※ 대전시는 실증도시로 선정('16. 4)되어 112, 119, 재난 등을 연계한 5대 연계서비스를 시범 운영
  (통계자료 : '18.8 대전 경찰청 · 소방청 제공)

■ (CCTV영상 제공) 각 상황별 15,117건 제공('18년도)

구 분	제공 건수	제공 내용
112 긴급영상/출동 지원	8,779건	- 절도, 행패소란, 보호조치 요청 - 실종신고, 교통사고 처리
119 긴급출동 지원	5,758건	- 화재, 구조, 구급 출동 지원
긴급 재난상황 지원	438건	- 재난, 재해, 사고 상황 지원
사회적 약자 보호	142건	- 치매, 어린이, 실종자 보호 등

■ (112 연계 효과) 범죄율 감소(△6.2%) 및 검거율 증가(2.7%)

구 분	2015년	2016년	2017년	증감(율)	비 고
발생(건)	18,990	16,835	15,785	△1,050	전년 대비
발생(율)	-	88.6	93.7	△6.2	
검거(건)	12,985	13,000	12,621	△379	
검거(율)	68.3	77.2	79.9	2.7	

※ 5대 범죄(살인, 강도, 성폭력, 절도, 폭력)만 집계('18.8 대전지방경찰청)

■ (119 연계 효과) 평균 출동시간 1분 28초 단축(7:26초 → 5:58초), 7분내 도착율 15.4% 상승
  (63.1→78.5%)

구 분	2016년	2017년	2018년	비 고
출동 건수	974	1,059	639	
평균 출동시간	7:26초	6:30초	5:58초	
7분내 도착율	63.1%	72.8%	78.5%	

※119 긴급출동은 화재, 구조, 구급이나 화재만 집계('18. 8 대전소방본부)

참고 7 » 스마트시티 통합플랫폼 기반구축 사업 선정 절차

절 차	주요 내용	일 정 ('21년 예시)
사업 계획	· 사업내용, 선정 지자체 수, 평가방법 등 사업계획 확정	'20. 12월 중
사업 공모	· 공모기간, 신청방법 및 요령 등	'20. 12월 말
신청서류 접수	· 신청서, 사업계획서 등 신청서류 접수	'20. 12월 말 ~ '21. 1월 말
선정평가 계획수립	· 선정평가 절차, 기준, 일정 등 계획 수립 및 안내	'21. 1월 말
평가위원회 구성	· 전문가를 중심으로 평가위원회 구성(2개조 각 5명)	'21. 1월 말
서면평가(70%)	· 사업계획서에 대한 서면검토 · 1차 선정 지자체 발표(1.2 ~ 1.3배수)	'21. 1월 말
현장평가(30%)	· 1차 선정 지자체 현장평가	'21. 2월 초
선정발표 및 국비내시 통보	· 최종 지자체 선정 발표 · 국비 내시(6억 원) 통보	'21. 2월 중

발 행 처 : 국토교통부 국토도시실 도시경제과

발 행 일 : 2020년 5월

정책문의 : 도시경제과 044-201-3737, 4725

기술문의 : 스마트도시협회 기술지원본부 02-6224-6114

▣ 참고서적

1. 박찬호, 이상호, 이재용, 조용태, 스마트시티 에볼루션 272-273, 2022.

2. 장지인, 송애정, 박주현, 성공적인 스마트도시 조성을 위한 국내외 사례 및 법제도 개선방향 연구, 국회입법조사처, 66-94, 2017

3. 최창선 외 5, Smart City와 H형 인재, 55-60, 2022

4. 오산시, 오산시 스마트도시계획, 2022

5. 황귀현, 이성길, 박상희, 유미선, 김영혁 스마트도시 통합운영센터 운영가이드, 문자향, 2015.

6. 스마트시티 통합플랫폼 기반구축 설명서(2020. 5), 국토교통부

7. CCTV 통합관제센터 운영실태 및 개선방안(2019. 11. 1) 국회입법 정책보고서 제29호(최미경, 최정민)

>>>>> 추천의 글

박성면 ((사)한국재난안전경영협회 회장, 한양대학교 방재안전공학과 교수)

사고와 재난이란 단어가 친숙한 요즘, 우리 주변에서 일어나는 사건과 사고를 보며 현대사회는 위험사회라고 한다. 특히 안전에 대한 패러다임이 바뀌는 뉴노멀(New Normal)시대! 위험은 자연발생하는 것이 아니라 현대사회에 내재된 모순의 결과임을 강조하고 있는데, 현재 우리나라도 안타까운 이태원 사건 등을 경험하면서 위험사회로 진입해 있음을 실감하고 있다. 이런 가운데 사회안전망으로서 스마트시티통합운영센터의 중요성이 강조되고 있고 이를 설계하고 운용하는 데 있어 관련한 서적이 제대로 없던 최근까지 오산시 스마트시티통합운영센터장으로서 오랜 경험과 지식을 바탕으로 현장에서 작동가능한 지침서가 나오게 됨을 환영과 함께 진심으로 기대됩니다!

이재용 (현대차그룹 스마트시티추진실장)

김영혁 부회장은 오산에서 통합운영센터를 직접 기획하고 운영한 스마트시티의 선구자이며 산 증인이다. 많은 지자체들이 오산의 통합운영센터를 자신들의 센터 기준으로 삼아 도입하였으며 그의 스마트시티 운영 노하우를 배우기 위해 오산을 방문하였었다. 본 저서는 그의 십 년 이상의 경험을 집대성하고 있어 스마트시티 구축 및 운영에 관심있는 모든 사람들이 반드시 보아야 하는 필독서이다.

최창선 (서울벤처대학원 대학교 스마트도시 기술경영연구원 부원장)

통합운영센터는 스마트도시의 핵심설비이다. 도시를 종합적으로 운용하는 설비들의 집합체이므로 계획, 설계, 구축, 운용단계가 모두 중요하다. 그러나 이를 체계적으로 정리한 책이 없었다. 저자는 지방자치단체에서 다년간의 경험을 기반으로 이론적이면서도 실질적인 책을 출간하였다. 지방자치단체가 통합운영센터를 신축하거나 재구축할 때 설계 방향과 운영방안을 벤치마킹하는 자료로 추천을 합니다.

위성복(전.한국토지주택공사, 현.나라기술단 사장)

유비쿼터스 환경하에 모든 분야에서 다양한 변화와 진화를 가져다 주고 있습니다.

이러한 사회 속에서 도시 발전과 더불어 편리하고 안전함을 추구하는 Smart city의 역할은 혁신이라 생각합니다. 이 혁신에 중추적인 역할을 하고 있는 통합센터, 플랫폼 등에 대한 실무적인 경험과 지혜를 기반으로 서술되어 있어 업무를 담당하고 있는 분야에 많은 도움이 될 것이라 추천합니다.

박찬호((주)영국씨앤피 대표이사)

"누구나 그럴싸한 계획을 갖고 있다. 쳐 맞기 전까지는"(마이크타이슨)

누구나 할 수 있는 스마트시티이지만, 막상 하려하면 막막한 스마트시티

저자의 스마트시티 담당 공무원 경험을 집대성한 스마트시티 필독서

시행착오 없이 성공적인 스마트시티 업무를 위한 경험서이다.

조영태(LH토지주택연구원 도시연구단장 조영태(국가스마트도시위원회 민간위원))

저자는 스마트시티에 진심이다. 공직생활 대부분을 스마트시티에 전념했으며, 오랜 경험과 전문성을 이 책에 담았다. 귀한 그의 노하우는 우리나라뿐만 아니라 세계 다른 나라에도 전파되어야 한다. 그리고 이번 출간이 새로운 시작이 되어 스마트시티의 개척자로서 자리매김함을 기대한다.

조돈철((주)영국씨앤피 부사장)

스마트도시에 핵심이라고 할 수 있는 도시통합운영센터의 계획, 설계, 구축, 운영까지 실무의 경험이 축적되어 있는 이 책은 통합운영센터 업무와 관계된 분들에게는 참고서와 같다고 할 수 있습니다. 2010년 초반 CCTV가 주역이던 U-City 시기부터 AI와 데이터를 활용한 Smart City에 이르기까지 다양한 기술적 내용도 흥미롭지만, 전국 지자체 공무원들과 기업들이 함께 Smart City를 만들어 가기 위한 간담회에서는 나날이 다른 기술과 이슈가 등장하고 있어

마치 에세이를 읽는 느낌도 있어 재미를 더합니다.새롭게 도시통합운영센터 업무를 시작하는 공무원이나, 새로운 스마트도시서비스를 기획, 사업화를 원하는 기업에게도 많은 시사점을 주는 책이라고 할 수 있습니다.

최찬(전, 화성시 스마트도시과장)

도시 정보화의 개념이 전무한 2000년 중반 동탄 유시티를 시작으로 우리나라가 세계에서 최초로 개념을 정리하고 법제화 하는 등 많을 노력을 하였습니다

그 당시 나는 동탄 유시티를 추진하면서 경기도 인근 시와 협의체를 만들어 스마트도시의 확산에 따른 지자체의 대응 방안을 연구하게 되었습니다

오산시 김영혁 과장님은 연구멤버 중에서도 열의가 높았습니다

행정기관은 순환보직이여서 해당직무를 몇 년 하고 다른 곳으로 발령나지만 오산에서 김영혁 과장을 10년 이상 한자리에 두어 국내에서도 손꼽히는 전문가로 성장하였습니다. 스마트도시의 전반적인 부분에서 뛰어난 지식을 가지고 있는 김역혁 과장님의 저서 출간을 축하하며 스마트도시를 담당하는 분들에게 꼭 읽어보라고 추천합니다

황석연 (한국토지주택공사)

도시 자원의 효율적 활용과 관리에 필수적인 스마트도시 통합운영센터의 설계, 구축, 운영을 위한 최초의 지침서가 출간되었습니다. 이 책은 스마트도시 운영의 핵심인 통합운영센터가 어떻게 설계되고 구현되어야 하는지에 대한 실질적이고 구체적인 지침을 제공합니다. 또한, 저자의 오랜 현장 경험과 노하우가 담겨있어 미래 AI, 로봇, 모빌리티 혁명과 도시문제 해결의 중추적인 역할을 하는 통합운영센터의 방향성을 명확히 제시할 것입니다.도시 관리와 운영의 패러다임 전환을 고민하는 정책 입안자, 실무 담당자, 미래기술 혁신을 고민하는 모든 이들이게 강력히 추천합니다.

황귀현(스마트도시협회 전무이사)

벌써 저자 김영혁님과 같이 지자체간담회, 지자체협의회 및 각종 스마트시티 구축 사업을 한 지 10여 년이 됩니다. CCTV관제에 많은 관심을 가지고 계시는 분들, 도시의 안전을 책임지는 통합운영센터의 운영과 실무를 담당하시는 분

들에게 꼭 필요한 책이 출간이 되어 기쁘게 생각합니다.현재 전 세계적으로 도시의 지속가능한 발전을 위해 스마트시티 사업이 많이 진행되고 있는 시점에서 국내의 스마트시티 사업의 발전방향과 노하우를 전달할 수 있는 기회를 만드신 것 같아 감사드립니다.

홍성구(오산시 스마트시티통합운영센터 통신소장)

일하면서 도움도 많이 주시고 열정적으로 일하시는 모습을 옆에서 보면서 공무원이 이렇게 일하는 사람도 있구나라고 생각했습니다. 스마트도시 운영센터를 건립하시고 운영까지 전국에서 밴치마킹할 정도로 운영하셨기에 저자의 열정과 끈기에 박수를 보냅니다 이책을 통해서 많은 노하우를 배우실 수 있을거라 확신합니다

김현석(오산시 스마트시티통합운영센터 신축공사 현장소장)

스마트도시 통합운영센터 계획·설계·시공 과정을 지켜본 건축인으로서 더 나은 도시를 만들겠다는 일념으로 저자의 노력과 헌신에 깊은 존경과 감사의 인사를 드립니다. 풍부한 스마트시티의 프로젝트 경험을 바탕으로 센터구축·운영 등 전반적인 시스템의 미래를 제시하고 그간 저자가 보여준 스마트시티 노하우가 녹아있는 이 책을 추천합니다. 그의 열정과 헌신은 분명히 독자에게 큰 자산이 될 것임을 확신합니다.

서기원((오산시 스마트시티통합운영센터 구축 PM)

대한민국 스마트시티 최고 권위자 그의 10년 연구 결정판!
스마트시티 통합운영센터 계획, 설계, 구축, 운영의 통합적 인사이트!
복잡한 스마트시티를 이해하는 유일무이한 절대지성
궁긍적인 시민의 미래를 내다보는 스마트시티 통찰과 핵심을 제시한 서적!!